国内外能源科技创新发展报告
（2024）

罗良才　主编

石油工业出版社

内容提要

本书是中国石油集团经济技术研究院在长期跟踪研究国内外能源科技创新发展的基础上编写而成,主要包括综述、技术发展报告和专题研究报告。综述重点阐述了国内外能源科技创新发展的现状及趋势;技术发展报告全面归纳总结了世界油气工业上下游各领域和新能源领域的重要技术进展及发展趋势;专题研究报告重点介绍了存储式测井技术、地下储氢技术、废塑料回收利用技术、长时储能技术的进展与展望,对全球天然氢勘探开发利用、我国煤层气开发面临的机遇与挑战、中美页岩油气水平井钻井的对标结果、绿氢炼化技术助推"双碳"目标实现的路径、国际油服巨头转型发展路径、油气领域人工智能专利竞争格局及发展趋势进行了深入分析。

本书可作为油气行业、新能源领域各专业科技管理人员、科研工作者以及石油院校相关专业师生的参考用书。

图书在版编目(CIP)数据

国内外能源科技创新发展报告. 2024 / 罗良才主编. -- 北京:石油工业出版社,2024.12.
ISBN 978-7-5183-7245-4
Ⅰ. F416.2
中国国家版本馆 CIP 数据核字第 2024CD2936 号

出版发行:石油工业出版社
（北京安定门外安华里 2 区 1 号楼　100011）
网　　址:www.petropub.com
编辑部:(010)64523546　图书营销中心:(010)64523633
经　销:全国新华书店
印　刷:北京中石油彩色印刷有限责任公司

2024 年 12 月第 1 版　2024 年 12 月第 1 次印刷
787×1092 毫米　开本:1/16　印张:14.25
字数:333 千字

定价:180.00 元
（如出现印装质量问题,我社图书营销中心负责调换）
版权所有,翻印必究

《国内外能源科技创新发展报告（2024）》

编委会

主　　　任：钱兴坤　陆如泉
副 主 任：罗良才　尹卫华　吴谋远
成　　　员：廖　钦　林东龙　朱颖超　戴家权　程显宝
　　　　　　闫　勇　杨　艳　范向红

编写组

主　　　编：罗良才
副 主 编：杨　艳　赵　旭　张焕芝
编写人员：（按姓氏笔画排序）
　　　　　王小天　车　蕾　尹成芳　刘帅奇　刘雨虹
　　　　　刘知鑫　刘炜辰　孙乃达　李田玮　李传云
　　　　　李晓光　吴　聃　吴　潇　邱茂鑫　张　帆
　　　　　张华珍　张运东　张珈铭　范向红　单慕晓
　　　　　赵明洋　袁　磊　郭晓霞　龚雅妮　蒋明英
　　　　　焦　姣
指导专家：蒋　凡　吴国干　王悦军　谭　健　张桐郡
　　　　　金　鼎　李万平　隋永莉　孙　强　潘松圻
编写单位：中国石油集团经济技术研究院

前　言

世界百年未有之大变局加速演进，全球能源发展环境发生深刻变化，新一代信息技术、新能源、新材料、生命科学等技术创新正在推动新一轮产业变革，能源产业正在超越传统的资源驱动、资本驱动和技术驱动模式，向"创新驱动＋场景牵引"迈进，科技创新与产业创新深度融合，正引领能源产业高质量发展。

中国石油集团经济技术研究院，培育了一支稳定的、有较强综合实力的研究团队，对世界油气与新能源科技信息持续跟踪研究，及时准确把握能源科技创新发展动态，自2012年以来，每年形成一份涵盖油气行业上中下游和新能源多领域的科技创新发展报告和若干专题研究报告，为油气行业和能源企业创新战略决策发挥了支撑作用。《国内外能源科技创新发展报告（2024）》由综述、9个技术发展报告、10个专题研究报告和附录组成，全面介绍了国内外石油和新能源科技的新进展与发展动向，并对具有较大发展潜力的天然氢开发利用、储氢、储能、废塑料回收利用等绿色低碳领域技术发展进行了深入分析。

中国石油集团经济技术研究院钱兴坤书记、陆如泉院长对本书进行了总体指导，罗良才副院长对报告编写进行了整体设计、策划与审核，并对报告提出了宝贵的修改意见，杨艳、赵旭和张焕芝组织了报告编写和审核工作。其中，综述由李晓光、焦姣等人编写，赵旭、张焕芝审核。技术发展报告中，勘探地质理论技术发展报告由孙乃达、焦姣编写，吴国干审核；油气田开发技术发展报告由张华珍、张珈铭编写，谭健审核；地球物理技术发展报告由李晓光编写，王悦军审核；测井技术发展报告由尹成芳、刘炜辰编写，金鼎审核；钻井技术发展报告由郭晓霞编写，李万平审核；油气储运技术发展报告由车蕾编写，隋永莉审核；石油炼制技术发展报告由龚雅妮编写，蒋凡审核；化工技术发展报告由刘雨虹、张帆编写，张桐郡审核；新能源技术发展报告由刘知鑫、李田玮、王小天编写，孙强、潘松圻审核。专题研究报告编写人员包括孙乃达、张华珍、李晓光、张运东、范向红、单慕晓、邱茂鑫、郭晓霞、刘雨虹、龚雅妮、张珈铭、刘知鑫、吴潇、刘帅奇、李田玮、吴聃、李传云、袁磊、蒋明英、赵明洋等。

限于编者水平，书中难免存在疏漏与不足之处，恳请读者指正，真诚地希望听到大家的意见和建议，进一步提高报告编写质量和水平。

目 录

综 述

一、能源行业发展现状与趋势 …………………………………………………… (3)

二、能源技术发展现状与趋势 …………………………………………………… (5)

技术发展报告

一、勘探地质理论技术发展报告 ………………………………………………… (11)

（一）油气勘探领域新动向 …………………………………………………… (11)

（二）油气勘探技术新进展 …………………………………………………… (15)

（三）油气勘探技术展望 ……………………………………………………… (21)

二、油气田开发技术发展报告 …………………………………………………… (23)

（一）油气田开发新动向 ……………………………………………………… (23)

（二）油气田开发技术新进展 ………………………………………………… (24)

（三）油气田开发技术展望 …………………………………………………… (41)

三、地球物理技术发展报告 ……………………………………………………… (45)

（一）地球物理行业新动向 …………………………………………………… (45)

（二）地球物理技术新进展 …………………………………………………… (46)

（三）地球物理技术发展方向 ………………………………………………… (55)

四、测井技术发展报告 …………………………………………………………… (57)

（一）测井领域发展新动向 …………………………………………………… (57)

（二）测井技术新进展 ………………………………………………………… (59)

（三）测井技术展望 …………………………………………………………… (68)

五、钻井技术发展报告 …………………………………………………………… (71)

（一）全球钻井行业动态 ……………………………………………………… (71)

（二）国外钻井技术新进展 …………………………………………………… (72)

（三）钻井技术展望 …………………………………………………………… (83)

六、油气储运技术发展报告 (86)
- (一) 油气储运行业新动向 (86)
- (二) 油气储运技术新进展 (88)
- (三) 油气储运技术展望 (93)

七、石油炼制技术发展报告 (95)
- (一) 石油炼制领域发展新动向 (95)
- (二) 石油炼制技术新进展 (96)
- (三) 石油炼制技术展望 (102)

八、化工技术发展报告 (103)
- (一) 化工领域发展新动向 (103)
- (二) 化工技术新进展 (104)
- (三) 化工技术展望 (108)

九、新能源技术发展报告 (111)
- (一) 新能源领域发展新动向 (111)
- (二) 新能源技术新进展 (114)
- (三) 新能源技术展望 (127)

专题研究报告

一、关于超前谋划天然氢开发利用的思考与建议 (135)
- (一) 天然氢是被忽视的一次能源 (135)
- (二) 天然氢的成因与资源潜力 (136)
- (三) 国内外天然氢的开发利用实践 (137)
- (四) 有关建议 (139)

二、我国煤层气开发面临的机遇与挑战 (141)
- (一) 我国煤层气开发迎来重大机遇期 (141)
- (二) 我国煤层气开发面临多重挑战 (142)
- (三) 认识与启示 (143)

三、存储式测井技术发展现状与展望 (145)
- (一) 存储式测井技术概述 (145)
- (二) 存储式测井技术发展现状 (146)
- (三) 存储式测井技术应用 (153)
- (四) 存储式测井技术未来发展趋势 (154)

四、中美页岩油气水平井钻井对标分析认识与启示 (155)
- （一）我国页岩油气水平井钻井与美国存在差距 (155)
- （二）我国页岩油气钻井技术现状分析 (156)
- （三）启示与建议 (157)

五、地下储氢技术进展与展望 (158)
- （一）地下储氢库分类 (158)
- （二）地下储氢技术的应用 (160)
- （三）地下储氢关键技术及难点 (161)
- （四）地下储氢研究方向 (162)
- （五）思考和展望 (162)

六、绿氢炼化技术助推"双碳"目标实现的路径与思考 (164)
- （一）炼化产业用氢情况 (164)
- （二）炼化用能结构变革 (164)
- （三）推进绿氢炼化的分阶段情景研判 (166)
- （四）推进绿氢炼化的思路建议 (167)

七、废塑料回收利用技术进展与发展建议 (169)
- （一）全球废塑料回收利用面临的新形势 (169)
- （二）我国废塑料回收利用现状 (169)
- （三）废塑料回收利用技术现状分析 (171)
- （四）国外化工企业废塑料产业链的发展现状 (172)
- （五）思考与建议 (173)

八、长时储能发展现状分析 (175)
- （一）长时储能技术分类 (175)
- （二）长时储能发展进程 (180)
- （三）长时储能未来发展方向 (181)

九、国际油服巨头转型发展路径分析 (183)
- （一）重视转型发展顶层设计，积极推进业务结构调整 (183)
- （二）依托传统优势技术培育发展新兴低碳业务 (184)
- （三）构建平台生态，实施开放创新，打造数字化盈利增长点 (184)

十、油气领域人工智能专利竞争格局及发展趋势 (186)
- （一）国际油气领域人工智能专利现状 (186)
- （二）油气行业各领域人工智能技术发展方向 (187)
- （三）油气行业人工智能研发力量 (188)
- （四）认识与启示 (190)

附 录

附录一　石油科技十大进展 ·· (195)
　一、2023年中国石油科技十大进展 ··· (195)
　二、2023年国际石油科技十大进展 ··· (199)
　三、2013—2022年中国石油与国际石油科技十大进展汇总 ················· (203)

附录二　国外石油科技主要奖项 ·· (210)
　一、2023年石油工程技术创新特别贡献奖 ······································· (210)
　二、2023年OTC聚焦新技术奖 ·· (213)
　三、2022年IPTC最佳项目执行奖 ··· (214)

综述

一、能源行业发展现状与趋势

（1）油气新发现取得显著进展，油气产量双增。

油气勘探向更深层、更复杂环境的新区新领域拓展。在常规油气资源勘探方面，新发现油气田数量有所增加，可采储量略有提升。同时，非常规油气资源的勘探也取得了显著进展，特别是页岩油气、致密油气等资源的勘探，为全球油气资源提供了新的增长点。全球油气储量较2022年均有增长，亚太和美洲地区油气储量显著增长，但全球油气资源格局未发生变化。

2023年全球油气产量保持双增，石油产量44.5×10^8t，同比增长1.6%。其中，北美地区增量最大（6686×10^4t），其次是拉美地区（3000×10^4t）。天然气产量达到4.28×10^{12}m³，同比增长0.8%。北美地区增量最大（500×10^8m³），中东地区其次（180×10^8m³），分别增长3.8%、2.4%。全球油气获批新建开发项目投资大幅增加，油气开发新建项目投资呈现陆上萎缩、海上扩张的趋势。根据Rystad的预测，2023年全球油气开发获批新建项目投资约1910.4亿美元，同比增长约60%。全球油气新建投产项目投资约1170亿美元，同比增长19.4%。

（2）油气工程技术服务进一步复苏，市场呈现良好态势。

随着全球勘探开发投资的增加，油气工程行业整体发展态势良好，市场有所回暖，市场规模约为3004亿美元，继续保持较大幅度增长，涨幅超10%。在油田服务各个板块中，物探、钻井、测完井服务市场回暖程度各不相同。物探行业仍处于调整期，业务重组和合作频繁，以顺应能源转型发展的大趋势。地球物理市场规模增长超10%，市场逐渐恢复。预计2024年市场规模涨幅较大，将达到80亿美元以上，涨幅约17%。测井技术服务市场规模扩大至149亿美元，同比增长14.3%。其中，电缆测井技术作为市场主导，规模达到125.2亿美元，增幅为13.6%，尽管其市场份额自2018年起略有下降，但仍稳固占据84.0%以上。随钻测井技术市场同样活跃，规模约23.9亿美元，同比增长18.2%，显示出技术革新的积极影响。钻井市场平稳增长，海洋钻井市场增长明显。动用钻机增速低，动用钻机数（4432台）同比增长71台，增幅仅为1.6%，动用钻机数量增速远不及勘探开发投资增速。

在能源转型大背景下，油气工程公司仍在调整业务结构，总体上减少传统勘探业务，加快数字化转型步伐，发展新能源业务，拓展传统油气勘探业务，在矿产勘探、碳捕集与封存（CCS）/碳捕集、利用与封存（CCUS）等领域应用。为配合转型发展，各公司密集调整组织结构，设立清洁能源板块、数字化业务板块，彰显转型决心，突出新业务的重要地位。基于人工智能的技术快速发展，很多公司形成了软件平台产品，并在实际应用中取得成效。未来量子技术和生成式人工智能的进一步发展，将加快自动生成式人工智能技术在油气工程技术服务领域的发展应用。

（3）炼化行业面临深度结构调整，低碳发展和转型升级步伐加快。

2023年，全球炼油行业处于快速转型发展期。炼油行业总体呈现产能过剩，成品油消费空间受到挤压，全球对石化原料和化工产品的需求增长迅速，同时电动汽车销量暴增带来汽柴油消费量的快速下降，炼油业由"燃料为主"向"化工原料为主"转型已成必然趋势。在产品结构方面，调整步伐不断加快，全球汽柴油和燃料油收率持续下降，而航空煤油（以下简称航煤）收率继续提升。全球炼油行业面临的减排压力日益加大，在政策压力之下，炼厂全过程脱碳、降碳已成为炼油行业的重要共识。

随着能源转型及净零碳排放目标的推进，全球化工行业的低碳发展和转型升级步伐加快。业务转型方面，在发展生物燃料等清洁能源领域积极布局；积极参与绿电交易、有效参与能源生产合作、加快实施绿电替代用能是化工龙头企业的低碳策略；持续提升化工流程电气化水平，采用电裂解炉作为制取烯烃的反应器等，不断在相应基础设施、工艺流程和设备端开展新型电气化改造；加强废塑料等再生资源回收利用，构建化工行业绿色循环低碳发展体系。

（4）新能源行业蓬勃发展，创新技术引领未来。

2023年，全球新能源行业迎来了快速发展的新阶段，行业景气度显著提升。随着全球对可持续能源和环保意识的增强，新能源技术不断创新，市场规模实现了跨越式增长，估计全年增长率超过30%。新能源行业积极响应全球气候变化挑战，致力于实现联合国2030年可持续发展目标。太阳能、风能等可再生能源的开发利用成为行业焦点，光伏和风电装机容量持续增加，技术创新不断推动成本降低和效率提升。电动汽车市场同样迎来了爆发式增长，随着电池技术的突破和充电基础设施的完善，电动汽车的续航里程和充电便利性得到显著改善，消费者接受度不断提高。特斯拉、比亚迪等领先企业在电动汽车市场的份额不断扩大，推动了整个行业的技术进步和市场扩张。储能技术作为新能源行业的重要组成部分，也在2023年取得了显著进展。随着储能成本的降低和应用场景的拓展，储能系统在电力系统调峰、需求侧管理以及可再生能源并网等方面发挥了重要作用，为能源系统的稳定和高效运行提供了有力支撑。

中国作为全球新能源发展的重要力量，2023年国内新能源产业继续保持强劲增长势头。政府出台了一系列支持政策，推动了新能源技术的创新和应用。光伏、风电等清洁能源项目大规模上马，新能源汽车产销量再创新高，国内新能源企业在全球市场的竞争力不断增强。同时，新能源行业的数字化和智能化水平也在不断提升。智能电网、能源管理平台等技术的应用，提高了能源利用效率，优化了能源配置。新能源企业积极拥抱数字化转型，通过大数据、人工智能等技术提高生产效率和管理水平，推动了整个行业的高质量发展。

二、能源技术发展现状与趋势

（1）油气勘探开发迎来技术革新，智能化、绿色化是未来发展方向。

油气勘探开发领域正迎来技术革新的黄金时代，人工智能和数字化技术的飞速发展，在勘探开发中的应用日益广泛，通过大数据分析和机器学习算法，提高了勘探效率和准确性；通过人工智能、大数据、物联网等技术的引入，提高了勘探数据的处理能力和分析精度，使得勘探过程更加智能化和高效化；人工智能预测性运营管理、数字孪生技术等的应用，不仅提升了生产安全性和效率，也标志着能源行业正向着智能化、数字化方向迈进。新型的电动潜油泵（以下简称电潜泵）防砂技术、智能型电缆井下动力作业系统以及超高速永磁电动机电潜泵系统等，为油气行业的可持续发展注入了新动力。智能化油藏描述技术极大地提升了构造解释、储层预测和油藏表征的精度与效率。

随着油气勘探开发向更深层次和更复杂环境拓展，人工举升技术也在不断创新，技术与材料持续创新，呈现智能化和高效化趋势。沉浸式扩展现实油藏模拟可视化等创新技术将为油藏数值模拟提供全新的视觉和交互体验，是未来油气行业发展的新方向。随着全球对环境保护意识的增强，绿色勘探开发成为行业发展的重要趋势。在勘探开发过程中注重生态环境保护，减少对环境的影响，在油气伴生资源综合开发利用上下功夫，提升综合利用水平，实现新突破、增加新储量，这对于缓解资源压力、促进可持续发展具有重要意义。

（2）油气工程技术装备自动化、电气化、数字化发展，推动深层深水勘探开发取得新突破。

地震采集技术发展主要针对行业对绿色、高效、低成本发展的需求，陆上节点采集、海洋节点采集、压缩感知地震采集处理技术进一步完善；机器学习方法在地震数据处理解释领域应用稳步推进，推动全波形反演、全波场成像，以及储层预测和地震解释技术迈上新台阶。地球物理技术在 CCS/CCUS，以及基础设施、环境监测、地下空间探测等城市工程应用方面快速发展，并进一步拓展应用范围，用于高铁、城市工程、CCS/CCUS 等方面的地球物理监测技术将持续发展。全自动飞行海洋节点仪器、海洋可控震源，以及基于生成式人工智能的地震数据处理解释技术及软件产品是重要发展方向。

测井技术在随钻测井、成像技术、机器学习、数字化、一体化等方面取得突破。未来测井技术的发展趋势将呈现多元化与深化的特点。斯伦贝谢等国际油服公司各自推出新的随钻测井技术装备，提高了非常规油藏的资料精确度。成像技术在提高成像资料的清晰度上取得突破。使用机器学习技术对测井数据进行数据解释、数据预测和数据反演，提高了测井解释的工作效率。此外，测井技术正逐步向低碳、新能源等非油气行业领域转型，展现出广阔的应用前景。随着人工智能和机器学习技术的不断赋能，测井技术正逐步实现仪器组合自由化、传输灵活化、测量高清化，以及评价高精化的一体化、紧凑型设计目标。

钻井技术进展主要集中在钻井装备、工具、仪器、材料和软件等领域，推出了一些新技术、新工具、新装备、新仪器、新材料和新软件，钻井自动化、数字化、智能化水平持续提升，不断推进钻井提速降本和安全环保。钻井领域出现四大趋势：一是水平井水平段长度越来越长,"一趟钻"不断推进水平井钻井提速降本。为提高单井产量,降低单位产量综合成本,美国页岩油气水平井水平段平均长度已超 3000m。二是持续推进钻机电动化、自动化。全球陆地钻机供大于求,导致大量机械钻机被淘汰,显著提升了可动用钻机的电动化率和自动化率。三是钻井领域加速推进数字化、智能化、远程化、少人化,远程决策支持中心正发挥越来越大的作用,不断推出智能化装备、工具、仪器和服务,如智能旋转导向钻井系统、自主定向钻井服务等。四是绿色钻井技术成为热点,钻井承包商积极发展绿色钻井服务,开发的完全由氢燃料电池系统提供燃料的钻井平台每年可以减少 1×10^4 t 二氧化碳排放。

(3) 炼化领域正在向绿色化、高端化、智能化转型,科技创新持续推进。

石油炼制技术正在向绿色化、高端化、智能化转型。随着原油日益重质化、劣质化以及低碳烯烃市场需求的快速增长,劣质重油轻质化技术、清洁油品生产技术和多产低碳烯烃技术等成为石油炼制技术的研究趋势,重油催化裂解多产低碳烯烃技术成为炼油业研究和关注的重点。原油直接制化学品技术被认为是炼油行业转型升级的颠覆性技术变革,目前尚处于研发与示范阶段。全球炼油行业面临节能减排压力,炼厂继续加快开发低碳、零碳和负碳技术,通过绿氢、生物质炼制、CCUS 等技术采用循环经济技术等手段以实现碳中和目标。发达经济体炼油转型更多关注存量炼厂的改造或通过联合加工生产更多生物燃料,而新兴经济体则更多通过提升装置用能效率,增加绿氢和绿电的利用,配合 CCUS 技术,达到减碳、降碳目标。另外,在信息技术持续进步及广泛应用的背景下,炼油技术正逐步迈向智能化发展。物联网、人工智能、大数据及云计算等关键技术正与传统炼油技术深度融合,推动生产线的现代化进程。

化工领域在不断创新的进程中,涌现了大批新技术,这些新技术吸纳了当代许多高新技术特点,明显提高了化学反应的速率和效率,简化了工艺流程,减少了装置数量,使化工工艺的单位能耗、废料、副产品等降低显著,给化工行业带来革命性的变化。以乙烯、丙烯为代表的低成本烯烃是化学工业的最基本原料,在低成本烯烃生产中也扮演着重要角色。基于生物转化利用技术的二氧化碳制乙烯合成新工艺,实现了低碳制备乙烯和传统乙烯制备工艺的低碳化改造;基于微反应概念研发的丙烷脱氢新工艺,成功打破了传统反应热力学限制,实现了体系热量自给,有效提升了丙烯的生产能效。在合成树脂领域,2023 年除了不断开发和优化生产新工艺外,产品回收技术和聚烯烃弹性体(POE)制备都取得了很大进步。其中,高性能 POE 及关键单体生产技术,打通了从单体 1-辛烯到 POE 产品的全链条生产工艺,助力行业转型升级。新兴创新材料的趋势主要聚焦在先进电池材料、纳米材料和生物技术。未来,通过基因编辑细菌的菌群将成为新的化学品工厂。计算技术、蛋白质科学和基因编辑技术的发展使化学品的安全、高效和可持续生产成为可能。

(4) 新能源技术领域创新突破,引领绿色能源革命和智能化升级。

在实现碳中和目标的背景下,2023 年新能源技术领域经历了一系列原创性、变革性和颠覆性的技术革新。新能源行业通过关键核心技术的突破,推动了能源生产和消费方式的根本转变。为了提高能源转换效率和降低成本,全球新能源企业普遍采用集成创新技术,从单一能源生产向多元化、智能化能源系统转型。通过太阳能光伏、风能、储能及智能电网等技术的深度融合,实现了能源的高效采集、储存与分配,形成了以可再生能源最大化利用、能源互联网构建和智能化能源管理为代表的三大技术路径。

全球积极探索和整合多种绿色低碳技术，包括但不限于太阳能光伏与农业结合、风能与海洋能的联合开发、绿色氢能的制备与应用、废旧电池的回收再利用以及 CCS/CCUS 技术。智能能源管理系统的实践成为行业焦点，重点围绕大数据、云计算、人工智能、物联网和自动化控制技术，构建了高效、可靠的智能能源网络。全过程的脱碳、降碳成为行业发展的重要方向，发达经济体在新能源领域的转型更加注重技术创新和存量资产的优化升级。生产过程中积极利用风能、太阳能等可再生能源替代传统化石能源，推动塑料循环经济和生物能源的发展。以中国为首的亚洲市场在新能源产能提升和产业链延伸方面取得了显著成就，不仅追求新能源技术的一体化，更注重提高能源产品的附加值和产业链的深度融合。未来，新能源生产基地将转型成为集清洁能源生产、智能化管理和材料加工于一体的综合性能源和材料中心，为全球能源结构的优化和可持续发展做出重要贡献。

技术发展报告

一、勘探地质理论技术发展报告

2023 年，全球油气勘探开发投资大幅增长，涨幅超过新冠疫情前（2019 年）的 13.8%，油、气剩余探明可采储量分别增长 0.45%、0.69%，油气新发现创新高。在技术方面，人工智能技术与传统技术融合趋势明显，地质建模领域发展较快。

（一）油气勘探领域新动向

1. 全球油气勘探开发投资同比增长 13.8%

2023 年，全球油气勘探开发投资 5680 亿美元，同比增幅高达 13.8%，投资额恢复甚至超过新冠疫情发生前水平（表 1、图 1）。陆上油气勘探开发投资同比增长 4.9%，其中非常规油气勘探开发投资增幅较大，达 21.3%，常规油气投资减少 2.3%；海上油气勘探开发投资增长 37.8%。

表 1　2013—2023 年全球油气资源勘探开发投资

年份		2013	2014	2015	2016	2017	2018	2019	2020	2021	2022	2023
陆上油气投资（10 亿美元）	常规	330	327	220	177	211	229	230	152	175	257	251
	非常规	170	186	94	51	90	119	107	57	69	108	131
	合计	500	513	315	228	301	348	337	209	244	364	382
海上油气投资（10 亿美元）		184	187	167	120	109	102	104	91	114	135	186
总投资（10 亿美元）		683	700	481	348	410	450	441	302	358	499	568

数据来源：IHS Markit 公司，2023 年。

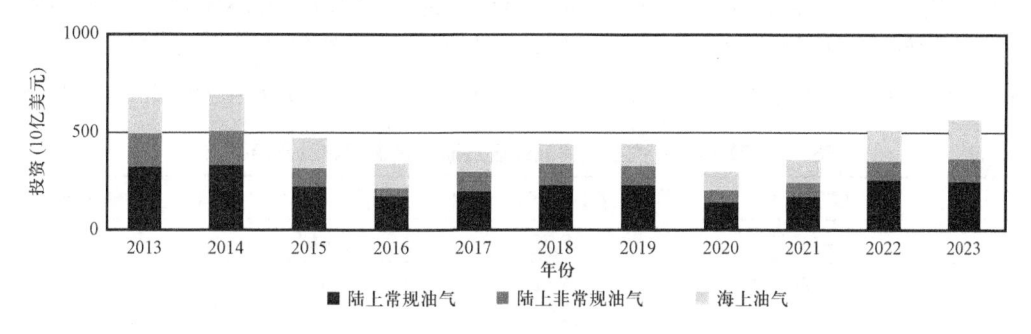

图 1　2013—2023 年油气勘探开发投资
数据来源：IHS Markit 公司，2023 年

全球各地区勘探开发投资额均有较大幅度的增加（表 2）。北美陆上勘探开发投资额仍居各地区投资之首，为 1960 亿美元，增幅达 12%，随后依次为亚太（增幅 9.3%，达 1370 亿美元）、拉美（增幅 5.0%，达 620 亿美元）、中东（增幅 17%，达 600 亿美元）、非洲

（增幅27%，达470亿美元）、俄罗斯和里海地区（增幅2.9%，达360亿美元）、欧洲（增幅25%，达300亿美元）。

表2　2013—2023年全球各地区勘探开发投资额

区域	投资额（10亿美元）										
	2013年	2014年	2015年	2016年	2017年	2018年	2019年	2020年	2021年	2022年	2023年
非洲	53	58	44	32	30	31	33	22	28	37	47
亚太	147	134	114	90	88	92	103	80	91	133	137
欧洲	36	38	35	26	27	25	25	19	22	24	30
中东	34	37	34	32	36	38	40	31	37	51	60
北美	305	329	169	97	155	192	166	89	117	175	196
俄罗斯和里海	42	40	35	36	40	39	41	31	30	35	36
拉美	66	64	49	34	33	33	32	29	43	59	62
总支出	683	700	481	348	410	450	441	300	367	514	568

2. 全球油气储量分别增长0.45%和0.69%

截至2023年12月，美国《油气杂志》（OGJ）发布全球剩余探明可采储量（下称储量）报告：全球石油和天然气储量较2022年均有增长，其中石油储量为 $2403.59 \times 10^8 \text{t}$（表3），增长0.45%；天然气储量为 $210.97 \times 10^{12} \text{m}^3$（表4），增长0.69%。欧佩克油气储量分别增长0.14%和1.19%，全球储量占比分别为70.87%和35.34%。

全球油气资源格局不变，从国家来看，主要资源国储量稳中有升，储量增长集中在美洲和亚太地区。美国石油储量增长5.43%，至 $101.94 \times 10^8 \text{t}$，天然气储量亦增长4.4%，达到 $17.41 \times 10^{12} \text{m}^3$；巴西宣布到2022年底石油储量为 $20.35 \times 10^8 \text{t}$，同比增长12.19%，天然气储量增长7.3%；墨西哥石油储量为 $8.33 \times 10^8 \text{t}$，增长2.1%；苏里南和危地马拉石油储量增长10%左右。截至2022年底，中国石油和天然气储量分别增长3.28%和3.41%；印度石油储量由 $5.99 \times 10^8 \text{t}$ 升至 $6.64 \times 10^8 \text{t}$，同比增长11%，但天然气储量下降17%。沙特阿拉伯石油储量稳定，天然气储量增长11.84%，达到 $9.51 \times 10^{12} \text{m}^3$。欧洲国家储量大多同比下降。

表3　2023年世界主要国家或地区石油剩余探明储量及储采比

序号	国家或地区	储量（10^8t）	增幅（%）	储采比
1	委内瑞拉	415.37	−0.08	1051.57
2	沙特阿拉伯	366.02	0	62.89
3	伊朗	285.75	0	151.23
4	加拿大	223.44	−0.43	79.37
5	伊拉克	198.66	0	90.30
6	阿联酋	154.79	1.80	74.06
7	科威特	139.04	0	95.89
8	俄罗斯	109.59	0	20.48

续表

序号	国家或地区	储量（10⁸t）	增幅（%）	储采比
9	美国	101.94	5.43	10.56
10	利比亚	66.25	0	115.22
11	尼日利亚	50.64	−0.22	67.07
12	哈萨克斯坦	41.10	0	42.81
13	中国	38.20	3.28	17.89
14	卡塔尔	34.58	0	39.52
15	巴西	20.35	12.19	11.63
1	中东小计	1193.35	0.24	80.0
2	美洲小计	804.91	0.79	51.7
3	东欧及原苏联地区小计	164.32	0	23.4
4	非洲小计	163.08	−0.04	47.1
5	亚太地区小计	62.93	3.06	17.6
6	西欧小计	15.00	−1.26	9.7
	欧佩克总计	1703.46	0.14	103.3
	全球总计	2403.59	0.45	52.1

资料来源：美国《油气杂志》全球油气储量报告，2023年12月。

表4　2023年世界主要国家或地区天然气剩余探明储量

序号	国家或地区	储量（10¹²m³）	增幅（%）
1	俄罗斯	47.78	0
2	伊朗	33.97	0
3	卡塔尔	23.85	0
4	美国	17.41	4.40
5	土库曼斯坦	11.32	0
6	沙特阿拉伯	9.51	11.84
7	阿联酋	8.20	0.12
8	中国	7.49	3.41
9	尼日利亚	5.91	1.11
10	委内瑞拉	5.51	−0.54
11	阿尔及利亚	4.50	0
12	伊拉克	3.71	0
13	莫桑比克	2.83	0
14	澳大利亚	2.73	0
15	加拿大	2.46	0

续表

序号	国家或地区	储量（$10^{12}m^3$）	增幅（%）
1	中东小计	82.67	1.3
2	东欧及原苏联地区小计	66.47	0
3	美洲小计	28.02	2.62
4	非洲小计	17.54	-0.61
5	亚太地区小计	15.94	-1.18
6	西欧小计	1.79	-0.93
	欧佩克总计	74.20	1.19
	全球总计	210.97	0.69

资料来源：美国《油气杂志》全球油气储量报告，2023年12月。

从地区来看，亚太和美洲地区油气储量显著上升，亚太地区石油储量上涨最为显著，达到3.06%，但天然气储量降低1.18%；美洲天然气储量增长2.62%，石油储量增长0.79%；中东石油储量增长0.24%，天然气储量增加1.3%；非洲与西欧地区油气储量均出现下降趋势，石油储量分别降低0.04%和1.26%，天然气储量分别下降0.61%和0.93%；东欧及原苏联地区油气储量保持稳定。

资源国前五强油气储量仍占六成以上，资源国前五强未发生变化。石油储量前五强仍是委内瑞拉、沙特阿拉伯、伊朗、加拿大和伊拉克，总储量1489.2×10^8 t，占全球储量的62%。天然气储量前五强仍是俄罗斯、伊朗、卡塔尔、美国和土库曼斯坦，总储量$134.3 \times 10^{12}m^3$，占全球储量的63%。

3. 海洋油气资源勘探开发蓬勃发展

海洋油气资源勘探开发呈现出蓬勃发展的态势，2023年全球海洋油气产量持续增加。预计全球海洋原油产量约为27.6×10^6 bbl[1]/d，同比增长1.7%；全球海洋天然气产量达到$1.2 \times 10^{12}m^3$，同比增长0.3%。特别是超深水领域的油气产量增长更为显著，分别同比增长10.6%和15.5%。全球海洋油气产量的增长并非均衡分布，而是集中在一些特定的国家和地区。例如，巴西和美国在深水油气产量方面占据主导地位，安哥拉和尼日利亚的深水油气产量也十分可观。这些国家和地区的深水油气产量合计占全球深水油气总产量的较大比例。

勘探活动活跃。全球范围内，海洋油气勘探活动持续活跃，新发现了一批大中型油气田。这些新发现不仅增加了全球油气资源的储量，也为后续开发提供了有力保障。同时，随着勘探技术的不断进步和勘探程度的提高，未来全球海洋油气资源勘探仍有较大潜力。在勘探技术方面，全球范围内也取得了多项突破。例如，深水勘探技术、地震勘探技术、智能钻完井技术等的应用和发展，为海洋油气资源的勘探和开发提供了有力支持。这些技术的突破不仅提高了勘探效率，也降低了勘探成本，推动了全球海洋油气资源勘探的蓬勃发展。

---

[1] 1 bbl = 158.987L。

政策支持。各国政府也出台了一系列政策措施，支持海洋油气资源的勘探和开发。这些政策包括提供财政补贴、税收优惠、技术支持等，为海洋油气产业的发展提供了有力保障。同时，一些国际组织也积极推动全球海洋油气资源的勘探和开发合作，加强信息共享和技术交流。

4. 人工智能技术与传统勘探技术融合趋势明显

人工智能技术与传统勘探技术的融合趋势十分明显，这种融合不仅提升了勘探效率，还推动了勘探行业的智能化转型。随着计算机科学的飞速发展和人工智能技术的不断成熟，其独特的算法和模式在多个领域展现出了巨大的潜力。在勘探领域，传统技术面临着勘探深度增加、勘探环境复杂多变等挑战，而人工智能技术的引入则为解决这些问题提供了新的思路和方法。

人工智能技术和算法在勘探数据采集方面发挥了重要作用，实现了地球物理数据的自动采集和实时传输。这大大提高了数据采集的效率和准确性，降低了人力成本。采用人工智能算法驱动的无人机、电子巡检等设备，实现了无人值守的自动化勘探数据采集，进一步提升了勘探作业的自动化水平。借助人工智能和大数据技术，开发出了多种智能化分析处理软件，这些软件能够自动处理解释勘探数据，提高了解释的效率和准确性。数据挖掘和数理统计等分析技术在石油勘探开发领域的应用日益成熟，广泛应用于测井曲线解释、储层参数预测、流体性质识别等领域。人工智能在勘探过程中的智能决策方面发挥了重要作用。通过构建智能决策系统，可以综合考虑多种因素，为勘探开发提供科学合理的决策支持。在勘探流程优化方面，人工智能也展现出了巨大潜力。通过优化勘探流程，可以进一步提高勘探效率，降低勘探成本。

随着人工智能技术的不断发展和成熟，其在勘探领域的应用将会更加广泛和深入。未来，人工智能技术与传统勘探技术的融合将会更加紧密，推动勘探行业向智能化、自动化、精细化方向发展。同时，也需要加强科技创新投入，培养专业人才，推动相关技术的研发和应用，为勘探行业的智能化转型提供有力支持。

（二）油气勘探技术新进展

随着人工智能技术的发展，传统油气地质勘探技术的创新也主要体现在与数字技术的融合方面，尤其是在地质建模方面。此外，地球化学同位素研究也取得了一些进展。

1. 人工智能技术与传统地质勘探技术融合渗透

1）地质建模技术进展

（1）预测烃类表面张力。

表面张力（ST）是一个重要的物理性质，它影响着许多行业操作的效率，如石油工业中的分离过程、表面吸附和提高石油采收率技术。目前已有多种经验模型可用于烃类 ST 的测定，但由于这些方法的局限性，仍需要更实用和新颖的模型来精确计算烃类的 ST。

采用多层感知器和径向基函数神经网络模型来测定 ST，采用粒子群算法（PSO）和帝国竞争算法（ICA）对模型进行优化。为了建立该模型，使用了 67 种碳氢化合物的 982 个实验数据点。利用不同的统计参数对所建模型的性能进行了验证。

与经验模型相比，研究建立的所有模型在预测烃类温度方面都具有更高的效率和准确性。MLP－PSO 模型和 MLP－ICA 模型的平均相对误差绝对值分别为 0.87% 和 0.80%，而径向基函数（RBF）网络的平均相对误差绝对值仅为 0.76%。结果表明，RBF 网络对烃类温度的预测比其他模型更准确。

（2）四维反演建模。

Ikon Science 公司推出了最新版四维反演技术工具。其延时 Ji－Fi 应用程序可提供完整的四维流体跟踪功能，适用于大多数油气勘探生产活动及 CCUS 工作。新的应用程序提供了工作流的最终集成，以实现一致的储层四维分析。

本次更新同时推出了新的岩石物理模型，并支持模拟大型的地质演化活动。捕获压实和成岩演化、页岩和碳酸盐岩物理模型已添加到 RokDoc 软件和岩石物理建模函数（RPML）库中。此外，用于裂缝密度可行性和预测的新型裂缝性碳酸盐岩物理模型简化了数据共享，并集成在地质力学工作流程中。新的交叉图显示选项、用于更轻松数据管理的输入过滤器和更新的概率密度函数（PDF）管理系统增强了可用性。这些以用户为中心的进步使文档和摘要图更易于重复进行测试比较，因此可以用于快速改进模型。

Deep QI 机器学习和岩石物理功能自动化通过 XGBoost（分布式梯度增强库）得到扩展，与网格搜索相结合以进行参数调整。这种改变游戏规则的机器学习属性预测和自动化 RPML 算法得到进一步增强，可以直接校准岩石物理模型中的矿物体积。这些增强功能可提高工作流程效率，从而为能源公司带来收益。

（3）预测储层流体饱和压力。

饱和压力是描述油气储层最重要的参数之一。常规实验室法测定饱和压力成本高、耗时长，因此，急需继续研究开发灵活、简便、准确的饱和压力预测方法。

新方法采用四种机器学习技术确定流体类型饱和压力，分别是 k－近邻分类算法（KNN）、支持向量机分类算法（SVM）、轻量级梯度提升机器学习（LGBM）和人工神经网络（ANN）（图 2 至图 5）。利用实验测定的 305 个储层凝析油组成、正庚烷的性质和储层温度建立了模型。

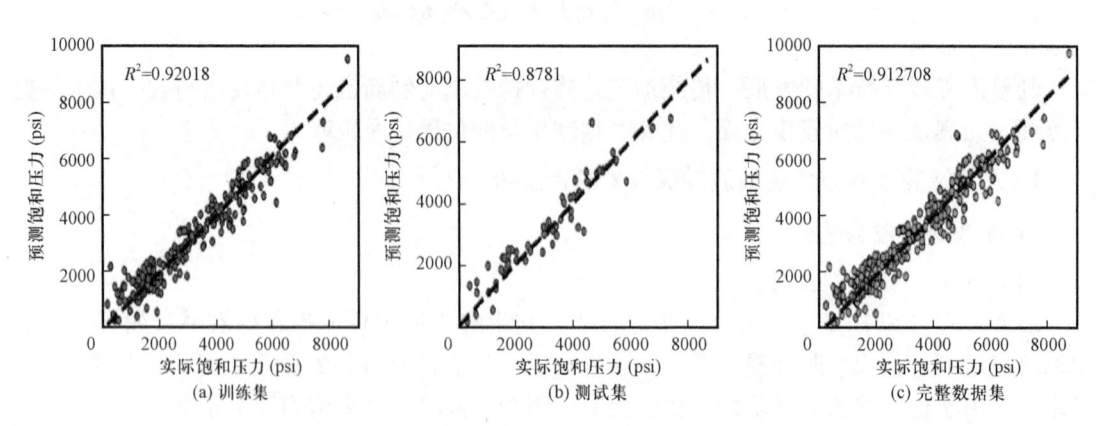

图 2　SVM 模型训练集的实际和预测饱和压力对比

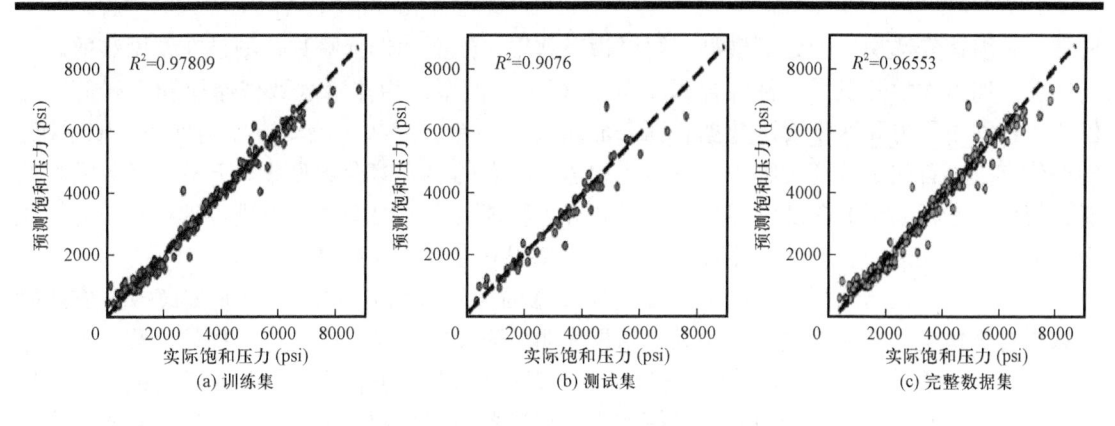

图 3　LGBM 模型训练集的实际和预测饱和压力对比

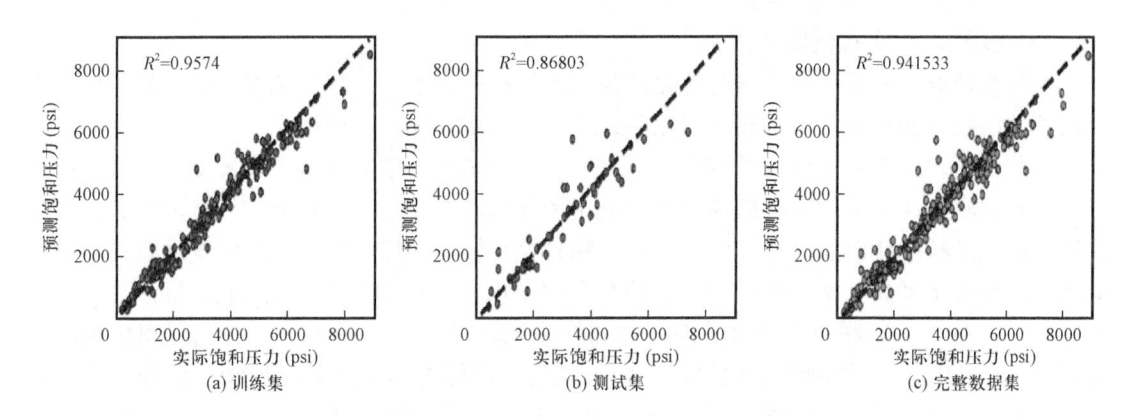

图 4　KNN 模型训练集的实际和预测饱和压力对比

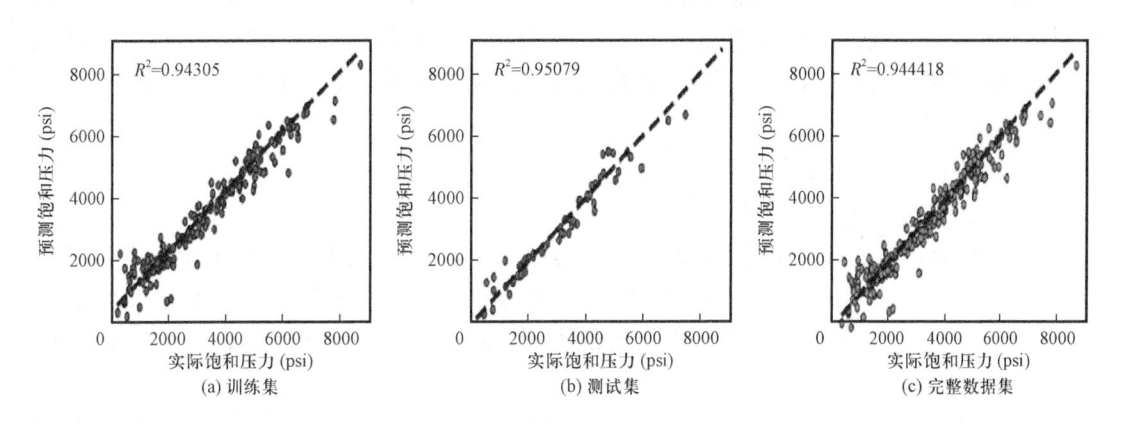

图 5　ANN 模型训练集的实际和预测饱和压力对比

结果表明，该模型与本书提出的相关性预测饱和压力具有较高的精度，LGBM 模型在完整数据集上表现较好，决定系数（R^2）和平均绝对误差（MAE）分别为 0.96553 和 194.3887，在测试数据方面，ANN 模型是最准确的模型，R^2 和 MAE 分别为 0.95079 和 271.8008。

（4）表征致密储层。

压力和速率瞬态分析已被广泛用于确定储层的性质，如边界类型、渗透率和地层压力。

通常，必须首先选择一个分析模型来解释瞬态数据，然而，选择哪种模型是非常困难的。

卡尔加里大学开发了一种混合深度学习（DL）模型，为非常规致密储层和页岩储层提供了一种利用压力和速率瞬态数据解释表征储层（即储层形状、流动边界类型和孔隙系统）的替代方法。首先是从解析解中生成压力和速率瞬态的多元综合数据集。五种循环、卷积和混合循环—卷积类型的深度学习架构在具有五个特征的多元时间序列上进行训练：压力、压力导数、归一化速率、归一化累计产量和归一化积分导数累计产量。

结果表明，混合卷积神经网络记忆验证数据的准确率为0.98。利用油藏模拟生成的瞬态数据对优化构型的性能进行了检验，结果表明，研发的模型能够准确地描述油藏，准确率达到98%。对混合结构在不同长度和分辨率的时间序列上的适用性也进行了测试。研究发现，井筒储存和初始过渡的短时流动模式不影响机器学习架构的分类性能，边界主导的流动模式是这类资源分类的主要模式。

（5）预测海相富有机质矿床。

为研究调查沿阿拉伯东部内陆架盆地控制海洋有机物生产、积累和保存的因素。这些类型的盆地由浅水和深水沉积的相互作用引起了增强的横向和垂直向变化。

英国帝国理工学院地球科学院联合科威特石油公司通过创新性数字建模支持的多学科数据整合来预测海洋中生代富有机质岩石的分布和异质性，这是一项具有挑战性的任务。该工作重点研究了科威特沿线具有烃源岩、储层和封存特征的中侏罗统—上侏罗统纳杰马组，该套地层成熟度水平高（$R_o>0.6\%$），总有机碳（TOC）值在2%~30%之间。

结果表明：（1）联合变量海平面变化和构造沉降是中侏罗统—上侏罗统沉积容纳的主要驱动机制；（2）在限制性盆地模拟中的强氧化条件促进了有机质富集物在北部远离地区的保存；（3）开放式海洋底部水流氧化的影响不会影响内陆架盆地（小于200m深度）相对较浅的情况；（4）由于重力驱动沉积物的发展，在科威特南部最南端的部分区域可以观察到有机质稀释。输入参数（即初级生产力与水深）的敏感性分析支持部分限制性盆地条件，并在海平面上升期间偶尔与开放式海洋相连。该研究有助于改善传统和非传统石油系统勘探的盆地模型。

2）数字化平台技术进展

（1）Globe数字化平台新版本。

Globe平台将地球过去4亿年的演化模拟为约40000层地质数据，其中包括关键矿物、天然氢、石油、地热和碳储存数据。Globe平台将专有的计算建模和人工智能主导的机器学习技术与Getech公司的地球科学专业知识相结合，提供独特的地球模型，使其客户能够识别新的资源勘探机会。

新版本Globe 2023引入了矿物定位工作的功能，如新的动态板块模型、增强的古地理和扩展的古地表地质覆盖范围。这些改进旨在加深对古代陆地表面及其组成的了解，这是资源勘探成功的一个关键方面。

板块模型的增强尤其揭示了构造运动如何影响当今资源的位置。此外，Globe 2023平台对其地层词典进行了重大增强。这些更新的数据与其古地理和古地表地质重建相结合，提供了有关沉积盆地组成的详尽细节，这有助于定位石油、蒸发锂等资源和沉积铜等盆地矿石。

为了响应人们对天然存在的氢作为能源转型资源日益增长的兴趣，Globe 2023平台更新的二维重力和磁力模型有助于确定超镁铁体的深度和位置，这些超镁铁体可能是此类"白氢"出现的源岩。与此同时，Globe 2023 平台更新的古地表地质层可以通过更好地了解储层的组成和质量来帮助识别潜在的碳储存地点。

（2）基于元宇宙技术的智能化工作平台。

元宇宙技术在虚拟空间中与传统技术协作可改变勘探开发领域工作环境。新一代的远程协作技术将使团队能够在虚拟环境中并肩工作，以各自的化身为代表，实现与复杂的研究对象进行交互。

沉浸式可视化消除了当前远程协作的许多挑战和限制，同时增强了现实世界的交互能力。当前的视频会议和屏幕共享系统可以将所有参与者呈现在一个充满摄像头画面或个人资料图片的平面视图中，但实际上即使人们在同一个屏幕中并排出现，也无法真正地在一起协同工作。关于地下储层模型等复杂物体的讨论很容易导致混淆，因为会议主持者可能不清楚每个人到底在看什么。在这种情况下，由于所有眼神交流和肢体语言信号的缺失，简单的对话与沟通也可能具有挑战性。

通过创建并进入三维虚拟世界，人们能够占据相同的空间并在其中四处走动，以彼此相同的视角观察物体，而不受限于其真实的物理位置。哈里伯顿公司构建了连接到多个商业地球科学解释和建模软件的复杂虚拟现实系统，允许来自全球的多个用户与同一个数字油藏进行可视化交互，以与以往不同的方式查看他们的数据。这些最初的系统主要将人表示为具有名称或图像的简单对象，但哈里伯顿公司表示正在开发更先进的模拟方式，以符合元宇宙的愿景。

（3）云本地地下知识管理软件。

新推出的 Curate 2023.3 软件引入了增强功能，并以性能和可扩展性为中心重新进行了地图设计，大大简化了地下数据工作流程，扩展了知识管理解决方案对地下数据消费者的灵活性和直观性。Curate 软件的新功能显著提高了性能和可扩展性，提供了处理超过 100 万口井的大型井数据集的能力，使用户在获取可靠井数据的同时进行关键项目详细信息的快速概览。

Curate 2023.3 软件的更新包括对其实时孔隙压力监测应用程序 Well Surveillance 的重大改进，允许在真实垂直深度中可视化和数据建模，在钻井时修改钻前标记，并直接从网络浏览器导出解释数据。此外，Curate 软件的数据查询应用程序 Data Explorer 还支持阵列数据或具有重复深度的数据测量。这些新功能使地下数据消费者能够以更高的准确性、安全性和速度做出决策，从而提高运营效率。

3）机器人技术

巴西国家石油公司近年加大了在机器人和人工智能领域的投入，并率先将机器人 Aquanaut 应用到海上深水油气勘探生产领域进行内场检查服务。

过去几年，Nauticus 公司一直在开发基于机器学习和人工智能最新技术的自主行为库，使其海底机器人能够学习并适应水下工作。Aquanaut 携带一系列多光谱感知传感器，通过一对机械手对海底基础设施进行检查、分类、测试和操作，而无须操作员直接控制。与传统方法相比，该方法可显著降低成本并减少温室气体排放。

2. 地球化学同位素分析技术进展

1）锶同位素

常规所用的锶同位素测试手段为溶液法测试，钻取粉末所用的钻头大于1mm，无法满足对于环带等微区组构的锶同位素测试，这种微区组构小于1mm，急需取样大小在1mm以下的测试手段。另外，溶液法锶同位素分析流程较长，整体流程需要清洗烧杯、称样消解、柱化学分离和上机测试4个步骤才能完成，而随着微钻取样量的减少，流程本底的扣除难度增大，测试精度降低。随着近年激光剥蚀系统的广泛使用，采用激光剥蚀原位测试锶同位素成为可能，相比溶液法，该方法测试时间大大缩短，空间分辨率更高，并且实验成本大幅降低。因此，通过激光剥蚀与多接收电感耦合等离子体质谱联用是解决微区组构锶同位素测试难度大的最佳途径。

激光原位锶同位素分析方法早期主要针对锶含量较高的岩石和矿物，如石笋等，其锶含量一般大于1000μg/g，甚至高达7000μg/g。针对碳酸盐矿物激光原位锶同位素分析技术方法的研发，从以下几方面着手：

（1）方解石和白云石标样的研制：通过大量激光原位锶同位素分析，筛选出潜在的方解石和白云石标样。

（2）针对筛选出的样品进行多块次锶同位素测试，对比不同块次样品的锶同位素一致性，探讨标样的颗粒大小及均匀程度，以及微量元素成分和同位素组成的均一性。

（3）制备完成的潜在标样的锶同位素比值测定：内部组分较为均一，测定$^{87}Sr/^{86}Sr$同位素组成。

（4）编写激光原位锶同位素数据处理软件。

（5）通过对一个未知样品进行激光原位锶同位素测试，得到其锶同位素$^{87}Sr/^{86}Sr$为0.708899 ± 0.000030，与溶液法的测试值（0.708901 ± 0.000010）在误差范围内一致。

2）天然气丙烷位碳同位素

天然气成分简单，可以利用的研究手段非常有限。传统的天然气地球化学主要依据天然气组分及其稳定碳、氢同位素组成，获得有关气源岩及其热演化等方面的信息。依据的基本原理是：天然气分子稳定碳、氢同位素组成是有机母质与热成熟度的函数，生烃演化过程中遵循$^{12}C—^{12}C$键优先断裂的原则。正是基于此，前人通过测定整体分子碳链的平均稳定碳同位素组成建立各类判识图版与方法，并在实际含油气盆地天然气成因成藏研究中取得了巨大成功。然而，对于天然气中某一个给定的烃类分子，其整体碳链平均碳同位素组成与有机质生源和成熟度并不是简单的一一对应关系或线性关系。理论上，一个给定烃类分子中每一个碳同位素组成都有其独特的演化轨迹，并且运移成藏过程中扩散、降解、阶段聚集等次生因素也对其产生显著影响，由此增加了结果的不确定性。这是长期以来天然气成因研究中一直未能得到很好解决的问题。

根据理论模型，如果丙烷中间位碳键合于干酪根大分子，那么丙烷分子从干酪根大分子网络断裂后其端元位碳不发生碳同位素分馏，具有源指示意义，而中间位碳同位素随着成熟度增大而富集^{13}C；反之，则是中间位碳同位素具有源指示信息，而端位碳同位素为热成熟度函数。因此，很大程度上丙烷位碳同位素的地球化学意义内在控制因素是其在干酪根大分子中的主体结合状态,即取决于对干酪根分子结构的了解。基于此,首先根据国内外相关实验室的研究实践,搭建了基于丙烷裂解的在线丙烷位碳同位素组成测试系统(GC-Py-GC-IRMS),并以国内行业标准气体为基础,优化了该系统丙烷位碳同位素测试的实验条件,提出780~820℃为该系统丙烷最佳裂解温度。该温度既可确保二次裂解发生概率最小,又可满足GC-IRMS检测限。考虑到目前缺乏国际间实验室丙烷位碳同位素数据对比的现状,建立了实验室测试标准和相应标准气体,使实验室不同时期测试数据具有可对比性。以此为基础,进一步通过合理设计模拟实验,控制实验条件,开展单一母质与成熟度变量的丙烷生成演化研究,揭示了不同母质不同热演化条件下干酪根生成丙烷位碳同位素和沥青/原油裂解生成丙烷位碳同位素的演化轨迹,明确了不同母质类型丙烷生成演化过程中位碳同位素的地球化学意义,补充完善了加州理工学院Piasecki等提出的丙烷裂解的位碳同位素分馏理想模型。该研究成果对于认识丙烷位碳同位素在天然气生成—成藏过程中的地球化学行为及其控制因素,夯实丙烷位碳同位素地球化学解译的基础理论和规律性认识,建立判识模板并开展实际地质应用具有重要理论实践意义。

3)镁同位素

镁作为组成白云石的核心元素,直接参与整个白云石化过程,并与白云岩问题的本质密切相关。随着高精度镁同位素测试技术(MC-ICP-MS)的发展及镁同位素地球化学体系研究的深入,镁同位素地球化学逐渐成为研究白云岩成因的一个新手段。但是古老白云岩储层具有年代老、埋藏深、储层成岩改造复杂和多期成藏调整的特点,目前镁同位素测试技术样品用量大,不利于对古老白云岩微区组构的分析,前处理的时间较长,大大增加了质量分离风险,延长了测试时间。针对古老白云岩储层的特点,需要开发低本底镁同位素测试分析技术,对极低的样品化学处理全流程镁本底。

在镁同位素分析技术的基础上,开展了低本底镁同位素分析技术研究工作。通过对阳离子交换柱和淋洗液的优选来提高镁的回收率,从而实现低本底镁的分离纯化。在分离提纯过程中,需要确定镁的接收范围,对离子交换柱直径、长度、树脂和淋洗液的优选,使用合适浓度的硝酸淋滤镁元素,建立了符合实验室条件的淋洗曲线。新的树脂类型和淋洗液的组合,使分离提纯过程中需要的样品量低至1mg。对Cambridge1标样进行测试,结果与推荐值在误差范围内一致。低本底镁同位素测试技术的建立,解决了古老碳酸盐岩微小组构的镁同位素测试难题,为白云岩成因和白云石化流体示踪提供了有效的技术手段。

(三)油气勘探技术展望

随着技术的不断发展,无论是行业内原有技术的深化融合,还是跨界技术加速渗透,突破油气勘探领域的瓶颈,不断发现新油气藏,是未来发展的不变主题。

1. 深地深水油气勘探技术持续发展

深地深水油气资源作为近年来油气增储上产的主力军,备受青睐。各大石油公司不断向深水领域挺进,以寻找新的油气储量。随着技术的进步,深水油气勘探的难度逐渐降低,勘探成功率不断提高。同时,深水钻井技术、水下生产系统、海底管道敷设等关键技术也取得了重要突破。

2. 非常规油气勘探技术取得新进展

随着常规油气资源的逐渐枯竭，非常规油气资源的重要性日益凸显。页岩油气、致密油气、煤层气等非常规油气资源的勘探开发成为油气行业的重要方向。在非常规油气勘探领域，水平井钻井、水力压裂、微地震监测等关键技术取得了显著进展。这些技术的应用提高了非常规油气资源的开采效率和经济效益。

3. 数字化与智能化技术的应用

油气勘探行业正加速向数字化转型，利用大数据、云计算、人工智能等先进技术优化勘探流程，提高勘探效率和准确性。通过构建智能勘探系统，实现勘探数据的实时采集、处理和分析，为勘探决策提供科学依据。同时，智能钻井、智能测井等技术的应用也进一步提升了勘探作业的智能化水平。

4. 绿色勘探技术的推广

随着全球环保意识的不断提高，绿色勘探技术逐渐成为油气勘探行业的重要发展方向。在勘探过程中，注重减少对环境的影响，采用低碳、环保的勘探技术和设备。同时，加强勘探废弃物的处理和回收利用，实现勘探过程的绿色化。

二、油气田开发技术发展报告

随着全球能源需求的持续增长和环境保护要求的日益严格，油气田开发领域正迎来技术革新的高潮。2023年，油气田开发技术正以前所未有的速度向前发展，呈现出多元化、精准化、智能化和标准化的新动向。从提高采收率技术的创新，到压裂技术的环保和智能化升级；从人工举升技术的智能化和高效能发展，到人工智能和数字化技术在油田运营中的广泛应用，这些技术突破不仅推动了油气田开发向更高效、更环保、更智能的方向迈进，也为全球能源行业的可持续发展注入了强大动力。

（一）油气田开发新动向

随着全球能源格局的不断演变，国外油气田开发也呈现出新的动向。这些新趋势不仅关乎能源行业的发展，更对全球经济、环境和地缘政治产生深远影响。

1. 深海油气开发的挑战与机遇

深海油气开发既充满挑战，也蕴含巨大机遇。面对深海环境带来的高成本、高风险以及高技术门槛，如深海压力、海底地形复杂等问题，开发难度不言而喻。然而，深海区域蕴藏着约占全球油气总储量30%的丰富资源，这无疑是全球能源供应的重要支柱。以巴西盐下、墨西哥湾和尼日利亚近海为例，这些地区已成为深海油气开发的热点，各国纷纷投入巨资研发新技术，以期突破技术瓶颈，提高开发效率和安全性。随着技术的不断进步，深海油气开发的潜力将得到更大程度的释放，为全球能源市场注入新活力。

2. 非常规油气资源的开发与利用

非常规油气资源的开发与利用正逐渐成为能源领域的新焦点。页岩油气资源已成为国际油公司核心资产，2023年国际油公司加大了页岩油气资产兼并步伐。埃克森美孚650亿美元收购先锋自然资源公司，页岩油气产量占公司总产量的40%。雪佛龙640亿美元收购赫斯能源公司，规划2025年二叠盆地页岩油气产量目标4500×10^4t、2026年投资回报率达到30%。加拿大、阿根廷、沙特阿拉伯等国家的页岩油气勘探开发项目也明显增加。随着技术的不断进步，如水平井钻井技术和水力压裂技术的应用，非常规油气资源的开采成本逐渐降低，产量不断增加，为全球能源供应提供了新的可持续的选择。

3. 数字化与智能化技术的应用

随着数字化和智能化技术的迅猛发展，油气田开发领域正迎来一场深刻的变革。通过运用大数据、云计算和人工智能等先进技术，油气田开发过程中的数据采集、处理和分析能力得到了质的飞跃。这些技术的应用不仅显著提高了油气开采的效率，降低了开发成本，还通过优化生产过程，提升了作业的安全性。例如，挪威国家石油公司（以下简称挪威国油）的海上智能采油平台凭借全无人化设计，大幅降低了建造成本，展示了智能化技术在油气开发中的巨大潜力。同时，贝克休斯与亚马逊合作开发的自动化现场生产解决方案，不仅可帮助石油和天然气运营商主动管理生产，还有效减少了碳排放，促进了油气产业的绿色可持续发展。这些实例和数据充分证明了数字化和智能化技术在油气田开发中的重要作用，为油气产业的未来发展注入了新的活力。

4. 环保要求的提高对油气田开发的影响

在全球环保意识的持续高涨下，油气田开发正面临着前所未有的环保挑战。各国政府纷纷出台严格的政策法规，对油气开发过程中的污染排放设定了更为严格的限制。油气企业积极行动，纷纷采用更加环保的开采技术和设备，如低排放钻井平台和智能化泄漏检测系统，以减少对环境的负面影响。这些努力不仅有助于保护生态环境，还促进了清洁能源和可再生能源的研发与应用，为全球能源结构的绿色转型贡献了重要力量。

（二）油气田开发技术新进展

油气田开发领域正迎来技术革新的黄金时代，一系列前沿技术的突破和应用正深刻改变着传统的油气开采和生产方式。从提高采收率技术的多元化发展，到压裂技术的创新与突破；从人工举升技术的智能化升级，到油藏描述和模拟技术的革命性进步，再到人工智能和数字化技术在油田运营中的广泛应用，以及海上油气生产技术的标准化与智能化发展，这些新进展不仅极大地提升了油气田开发的效率和安全性，同时也为实现绿色低碳、可持续发展的能源战略目标注入了强大动力。在电气化、自动化和数据驱动技术的引领下，油气生产正迈向更高效、更环保、更智能的新阶段，为全球能源行业的未来发展描绘出了一幅充满希望的蓝图。

1. 提高采收率技术

提高采收率技术（EOR）发展现状呈现出多元化和深入化的趋势。首先，针对不同油藏类型和地质条件，各国纷纷研发并应用多种 EOR 技术，如页岩油超级提高采收率技术、水气交替注入（WAG）技术以及二氧化碳捕集埋存与提高采收率技术等。这些技术通过优化注入策略、提高驱替效率以及实现环境友好型生产，有效提升了油气资源的采收率，有助于实现绿色低碳发展。

1) 页岩油超级提高采收率技术

美国一些盆地（如 DJ 盆地）的页岩油开发正在走向成熟，但页岩油提高采收率技术尚处于起步阶段，大多使用天然气或二氧化碳循环注入法，俗称吞吐法。由于天然裂缝或压裂，井间连通限制了最大气体注入压力，采收率不高。

为此，Shale Ingenuity 公司发明并开发了创新的超级 EOR 技术，命名为 UltraEOR。将特定成分的碳氢化合物（HC）液体溶剂以高速率和短注入期（几天）注入页岩油储层，然后以特定的最小井筒压力回流。溶剂在地面设备中回收并重新注入，从而降低成本。超级 EOR 技术在过程开始时增加了一个步骤，在井筒侧面周围产生复杂的裂缝网络，从而增加了溶剂与页岩基质的接触面积。

与天然气或 CO_2 吞吐提高采收率技术相比，超级 EOR 技术具有多种优点：（1）它在更短的时间内开采了更多的石油；（2）回收成本也低得多，因为溶剂注射剂的成本低于天然

气或 CO_2，并且只购买一次；(3) 溶剂的回收率几乎为 100% 并且回收成本低；(4) 循环时间短，因此，油井几乎没有停机时间，有效日产油量更高；(5) 可以设计多井工艺，以实现交错的注入和生产计划，从而提供接近恒定的回流和注入速率；(6) 不需要人工举升设备，因为井的流动速率足以有效地将油从井筒中举升出来。这种无风险、无优化的工艺会产生有吸引力的投资回报率，已经完成了美国大部分页岩区块超级 EOR 过程的建模。

主要技术进展：(1) 超级 EOR 技术将特定成分的碳氢化合物液体溶剂以高速率和短周期（几天）注入页岩油储层，并以特定的最小井筒压力回流，溶剂在地面的设备中回收并循环注入，循环时间短，回收率高，资本支出成本、运营成本和碳排放可分别降低 75%、50% 和 75%；(2) 使用 CycleStim 技术，在井筒周围产生复杂的裂缝网络，将溶剂与页岩基质的接触面积增大 2~10 倍；(3) 设计多井工艺，实现交错的注入和生产计划，从而提供接近恒定的回流和注入速率；(4) 不需要人工举升设备，井的流动速率足以有效地将油从井筒中举升出来。

新技术在 Eagle Ford 页岩和 Midland 盆地 Wolfcamp B 页岩上进行了岩心测试，表明在 6 个注入和生产周期后，石油采收率约为 90%。在二叠、Bakken、EF、Utica、DJ 区块进行现场试验表明：桶油成本低至 17 美元，采收率由 6%~8% 原始地质储量提高到 12%~25% 原始地质储量，可适用于美国 85000 口页岩油井。

2）水气交替注入技术

Brage Statfjord 油藏的主要泄油策略是通过注水保持压力以生产轻质油。连续注水可有效维持储层压力，提高体积波及效率，但注水会留下大量未洗掉的石油，主要是在油藏的顶部。德国 Wintershall 石油和天然气股份有限公司（Wintershall Dea AG）在 Brage Statfjord 油藏开展了水气交替注入（WAG）实例研究。WAG 将注水作业的宏观波及效率、压力维持和注气作业的驱替、微观波及效率结合起来，以顶部油为目标提高采收率。通过改变气水循环和注气速率，研究了不同的 WAG 注入方案并进行不确定性分析。

Wintershall 公司使用 Statfjord 地层的历史拟合单元模型模拟 WAG 注入场景。Statfjord 地层利用 3 口注水井支持 8 口现有生产井的生产，将 3 个注水井转换为交替注水和注气。所有案例均以 $40 \times 10^4 m^3/d$ 的注气速度封顶，每次选择一口井注气，其他两口井保持常规注水状态。

案例 1：在 3 口注入井中交替注入天然气和水，其 WAG 效率约为 25%。由于水和天然气交替时，无法保持较高的储层压力，因此储层压力有所下降，若管理不当，则储层压力可能会降至泡点压力以下。除了石油产量增加外，天然气产量也有所增加。这一增长得益于油气比（GOR）的急剧增加和生产井的天然气突破。

案例 2：注入井 N、注入井 S 中交替注入天然气和水，每 6 个月交替注入天然气，注入井 C 保持连续注水维持较高的平均储层压力，从而使石油和天然气产量有了相当大的增长。与案例 1 相比，案例 2 在注入相同数量的天然气时，WAG 效率为 35%，且产油率更稳定。

敏感性分析阐明了假设参数的影响。注气速度对最终采收率有重要影响，且具有正相关性。不确定性分析和基于收益的 WAG 潜力确定了每种组合的 WAG 注入成功率。通过敏感性分析与不确定性分析对方案进行优化后，WAG 效率从 35% 提高到 53%。

研究模拟结果证实了 WAG 注入作为三次采油工艺的有效性，但必须在 WAG 注入和常规注水之间找到正确的平衡。与常规注水相比，WAG可显著降低顶部含油饱和度，提高最终采收率。

2. 压裂技术

压裂技术作为油气田开发的关键技术，正迎来新一轮的创新与突破。从墨西哥湾海上压裂技术应对复杂地质条件的挑战，到VortexPrime压裂解决方案实现大功率与低排放的结合，再到压裂液侵蚀模拟技术和NoHIT压裂冲击缓解技术的研发，这些进展不仅提升了压裂作业的效率与安全性，还促进了环保性能的优化。同时，全三维水力压裂模拟器的开发，为裂缝网络设计和优化提供了更科学的依据。油气压裂技术的不断演进，正推动着油气田开发向更高效、更环保、更智能的方向发展。

1）墨西哥湾海上压裂技术

墨西哥湾古近系Wilcox油田位于墨西哥湾西北部，储层多为砂岩储层，储层更致密、更深，温度更高，压力更大，压裂更难，海上物流更复杂，需要的裂缝长度更长，需要的支撑剂和压裂液更多。海上运营商正越来越多地开始利用古近系油井进行生产，这使得从压裂的角度进行生产规划比以往任何时候都更加重要。海上油井压裂，无论油藏是砂岩还是碳酸盐岩，都是高风险和物流密集型业务，技术组合可以解决这些问题。

（1）海上砂岩支撑剂压裂技术。

海上支撑剂压裂技术发展迅速，虽然它的使用频率仍然低于酸压裂，但那是因为酸压裂是一种使用反应性流体的水力压裂技术，适用于海上占多数的碳酸盐岩，不适用于砂岩。海上砂岩支撑剂压裂使用高端支撑剂和专门为储层定制的压裂液系统，来保持裂缝的开放性和导电性，抑制结垢。海上压裂工作每口井可能需要超过2000bbl的水，这通常使用淡水。斯伦贝谢公司UltraMARINE海水基压裂液解决了这一挑战，不必回到港口获得更多的淡水，节省了大量的非生产时间，减少了大量的二氧化碳排放，同时提供了最佳的压裂流体流变性。

海上压裂作业排放的最大部分不是作业本身，而是运送所有材料的后勤工作。在深水压裂中，船舶携带的支撑剂量是影响压裂施工的重要因素。在多行程条件下，贝克休斯公司的Blue Tarpon增产船曾将440×10^4 lb[1]的KryptoSphere HD 25支撑剂泵入一口井，跨越5个地层，创造了墨西哥湾地区泵入单口井支撑剂量的最高纪录。对于需要单程完成的多层井，没有回到码头的机会，通常需要替代补给船或多个增产船来支持项目，并且必须在现场重新装载。贝克休斯新型Blue Orca增产船可运载250×10^4 lb沙子或同等支撑剂（图1），使其能够

图1 贝克休斯新型Blue Orca增产船

---

[1] 1lb=0.4536kg。

进行多次压裂处理，而无须返回港口进行补给。

（2）海上压裂模拟技术。

海上是一个高风险区域，费用支出、碳影响和排放状况非常重要。由于海上油井越来越深、越来越复杂，这意味着更复杂的完井。从裂缝设计的角度来看，通常需要在压裂过程中获得深层储层产量，裂缝半长越长，长期持续生产的机会就越大。

斯伦贝谢公司的 Kinetix 软件可以使用各种压裂模型（图2），根据储层的机械特性规划水力压裂程序。该软件有助于模拟全球海上水力压裂，包括针对设得兰群岛以西砂岩储层的一些油井。通过准确地模拟储层数据、裂缝与储层的相互作用，并正确判断压裂位置，可以提高压裂的经济性。同时，模拟可以最大限度地减少所需的材料数量和船舶行程次数，从而降低成本并改善排放状况。

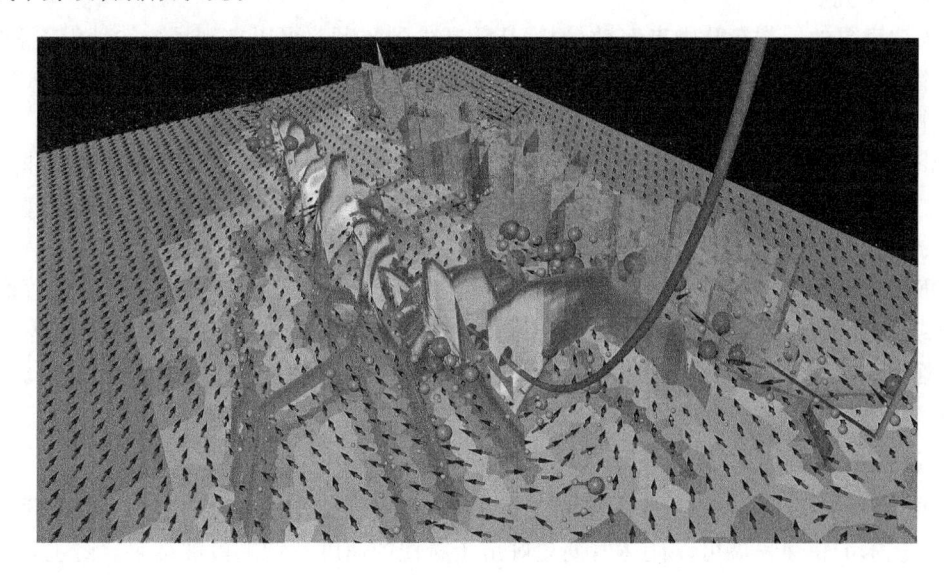

图2　Kinetix 建模软件工作图

（3）海上碳酸盐岩酸压裂技术。

哈里伯顿公司生产解决方案和生产增强产品服务线的产品经理 Julio Vasquez 表示，对于碳酸盐岩，多使用盐酸等反应性流体进行基质酸化和酸压裂，侵蚀或蚀刻岩石，创造油流通道。

哈里伯顿公司的 X‐Tend 酸压裂服务，使用一种低黏度、延迟作用的酸，用于海上碳酸盐岩地层的基质酸化和酸压裂，使流动酸更深入地渗透到地层中。X‐Tend 技术自商业化以来，已在全球约 100 口井使用。它用于高达 350 ℉（176.7℃）的碳酸盐岩地层，还可以带到更高的温度。使用 X‐Tend 技术，该油田石油产量增加了 2000~3000bbl/d。

（4）海上水处理技术。

海上水处理尤其具有挑战性。采出水必须被处理或重新注入地层，处理采出水的地面设施受到很多限制。哈里伯顿公司的 WaterWeb 技术可以选择性地降低对水的渗透性，对碳氢化合物生产的影响最小，大大降低了产水率。

该技术同时适用于砂岩和碳酸盐岩地层，在墨西哥近海的一个碳酸盐岩油田中，产水率为36%。哈里伯顿公司将370bbl WaterWeb选择性堵水剂泵入井中后，产水率下降到4%，而石油产量增加了600bbl/d。在多层砂岩储层，注入WaterWeb后，产水率从80%降低到60%，石油产量增加了300bbl/d。

2）VortexPrime压裂解决方案

GD能源产品公司（GDEP）和Catalyst能源服务公司将大功率和低排放技术引入水力压裂，共同致力于创新和测试技术，以改善运营和ESG（环境、社会和治理）绩效。

GDEP是压裂、钻井和修井泵市场领先的整体解决方案提供商。Catalyst能源服务公司是一家新兴的激井服务公司，专门从事水力压裂。Catalyst能源服务公司VortexPrime专利环保压裂解决方案的核心组成部分中包括GDEP的Thunder 5000泵，可以在较慢的运行速度下安全地最大化流量。

该大功率泵的压裂车队中卡车数量从20辆减少到8辆，可以在现场更快地设置和拆卸，更加适用于远程和交通不便的作业点。迄今为止，VortexPrime解决方案已经完成了12000级以上的作业，并向客户公司提供了泵和运行数据来进一步提高性能。

VortexPrime解决方案采用以天然气为动力的直接驱动涡轮技术，与传统的柴油压裂车队相比，该方案可以减少40%的二氧化碳当量的温室气体排放，减少55%的碳足迹，并降低99%的浪费。

GDEP首席执行官拉里·克尔（Larry Kerr）表示，当前压裂服务提供商和运营商面临着减少碳排放的巨大压力。Catalyst服务公司专注于引入能够减少排放和浪费的技术，同时提高运营商和投资者的投资回报率。GDEP的Thunder 5000专为更节能的性能而准备，可以由电动、双燃料或燃气涡轮发动机驱动。

3）压裂液侵蚀模拟技术

在页岩井中，压裂液中的固体含量较高，加上高流速，增加了因侵蚀而损坏管壁的风险。数字技术的快速发展可以让运营商更好地了解侵蚀速度，预测侵蚀结果。野生井控公司（Wild Well Control）研究了计算流体力学（CFD）侵蚀模拟技术，可以准确、可靠和高效地预测含砂水流造成的侵蚀，确定侵蚀破坏的位置和程度，从而减轻损害。该技术可以应用于生产管道和设备，还可应用于井控设备，进行侵蚀分析预测（图3）。

野生井控公司委托一家美国多级压裂设备制造商进行腐蚀评估，模拟压裂条件，以便更好地了解流体动力学，并在压裂作业之前预测

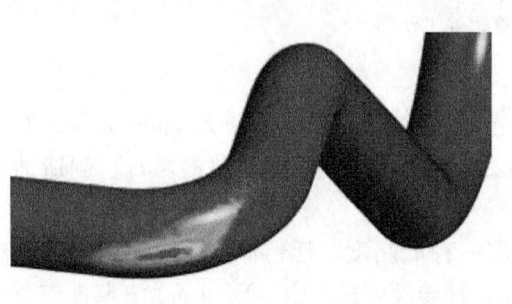

图3 侵蚀分析预测示意图

设备可能受到的侵蚀损害。该项目的主要目标是进行压裂歧管的流动分析，使用CFD软件Simcenter Star CCM+进行冲蚀研究，建立了侵蚀方程模型，并用于计算侵蚀速率。CFD软件预测了粒子速度和撞击角，作为建立侵蚀模型的输入参数，并开发了一个定制的程序，与CFD模拟协同工作，以考虑在所有压裂阶段由于侵蚀而导致的瞬时壁面移动。在压裂歧管壁上发现了累积侵蚀，并在所有压裂阶段后测量了侵蚀距离（图4）。除了侵蚀分析，野生

井控公司还提供一系列融入 CFD 的模拟解决方案,包括数字孪生分析、辐射热分析、火灾和爆炸分析以及大气扩散分析,以支持应急计划和紧急避让。

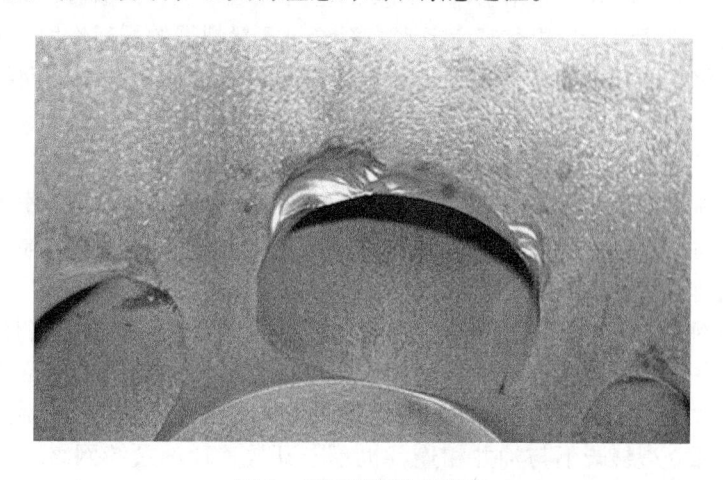

图 4　压裂管汇冲蚀损伤

数字工程正在越来越多地改变能源行业的运营方式,提供在巨额财务投资或事件发生之前更好地了解和预测结果的能力。CFD 在油田数字化进程中发挥着重要作用。通过对项目结果提供更高的清晰度和可预测性,它可以大幅减少二叠盆地、其他页岩区块以及常规陆上和海上资产的资本支出和运营支出。

4)NoHIT 压裂冲击缓解技术

由于美国页岩井的产量低于预期 15%~40%,油气公司在他们的区块上钻更多井以弥补其产量。这些新的子井靠近现有的母井钻探,可能会损坏母井,而且它们本身的产量也低于以前的井。母子井干扰是因为母井在其生产区产生压力汇,导致子裂缝传播到枯竭岩石而不是原始岩石。在一些高产盆地,2020 年的大部分钻井是子井,这会导致更高的成本并影响油气公司钻新井的能力。

鉴于这种情况,TenEx Technologies 公司开发了 NoHIT 技术,这是一种正在申请专利的压裂冲击缓解化学技术。通过对母井周围的枯竭岩石加压,NoHIT 技术阻止子裂缝与母裂缝连通,从而保护母裂缝,并促使这些裂缝向新的储层延展,这有助于增加子井的产量。NoHIT 使用雾化铝技术,当与补给液一起注入母井时,在储层条件下使用选择性活化剂进行催化,其会与水发生缓慢的放能氢气反应。

测试数据显示,该反应还可以提高母井的生产效率,因为在中高封闭应力下,支撑剂的渗透性和传导性明显提高。在一个多级水平井的现场试验中,NoHIT 技术被证明是非常简单和安全的,并可以使用典型的油田泵送程序。在只有 600bbl 采出水和 900gal❶NoHIT 化学剂的情况下,井底压力在 24h 内就超过了原始储层压力,并在 9 天内超过了作业前的井底压力。

---

❶　1gal(美)=3.7854L。

5）全三维水力压裂模拟器

得克萨斯大学奥斯汀分校介绍了自主开发的全三维水力压裂模拟器，该模拟器通过求解应力、流体流动、裂缝生长和相交来考虑水力裂缝与天然裂缝的相互作用，并通过高效的算法自动检测和量化扩展裂缝网络的连通性，有助于更好地了解影响裂缝网络几何结构的因素，并在天然裂缝性地热储层中进行水力裂缝设计和井距优化。

（1）模型描述。

针对增强型地热系统（EGS）的三维水力压裂模拟器包括五个模块，分别为岩石变形和应力、天然裂缝与扩展水力裂缝的相互作用、裂缝内的流体流动、裂缝与储层基质之间的泄漏和传热、所创建裂缝网络中的流体流动和传热。

在水力裂缝网络中定义了主干裂缝、死端裂缝和孤立裂缝三种裂缝（图5）。主干裂缝与注水井和采油井相连，有助于流体从注入井流向生产井。死端裂缝通常源自水力裂缝和天然裂缝的交叉，并且其一端在岩石基质中断。此部分裂缝网络不允许流体流动，对地热能生产的贡献较小。孤立裂缝既不与油井相连，也不与开放连通的裂缝网络相连（主干裂缝或死端裂缝）。

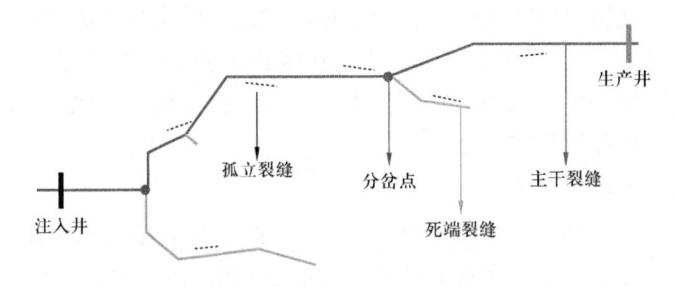

图5 复杂裂缝网络生成示意图

（2）天然裂缝的影响。

天然裂缝密度的影响。模拟具有不同天然裂缝密度的天然裂缝网络中的水力裂缝扩展，研究表明，天然裂缝密度越大，水力裂缝与天然裂缝相交处发生分叉的可能性越大，导致偏离最大主应力方向的偏移量越大，因此密度更大的天然裂缝网络会产生更大的裂缝网络面积。

天然裂缝长度的影响。模拟天然裂缝长度下的水力裂缝扩展，研究发现，天然裂缝越长，其与水力裂缝相互作用的可能性越大，导致天然裂缝的裂缝偏转越大、分叉越多，能够观察到较大面积的主干裂缝和较长的天然裂缝。

天然裂缝方向的影响。模拟不同方向天然裂缝网络中的水力裂缝扩展，研究表明，随着方位角的增大，水力裂缝的总体方向与天然裂缝的方向一致。并且在90°方位的天然裂缝中，与中间射孔簇相连的水力裂缝的发育受到相邻两条水力裂缝的限制，这种限制显著减少了扩展裂缝网络的面积。

（3）结论。

在不考虑天然裂缝与扩展裂缝相交的情况下，扩展平面裂缝可能会导致孤立裂缝。天然裂缝密度越高，沿天然裂缝偏转和裂缝分叉的可能性越大，导致主干裂缝和死端裂缝的面积增加。增加天然裂缝长度，增加了水力裂缝与天然裂缝相交的概率，并导致其沿薄弱面连续偏转，这增加了主干裂缝的面积。裂缝分叉是产生死端裂缝的主要原因，由于天然裂缝朝向远离最大水平应力的方向，沿天然裂缝的偏转会增加主干裂缝的面积，而扩展裂缝合并会减少主干裂缝的面积。井距在量化井间裂缝的连通性和提高复杂裂缝网络的热量提取效率方面起着重要作用。

3. 人工举升技术

人工举升技术在油气开采领域发挥着举足轻重的作用，随着油田开发向更深层次和更复杂环境拓展，技术创新成为关键。电潜泵防砂技术通过高效分离固体颗粒，延长了泵的运行寿命；智能型电缆井下动力作业系统则利用先进技术解决超深超长大位移井和水平井的维护难题；而超高速永磁电动机电潜泵系统更是凭借其高效、节能的特性，成为开采非常规油气藏的有力工具。这些技术的不断进步，不仅提升了开采效率，也为油气行业的可持续发展注入了新动力。

1）电潜泵防砂技术

随着越来越多的油井依赖电潜泵，研究延长电潜泵系统的寿命具有重要意义。人工举升泵的运行寿命和性能对采出液中的固体颗粒非常敏感。随着固体颗粒的增加，其电除砂器的运行寿命和性能会显著下降。此外，固体颗粒会增加更换电除砂器所需的油井停机时间和修井频率。

经常流经电潜泵的固体颗粒包括地层砂、水力压裂支撑剂、水泥以及被侵蚀或腐蚀的金属颗粒。常用的井下防砂技术旨在分离固体颗粒，范围从低效率的旋风分离到高效的三维不锈钢羊毛状筛网等。井下涡流除砂器在常规油井中已经使用了几十年，主要是在生产过程中保护泵不受大颗粒的影响。然而，由于非常规井存在间歇性段塞流，导致现有的井下涡流除砂技术只能间歇性工作。

（1）应用挑战。

为了保护电潜泵，目前已经提出了几种不同的组合防砂筛管和井下涡流除砂器的变体。然而，由于每口井产生的固体颗粒尺寸分布和体积的不确定性，所有泵的保护和生产性能都存在差距。不确定性增加了防砂组件的长度，从而降低了电潜泵的设置深度，并对油井经济性产生负面影响。在非常规井中较深的设置深度是首选。然而，在具有高狗腿度的套管段内使用除砂器和泥锚悬挂防砂组件，限制了电潜泵平均故障间隔时间的改善。在这种情况下，需要一种简单、经济高效的解决方案来延长泵的使用寿命，并涵盖广泛的砂粒尺寸分布。

（2）解决方案。

为了满足这一需要，斯伦贝谢公司进行了专项研究，将阀门组件与不锈钢羊毛状筛网结合使用（图6）。研究表明，不锈钢羊毛状筛网具有可变的孔径和三维结构，可以有效地控制所有尺寸的固体，而不需要知道产生的固体颗粒的粒度分布，能够过滤掉 $15 \sim 600 \mu m$ 的颗粒，并且通过筛网上的压差激活阀门组件创建二次流动，循环清理筛网。当固体积聚在筛网表面时，阀门组件在达到预设压差时打开，以使流体通过筛网并进入电潜泵，并允许沉积在筛网上面的沙子脱落，安装在筛网底部的阀门组件继续生产。该解决方案经济高效，可以延长泵的使用寿命，而无须针对不同的油藏特征进行定制。

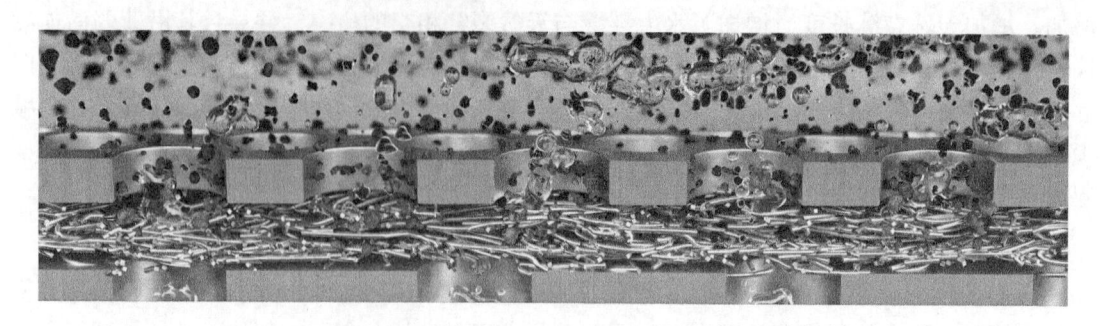

图6　斯伦贝谢公司 PumpGuard 防砂器使用的 MeshRite 筛网

与基于间隙的二维筛网类型相比，不锈钢羊毛状筛网过滤器具有多项优势。二维过滤器筛网只能选择单一的间隙值，因此筛网对产生的流体的粒度分布变得高度敏感。相反，不锈钢毛筛过滤器的厚网床为产出的井筒流体提供了高孔隙率（92%）和大的无阻流动面积（40%）。

（3）现场试验。

① 特拉华盆地。在美国特拉华盆地的3口不同油井中安装了泵防砂保护系统与封隔器，主要目的是减少由于与砂子相关的过载而启动和停止电除砂器的次数，并提高电除砂器的可用性，以改善生产。泵保护系统悬挂在电除砂器管柱的下端。结果表明，安装泵保护系统后，与砂和固体有关的停机次数减少了75%，泵寿命延长了22%以上，电潜泵表现出更稳定的行为，将电动机电流的波动范围从19A减小到6.3A，振动更稳定，与以前的安装相比波动很小，并获得了额外的100psi❶的压降。电除砂器的过载停机次数大幅减少，电除砂器运行处于低振动状态。

② 新墨西哥州。在新墨西哥州尤尼斯附近的一口井中安装了无泵保护的电除砂器。在初始启动减速后，电潜泵开始表现出不稳定的行为。电流和压力的波动与振动的峰值相关。在这些情况持续137天后，电潜泵出现故障，为此安装了更换件，安装了包括具有相同电除砂器配置的新的泵保护系统。该井复产后，电除砂器运行正常，电流稳定，振动小。

③ 得克萨斯州。该系统的第三个现场安装是由一家石油和天然气巨头在得克萨斯州进行的，该公司由于出砂而一直在经历生产中断和电除砂器故障，希望改善泵的正常运行时间。安装了新的泵保护系统后，电除砂器的运行寿命延长了22%，压降更稳定，与电除砂器相关的正常运行时间更长。运行中与砂子和固体有关的停机次数减少了75%，从第一次安装的8次过载事件减少到第二次安装的2次，过载停机后成功重新启动的次数提高了30%，提高了电潜泵的运行寿命。

2）智能型电缆井下动力作业系统

随着超深超长大位移井和水平井数量的增多，以及智能组件的广泛使用，当井下出现故障时，采用传统的作业方式，可能会出现诸多困难：不能到达预定深度、作业能力不足、作业成功率低和作业效率差等。因此，智能型电缆井下动力作业系统应运而生。

主要技术创新：（1）改进了作业方式。由模块化的工具组成，提供实时监测、动态控

---

❶ 1psi=6894.76Pa。

制和动作确认,确保井下作业成功。井下传感器监测和控制井下工具的活动情况和作业进度;智能型电缆爬行器可以到达大位移井和水平井内任何位置,完成一系列复杂作业。

(2) 研发了系列工具。强力锚定和线性驱动工具将可控的轴向力施加到完井组件上,完成移位或开关等动作;智能移位工具(SST)一次下井可完成多次移位操作,可完成单个或多个完井组件的作业;机械式液压坐封工具用于坐封桥塞和封隔器作业;磨铣工具可铣削碎屑、结垢、油管阻塞、桥塞和地层隔离阀,实时监控磨铣工具的性能状态,动态控制钻速和钻压;主动式碎屑清理工具实时监测收集筒充满状态,通过调整泵速或启动喷射,优化碎屑收集效率。

墨西哥湾一口8445m超深水多层智能开发井,完井后两个滑套被卡住,无法正常投产。采用配置有锚定—线性驱动器和SST的ReSOLVE iX系统进行作业,工具串能够控制和监视锚定—线性驱动器伸展和缩回运动以及移位的过程,具有精确到毫米的分辨率。ReSOLVE iX服务切换为诊断模式,SST再次抓住移位键槽,开始从地面液压控制系统操作打开滑套,线性驱动器在不产生任何力的情况下精确读取滑套位移(8.5in[1]),进行修井决策。作业者选择剪切掉两个滑套,使两个层重新投入生产,直接节约了6000万美元修井作业费。

3) 超高速永磁电动机电潜泵系统

作业者与服务公司正寻求高效、经济的方法来改善电潜泵性能,以满足非常规油气藏的需求。电潜泵技术的革新使油公司受益匪浅,也使泵在恶劣环境下的可靠性、性能和耐用性大大增强。先进的泵系统帮助油公司优化开采,同时有效地节省在人工举升技术方面的投资。SpeedFreq是首个专为开采非常规油气藏而设计的超高速永磁电动机电潜泵系统。

主要技术创新:(1) 泵径小功率大,外径不到4in,能够以10000r/min的转速提供高达400hp[2]的功率输出。在现场应用井中,与外径5.5in的感应电动机系统相比,SpeedFreq的产量更高,同时耗电更少。(2) SpeedFreq给作业公司带来的最大好处是加速开发油气藏,帮助他们获得比使用感应电动机电潜泵系统更高的首年产量。(3) 通过使用永磁电动机,SpeedFreq运行效率极高,可节省20%~35%的电能。Midland区块的一家作业公司在安装了该系统后,其产量至少是该区块其他井的2倍,大多数情况下是3~4倍。

SpeedFreq是一种独特且具有颠覆性的技术,引起了石油巨头和独立石油公司的关注。与常规的感应电动机电潜泵系统相比,该技术屡次展现出加速开发油气藏的能力,以及不同寻常的生产性能。此外,作业公司还将SpeedFreq视为一个机遇,以降低现有开采作业的碳排放。与常规电潜泵相比,SpeedFreq可节省35%的电力消耗,可减少约75%的钢/合金用量,作业公司还可在量化环境、社会和公司治理方面获得优势。

4. 油藏描述和模拟技术

在数字化转型的浪潮中,油藏描述和模拟技术正迎来前所未有的革新。智能化油藏描述技术通过深度学习模型的引入,正在实现地质数据的自动化分析和解释,极大地提升了构造解释、储层预测和油藏表征的精度与效率。沉浸式扩展现实油藏模拟可视化技术,以其独特

---

[1] 1in = 25.4mm。

[2] 1hp = 745.7W。

的三维空间感知和直观的用户交互体验，为油藏数值模拟开辟了一个全新的视觉和交互时代。技术新进展为油气勘探与生产的精准化、高效化提供了强有力的技术支持，预示着未来能源行业发展的新方向。

1) 智能化油藏描述技术

在石油行业数字化转型的宏大架构中，智能化油藏描述无疑处于核心地位，是其关键的构成要素。2023 年，SPE 与 IMAGE 国际峰会作为科技创新的前沿阵地，相继发布了智能化程度更高的新版 Petrel 和 PaleoScan 软件，犹如为石油行业的智能化进程点亮了两盏明灯。

回溯近两年来的历程，国际上的各大油公司在智能化油藏描述技术的探索之路上奋勇前行，在构造解释领域、储层预测范畴及油藏表征方面均达成了意义非凡的重大突破，实现了技术层面的巨大跨越。

其主要的技术推进表现如下：其一，卷积神经网络（CNN）的深度实践。CNN 等前沿的深度学习模型在处理地震数据断层构造解析、岩心图像剖析及测井曲线解读等沉积学数据时成果卓著，具备自动学习与特征抽提的卓越能力，为构造与储层的精准描述筑牢根基。其二，多模态数据的有机整合。凭借 AI 技术的强大效能，能够将地震、岩心、测井数据及地层描述等多种沉积学数据源巧妙汇聚，开展更为完备的沉积相分析工作，多模态数据的融合切实提升了综合地震地质分析的精准水平。其三，智能化油藏属性的建模探索。深度学习技术在油藏属性预估方面发挥关键作用，诸如岩石孔隙度、渗透率、饱和度等关键指标均可借助其进行预测。通过对地质信息与数据的深度挖掘，深度学习模型能够输出更为精确的属性评估结果，助力决策人员透彻洞察地下油藏的特质。

尽管智能化油藏描述仍处于持续摸索的阶段，众多工作尚未构建起清晰明朗的操作流程，但它在石油天然气勘探与生产活动中无疑蕴藏着极为广阔的应用潜能，被视作提升勘探开发效率与精度的有力助推器，对石油行业的长远发展有着不可估量的价值与意义。

2) 沉浸式扩展现实油藏模拟可视化技术

沉浸式扩展现实（XR）油藏模拟可视化技术是利用虚拟现实技术在虚拟工作空间内进行油藏数值模型及生产动态等数据的沉浸式可视化分析，支持多设备多用户联网访问、远程协作和跨现实虚拟分析，实现沉浸式空间感知和更直观用户交互。

技术突破和创新点：（1）VTK 油藏模型可视化技术。创新整合三维可视化工具包（VTK），采用三维用户界面将符合数据格式的油藏模型在虚拟环境实现可视化，支持多区块油藏模型和多时间油藏动态模型的同时展示。（2）油藏模型人机交互技术。用户可以用手抓取油藏模型在虚拟现实环境中进行移动、旋转、缩放、切割、切片和油藏属性涂色、属性过滤、时间选取等操作，以获得油藏静态属性和动态属性的分析最佳视图；支持手控主菜单和手指键盘功能，用户可以便捷地在虚拟空间中进行开启会议、静音、输入文字等功能。（3）协作和跨现实技术。沉浸式工作环境支持多用户网上虚拟工作空间协作可视化分析，并支持沉浸式 XR 环境和传统二维环境之间的自由转换。

与传统二维桌面应用程序相比，XR 沉浸式可视化技术能更加清晰地实现三维空间可视化，提供用于处理数据的大型虚拟工作空间，支持更自然、更直观的工作方式和人机交互可能性；支持远程多用户交互可视化和分析协作的虚拟协作空间，增强协作和共享信息的能力。该技术有助于将能源行业（尤其是油藏数值模拟）推进到一个新视觉和新交互技术的新时代。

5. 人工智能和数字化技术

随着人工智能和数字化技术的飞速发展，油田运营正迎来智能化新时代。人工智能预测性运营管理通过大数据分析和机器学习，实现了对设备状态的精准预测和故障预警，有效提升了生产安全性和效率。同时，数字孪生技术为油田开发提供了全新的可视化平台，实现了对油藏和设备的实时监控和模拟分析。这些技术的融合应用，不仅为油田生产运营带来了革命性的变化，也标志着能源行业正向着智能化、数字化方向迈进。

1）人工智能预测性运营管理

对于油田公司来说，保持健康安全的生产运转至关重要，计划外停机、停工是较为严重的事件，当问题出现并且没有任何提前预警时，常会造成生产的延误。国际石油工程师学会（SPE）提出，保持油气生产运转的最佳方法是预测性运营管理（preventative maintenance），即采取人工智能等技术，定期安排停机时间来检查设备是否有可能存在磨损和需要更换。

（1）人工智能、物联网、数字孪生成为油田预测性维护的重要手段。

当前，油田和一些其他行业开始倾向于实施预测性运营管理。预测性运营管理需要大量数据，以准确预测何时出现或将出现错误。这些方法可以通过训练，在可能发生故障之前实现预测，即通过使用传感器读取设备数据实现，之后将这些读数与历史数据进行匹配，以衡量设备运行状况。

最新的预测性运营管理采用人工智能和物联网来获得尽可能准确的数据，这样可以更主动地检查、诊断出任何问题并提供解决方案。随着油田基础设施老化，更容易出现服务中断情况，预测停机时间变得更加重要。20年前的压缩机和当前使用的压缩机的设计、材料或技术均不会相同，采用预测维护模型时必须考虑这些因素。数字孪生作为预测性运营管理工具包的最新补充，在过去5年左右的时间里，普遍用于日常监控和优化复杂钻井。在预测性维护中，数字孪生可以与传感器数据结合，产生更好的算法来预测设备行为。通过使用数字孪生创建设备故障场景，工作人员可以更好地训练程序来查找实际故障。

（2）壳牌致力于人工智能辅助油田生产运营安全。

墨西哥湾壳牌运营安全经理 Neisha Kydd 认为，这是一种积极主动的监控形式。壳牌对于异常问题监控已有部署，其与人工智能和其他机器学习操作的结合已经形成更复杂的算法来预测问题出现的可能时间。这种部署可将数百万个数据点提取到一个数据源中，让用户应用算法检测预先设计的异常脚本。这使得公司能够在实际发生安全事故之前进行早期干预，并且让工作人员远离危险，保证人员安全。壳牌在2022年进行了一次安全审查活动，通过回顾公司5年来发生的重大事故，找出事故中的共同导火索。调查结果之一是，公司的许多事故都发生在其辅助系统上。公司最初将人工智能的使用集中在认为高风险的设备上，如钻完井，却忽视了空气压缩系统、仪表等，导致了许多重大事故发生。

（3）西方石油公司利用人工智能提高效率。

西方石油公司（Oxy）认为，预测性维护是指使用人工智能和机器学习来减少意外事件的发生概率。生成的数据被输入人工智能模型，然后根据历史数据进行预测。这种方法对于油田来说并不少见，但新的人工智能模型有助于推动预测分析和学习的持续发展，即系统自我教学和学习，从而提供更精准的预测。Oxy 在其运营中引入了更多机器人和无人机，用以完成人工需要完成的一些任务，解放了工作人员劳动生产力。Oxy 还推动采用人工智能支持的摄像头技术，用于检测和预防海上装备安全和海底腐蚀活动。除扩大规模外，数据庞杂是能源行业面临的另一个迫在眉睫的问题。目前，Oxy 正致力于在云环境中构建数据基础，以应对现代化和物联网带来的海量数据增长。

2）数字孪生技术

Azule 能源公司已与挪威 FutureOn 公司签订了为期三年的合同，在其西非地区的 4 个项目部署 FieldTwin 数字设计和可视化平台，包括 Agogo 西部枢纽综合开发项目。这是安哥拉正在开发的主要上游项目之一，估计储量约为 10×10^8 bbl，并有可能达到 17.5×10^4 bbl/d 的峰值产量。

FieldTwin 在深水开发方面表现出色。FieldTwin 平台支持协作和集成工作，可以加快时间表，并有助于在海上能源资产的整个生命周期内实现成本效益和降低风险的活动。这份合同是 FutureOn 在西非的第一份合同，可能会对 FieldTwin 在当地供应链中的推广产生连锁效应。

安哥拉准备对深水项目进行大量投资，以支持石油产量的持续增长，自 2021 年以来，安哥拉石油产量逐年增长。阿苏勒（Azule）能源公司是安哥拉最大的独立油气生产商，由英国 bp 石油公司和意大利埃尼（Eni）公司合资成立，是油气和可再生能源融合发展的典范，拥有雄厚的油气资源基础和效益良好的油气产量，致力于能源转型、加强脱碳和 LNG 业务的全链条运营，以及非伴生气开发和太阳能业务，以便在清洁能源和可再生能源领域创造新的增长点。

6. 海上生产技术

海上油气生产技术正逐步迈向标准化与智能化新时代。Aker Solutions 和 Equinor 引领的海底采油树标准化方法，不仅提升了生产效率，降低了成本，还为碳封存提供了创新解决方案。同时，壳牌墨西哥湾 Vito 深水平台的投产，标志着深水油气开发领域的又一里程碑。这些技术突破，不仅推动了海上油气生产的可持续发展，也为全球能源安全和环境保护贡献了重要力量。

1）海底采油树标准化方法

海底采油树传统上被认为是需要定制的工程设计，量身定制的解决方案既昂贵又耗能，因为它们没有标准化和大规模生产所带来的效率优势。设计和制造定制的海底采油树也会对该行业的碳排放产生负面影响。如果采油树出现故障，可能需要几个月的时间来制造替代树，这会导致不必要的停机和收入损失。过去，海底采油树的标准化被认为是不可能的。然而，Aker Solutions 和 Equinor 对这些公认的惯例提出了挑战，并实施了一项新战略，在北海 Johan Castberg 项目制定了一种创新的海底采油树标准化方法，给行业和其他领域带来了重大好处。

标准化的一个关键原则是确定要在设计中包含哪些功能。标准化方法的采油树保持标准，但模块是可配置的。标准化设备仍可进行改装，工程师能够从新的项目安装中学习并进行调整，从而实现持续改进。由于海底保护系统（SPS）的尺寸减小，标准化的采油树立即产生了项目效益。四槽模板的质量减轻了多达210t,取得了良好的效果:(1)直接节省成本;(2)不对钢材进行制造、切割、处理、焊接和喷漆,从而节省二氧化碳;(3)可持续的解决方案也适用于所有未来的项目。在可持续性方面,当油井和气井的寿命结束时,可以回收标准部件,并以具有成本效益的方式进行翻新,以做他用。这种再利用将有助于循环经济,并在几十年内最大限度地减少浪费(图7)。

图7 标准化采油树能够快速替换需要更换的部件

标准化的一个核心好处是共享备件,一个标准化采油树可以作为多个操作员的备用树。这大大降低了备件的成本,并允许在需要的地方快速部署到设施。拥有标准的采油树简化了相关设备,在采购和供应链管理方面节省大量成本。标准管架备件也可以像采油树设备一样在操作员之间共享。Aker Solutions 已向石油和工业等行业销售了 100 多个标准化海底采油树。这些采油树已安装在三家不同的海底运营商的设施中,证明该设备真正实现了行业标准化。

标准化海底采油树可用于碳封存。尽管标准化的海底采油树是为石油和天然气环境而设计的,但研究表明,它也可以用于碳捕集。在挪威的北极光项目中,Aker Solutions 将提供其标准化的海底采油树技术,作为将捕集的二氧化碳注入地下进行永久封存所需设备的一部分(图8)。该项目将直接促进碳减排,预计从 2024 年开始的第一阶段将每年减排 150×10^4t 二氧化碳。

图8 在北极标准化的海底采油树技术用于碳封存

2) 壳牌墨西哥湾 Vito 深水平台

壳牌海洋股份有限公司位于墨西哥湾的 Vito 深水油田已经正式投产（图9）。Vito 油田最初于 2009 年发现，横跨密西西比峡谷的四个外大陆架区块，水深超过 1220m。平台位于美国新奥尔良市东南约 241km 处，距离壳牌公司运营的 Mars 油田以南 16km。Vito 油田估计可采油气储量 2.9×10^8 bbl 油当量，峰值产量为 10×10^4 bbl/d 原油。壳牌公司持有 63.11% 的股份并负责运营，挪威国油持有剩余 36.89% 的股份。

图 9　墨西哥湾 Vito 深水平台

Vito 半潜式平台由新加坡海工巨头胜科海事负责建造，包括 15000t 的船体和 8800t 的上部模块和集成设备。这是一个四立柱半潜式主体设施，有 8 口海底井（共长 9400m），主要依靠气举采油。这是壳牌公司在墨西哥湾的第一个采用简化、经济高效主体设计的深水平台。2015 年曾经对原有主体设计进行了重新设计和简化，从而在设施的使用寿命内减少了约 80% 的 CO_2 排放量，并且与原有主体概念相比，成本降低了 70% 以上。Vito 项目还被选作壳牌公司 Whale 项目的设计模板，该项目以 99% 的 Vito 船体和 80% 的 Vito 上部结构为特色。

壳牌公司通过能源转型实现蓬勃发展，包括增加对低碳能源解决方案的投资，同时继续追求最节能和最高回报的上游投资。壳牌公司上游总监 Zoe Yujnovich 介绍说："Vito 是一个很好的案例，说明我们是如何着手实施项目以满足今天和明天的能源需求，同时在 2050 年实现净零排放的过程中保持韧性。基于 40 多年的深水专业知识，像 Vito 这样的项目使我们能够从墨西哥湾获取更大的价值，在那里，我们的石油生产是世界上温室气体排放强度最低的石油生产项目之一。"

壳牌公司是美国墨西哥湾石油和天然气生产的主要运营商。除在巴西和美国墨西哥湾的业务外，壳牌公司的深水投资组合还包括阿根廷页岩公司，以及在墨西哥、苏里南、圣多美、普林西比、阿根廷和纳米比亚的前沿勘探机会。

7. 生产解决方案

油气生产正迎来一场由电气化、自动化和数据驱动技术引领的革新。油田电气化方案不仅优化了资本和运营成本，还显著减少了碳排放，推动了可持续发展。自动化现场生产解决方案则通过云服务提高了生产效率，降低了能耗。同时，水平井网数据驱动注采优化方法利用大数据分析，实现了精准注水开发，提升了经济效益。这些创新解决方案正助力油气行业向更高效、更环保的方向发展。

1）油田电气化方案

油田电气化是指从使用化石燃料的现场发电机提供的电力，转向由电网提供的电力，并使用电力驱动设备。全电力生产系统是运营商战略的关键部分，能够使用集成的海底和地面技术实现可持续发展目标。在资本、运营和碳成本方面，电气化方案解决了运营商的关键问题。

（1）陆上油田电气化。

美国陆上二叠盆地可持续性数字化转型之一就是投资油田电气化，减少温室气体排放。一家勘探开发公司电气化计划研究发现，提高未来 5 年的油田电气化预计将需要额外 500MW 电力供应。电力系统规划将评估和绘制区域输电系统地图，以此作为制订互联方案的起点（图 10）。有了适当的规划，勘探开发公司可以在以后使用该基础设施长期为电潜泵供电，而不必过度建造系统。

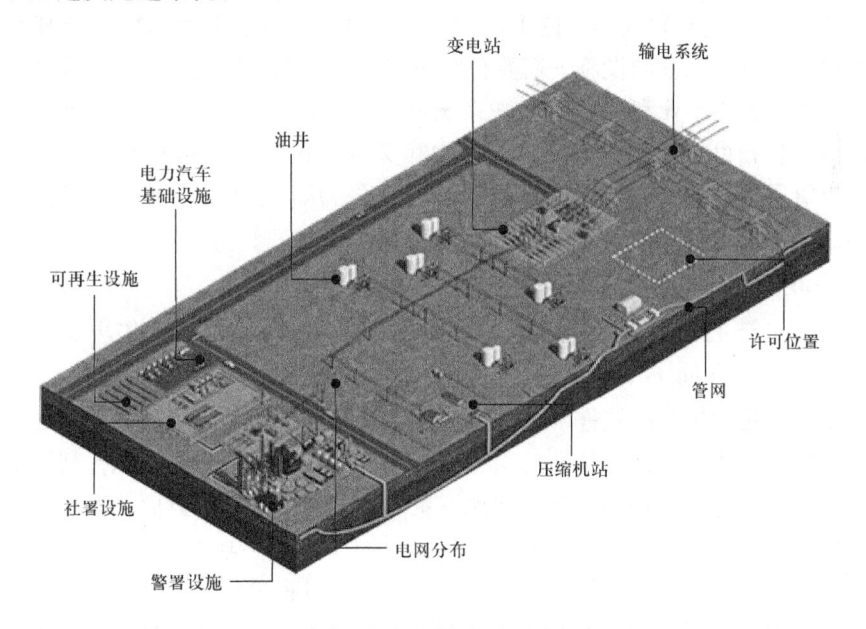

图 10 将多口井租赁连接到本地输电系统的带电计划示意图

实现油田电气化可提高电力供应可靠性。油田电气化使用现代配电系统监测技术可以快速识别故障位置，从而缩短技术人员的响应时间，减少油井停产的时间。自动化技术、智能开关和重合闸等内置于适当设计的系统中，可以减少停电频率，因为电力可以重新定向，以保持油田负荷从备用电源供电。电力系统中的智能设备和数据收集允许对潜在即将发生的故障进行故障跟踪、趋势分析和预测，从而在此过程中进行数据驱动的改进。高度可靠的电网电力还降低了必须反复离线的本地化发电机的维护成本。随着这些发电机被并网发电取代，每月租赁运营费用将会减少。

油田电气化可减少排放量。BPX 能源公司对其位于二叠盆地的新的中心交付点（CDP）进行了全面电气化，实现了 24.5×10^4 t CO_2 的可持续减排。该系统在规划和设计阶段的一年内全面投入使用。许多大型勘探开发公司和中游公司宣布了净零目标，但完成目标的时间框架各不相同。可以实施各种选择和战略来减少排放,包括 CCUS、氢气和碳抵消等解决方案,但多项研究表明,电气化可以提供最大的回报,应尽早进行基础设施规划。

(2) 海上油田电气化。

对于海上作业,基础设施的电气化和全电力系统的部署使该行业能够提供低成本、低碳的能源生产。电气化可在多个层面实现可持续性效益,包括利用低碳能源、减少运营足迹、与更广泛的平台电气化目标保持一致。斯伦贝谢公司开发了一个有助于最大限度减少排放和降低能源消耗的投资组合,包括解决逸散排放问题、最大限度地减少钻井碳足迹、减少或消除燃烧、全面开发解决方案及基础设施电气化五部分。

海上平台电气化具有四项优势:① 节省硬件资本支出。广泛的分析表明,从系统层面看,海底硬件成本节省了 9%。这些节省来自:脐带系统的成本与电气系统相比降低了 30%,控制系统成本降低了 24%。② 提高运营效益。拆除液压动力装置的高压流体系统和旋转机器部件,可以降低维修需求,减少系统停机可能,降低运营成本,提高生产可用性。③ 充分利用陆上电气化基础设施。陆上油田电气化建造、拥有和运营大部分基础设施。海上电气化若建设私有电网基础设施,需要分析负载需求、地理负载分布、供应链和设备交货时间,还需要本地公用事业和电网等互联系统提供负载能力。④ 节约电力成本。在二叠盆地,一项经济分析和可行性研究表明,与电力相关的节约潜力可达到 40%。项目可以在 3 年内显示出投资回报,并通过长期运营获得额外收益。从现场发电转换为电网供电还可以减少温室气体排放,加速净零排放步伐。

2) 自动化现场生产解决方案

贝克休斯公司与亚马逊网络服务公司(AWS)签署了一项战略合作协议,以开发、营销和销售基于云服务的 Leucipa™ 方案。

Leucipa™ 自动化现场生产软件解决方案旨在帮助石油和天然气运营商主动管理生产并减少碳排放。此次合作将基于贝克休斯公司在石油和天然气行业的专业知识,利用亚马逊网络服务公司的高级分析等技术来创建自动化现场生产方案,以帮助运营商管理现场生产。通过自动化现场生产,Leucipa™ 方案提高了生产效率,并降低了碳排放。同时,Leucipa™ 方案还通过减少人员前往现场的次数,最大限度地降低了生产过程中的安全风险。

Leucipa™ 方案将使石油和天然气运营商能够满足行业对可扩展的自动化方法不断增长的需求,以增加产量、提高能源效率并减少排放。与亚马逊网络服务公司的合作使贝克休斯公司能够为其客户提供领先的数据驱动解决方案。

3) 水平井网数据驱动注采优化方法

复杂碳酸盐岩油田水平井网数据驱动注采优化方法,通过大数据驱动策略模块、电容电阻建模、多目标优化建模和注采优化,建立实时注采优化工作流程。

(1) 不同主控因素分析。

通过利用大数据分析评价单井含水率变化规律,基于神经网络的聚类分析划分影响注水开发效果的不同主控因素,刻画水的流动通道和剩余油分布。影响油井注水效果的因素,包括稠油面积、裂缝面积、底水、水平井轨迹、有效井长水平截面、注射器到发生器的垂直距离以及根端和趾端的位置。针对不同的主控因素,通过神经网络研究,阐明了影响含水率变化规律类型和开发指标的因素。

(2) 电容电阻建模 (CRM)。

在 M 油田 Kh2 区块建立了 CRM 模型，然后完成了全储层和单井的历史拟合。利用大数据分析方法，快速处理不同主控因素区域下的注采比（VRR）和含水上升率、VRR 和压力恢复速度的目标函数，寻找油藏、主控因素区域和井组的合理 VRR 范围。为实现不同主控因素区的注采优化目标，合理范围外的单井将逐周期实施连续、动态、定量的注采部署，提高开发效果。

(3) 工作流的应用效果。

研究区 M 油田已调整 634 口井并达到合理动态，含水率从 67.1% 降至 64.7%，含水上升率从 2019 年的 7.9% 降至 2020 年的 -13.84%，年产量下降速度从 25% 降至 7%，储层压力增加 158psi，总增油量为 548×10^4 bbl，注水开发性能有了很大提高（图 11）。

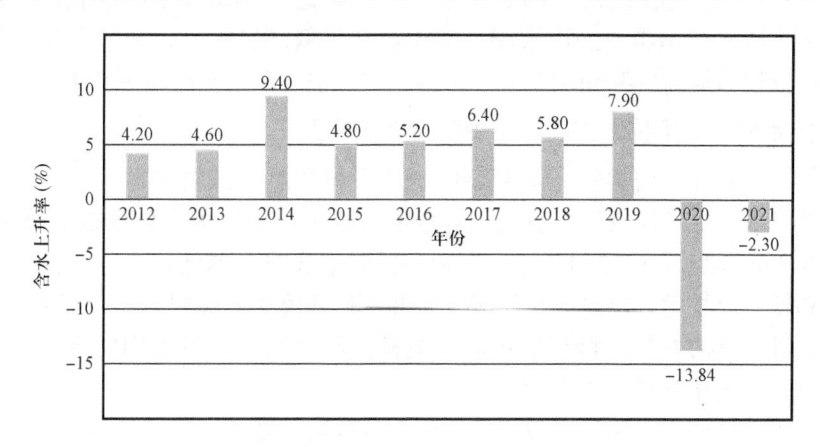

图 11　M 油田 Kh2 区块优化后含水上升率变化

(4) 结论。

这一新的方法和平台为中东地区的注水开发优化提供了重要的参考意义，它可以在平衡油藏压力、控制含水上升率、减缓产量递减等方面快速实现注水优化，在较低的运行成本下获得较好的经济效益。

（三）油气田开发技术展望

随着全球能源需求的持续增长和环保意识的不断提高，油气田开发技术正面临着前所未有的机遇与挑战。在追求高效、环保、可持续的能源发展目标下，油气田开发技术正朝着多元化、精准化、智能化和标准化的方向迈进。从提高采收率技术的创新，到压裂技术的环保和智能化作业，再到人工举升技术的智能化和高效能发展，每一项技术的突破都将为油气田开发带来革命性的变革。特别是人工智能和数字化技术的深度融合与协同发展，将进一步推动油气田开发的智能化和自动化进程，为行业带来更加广阔的发展前景。此外，海上油气生产作为能源领域的重要组成部分，也将通过技术创新、标准化和智能化等手段，不断拓展其开发边界，提高生产效率，实现可持续发展。在这个充满变革与机遇的时代，油气田开发技术的未来发展值得期待和关注。

1. 提高采收率技术将朝着多元化、精准化和智能化的方向迈进

随着油气田开发逐渐进入更深层次和更复杂的地质环境，传统的 EOR 方法将面临更大的挑战，而新技术的不断涌现将推动 EOR 技术向更高效、更环保、更经济的方向发展。

超级 EOR 等技术通过优化溶剂选择和注入策略，能够显著提高页岩油的采收率，同时降低成本和碳排放，符合绿色低碳发展的要求。水气交替注入等混合注入技术通过交替使用水和气体作为驱替剂，能够有效提高储层的波及效率和驱替效率，从而增加油气采收率。人工智能和数字化技术的应用将为 EOR 技术的发展提供新的动力。通过大数据分析和机器学习等技术手段，可以对油气藏进行更精准的模拟和预测，为 EOR 技术的设计和实施提供更科学的依据。同时，智能化的监测和控制技术也将使得 EOR 作业更加高效和安全。

随着全球对环保和可持续发展的重视程度不断提高，EOR 技术的发展将更加注重环保和低碳。未来，EOR 技术将更加注重减少碳排放和降低环境污染，通过采用更环保的驱替剂、优化生产流程和提高资源利用效率等措施，实现油气开采与环境保护的和谐共生。

2. 压裂技术将聚焦于技术创新、环保和智能化作业

随着油气勘探和开发向更深、更复杂的地质环境拓展，压裂技术需要不断适应新的挑战，并寻求更高效、更环保的解决方案。技术创新将是压裂技术发展的核心驱动力。未来，将看到更多像 VortexPrime 这样的环保、大功率压裂解决方案的涌现，这些技术将融合先进的大功率泵和低排放技术，以最大化压裂效果并降低环境影响。同时，随着数字技术和计算流体力学等先进工具的发展，将能够更准确地模拟和预测压裂过程中的流体流动和裂缝扩展，为压裂设计和优化提供有力支持。

环保可持续性将成为压裂技术发展的重要考量因素。随着全球对环保和气候变化的关注日益增加，压裂技术需要更加注重减少碳排放、降低水资源消耗和减少废物产生。未来，压裂技术将更加注重采用环保型压裂液和支撑剂，以及优化压裂作业流程，以减少对环境的影响。

智能化操作将是压裂技术发展的重要方向。通过引入人工智能、大数据分析和物联网等先进技术，可以实现压裂作业的智能化监测和控制，提高作业效率和安全性。例如，通过智能化监测系统，可以实时了解裂缝扩展情况、流体流动状态和设备运行状态，及时发现和解决问题。同时，通过大数据分析，可以更准确地预测和优化压裂作业效果，为油气田的高效开发提供有力支持。

3. 人工举升技术将着重于智能化、高效能和环保

随着油气勘探和开发的不断深入，以及非常规油气资源的开发需求增加，人工举升技术需要不断创新以适应更复杂的地质环境和更高的开采要求。智能化将是人工举升技术发展的重要方向。通过引入物联网、大数据分析和人工智能等先进技术，可以实现人工举升设备的远程监控、故障诊断和自动优化。这将大大提高设备的运行效率和可靠性，降低维护成本和缩短停机时间。同时，智能化技术还可以帮助工程师更准确地预测设备的寿命和性能，从而制定更合理的维护和更换计划。

高效能是人工举升技术发展的另一个关键方向。随着非常规油气资源的开采难度增加，对人工举升技术的效能要求也越来越高。因此，开发更高效、更耐用的电潜泵、井下动力作业系统等设备将成为未来的研究重点。同时，通过优化设备的设计和制造工艺，降低能耗和减少碳排放也将成为人工举升技术发展的重要趋势。

环保可持续性将是人工举升技术发展的重要考量因素。随着全球对环保和气候变化的关注日益增加，人工举升技术需要更加注重减少对环境的影响。这包括采用环保型材料和制造工艺、降低能耗和减少废弃物排放等方面。同时，还需要研究如何将人工举升技术与可再生能源技术相结合，以实现更绿色、更可持续的油气开采。

4. 人工智能和数字化技术将会深度融合和协同发展

人工智能和数字化技术将进一步融合，并在多个领域实现协同应用。随着5G、云计算、边缘计算等技术的普及，数据将实现更高效、更快速的传输和处理，为人工智能提供更为丰富的数据源和计算资源。同时，人工智能的算法和模型也将不断优化，以更好地适应复杂多变的应用场景。

人工智能和数字化技术将推动各行各业的智能化和自动化进程。在油田、化工等工业领域，通过引入人工智能预测性运营管理、数字孪生等技术，可以实现设备的智能监控、故障预测、维护优化等，大幅提高生产效率、降低运营成本，并确保人员安全。同时，这些技术也将为新产品研发、市场营销等领域提供更为精准的决策支持。

人工智能和数字化技术将推动不同行业之间的跨界融合和创新。通过引入新技术、新模式，企业可以打破传统行业界限，开拓新的市场空间。同时，这些技术还将推动创业生态的发展，鼓励更多创新和创业活动的涌现。

5. 海上油气生产将聚焦于技术创新、标准化和智能化

技术创新将继续推动海上油气生产的边界扩展。随着深海勘探和开发技术的进步，更多具有挑战性的海域将被纳入油气勘探和开发的范畴。这包括更深的海洋环境、极端气候条件以及复杂的海底地质结构。为了应对这些挑战，海上油气生产将采用更先进的钻井平台、海底生产系统和海底管道技术，以确保高效、安全的生产作业。

标准化将成为海上油气生产的重要趋势。通过标准化海底采油树等关键设备和技术的设计和制造，可以降低生产成本、提高生产效率，并减少对环境的影响。标准化还将促进不同海上油气生产项目之间的协同和合作，推动整个行业的可持续发展。

智能化将是海上油气生产的重要发展方向。通过引入人工智能、物联网、大数据等先进技术，可以实现海上油气生产的智能化监控、管理和优化。这不仅可以提高生产效率和安全性，还可以降低运营成本和风险。同时，智能化技术还可以为海上油气生产提供更多的商业机遇和增值服务，推动行业的创新和发展。

参 考 文 献

[1] Schlumberger. Downhole sand control screens for artificial lift [EB/OL]. (2023 – 01 – 28) [2023 – 09 – 23] https：//www.slb.com/completions/well – completions/sand – control/downhole – sand – control – screens – for – artificial – lift

[2] Schlumberger. Extending ESP run life by reducing shutdowns and improving restarts using novel pump protection technology [EB/OL]. (2023 – 03 – 25) [2023 – 08 – 01]. https：//www.slb.com/resource – library/

technical – paper/sc/spe – 207926.

［3］World Oil Staff. Shell begins oil production at first GOM deepwater platform with new design［EB/OL］. (2023 – 09 – 17) [2023 – 10 – 11]. https：//www. worldoil. com/news/2023/2/16/shell – begins – oil – production – at – first – gom – deepwater – platform – with – new – design/.

［4］Robert Tuttle, Mitchell Ferman. ConocoPhillips to acquire TotalEnergies 50% stake in Canadian oil sands field for over $ 3 billion［EB/OL］. (2023 – 01 – 17) [2023 – 05 – 21]. https：//www. worldoil. com/news/2023/5/29/conocophillips – to – acquire – totalenergies – 50 – stake – in – canadian – oil – sands – field – for – over – 3 – billion/.

［5］Nikhil Kaitwade. Market outlook for shale gas hydraulic fracturing in Canada, the U. S., and China ［EB/OL］. (2023 – 02 – 05) [2023 – 06 – 11]. https：//www. worldoil. com/magazine/2023/january – 2023/special – focus – hydraulic – fracturing/market – outlook – for – shale – gas – hydraulic – fracturing – in – canada – the – u – s – and – china/.

［6］FutureOn. Azule energy to use futureon's digital twin software on four oil projects［EB/OL］. (2023 – 03 – 04) [2023 – 09 – 15]. https：//www. marinetechnologynews. com/news/azule – energy – futureon – digital – 633769.

［7］hartenergy. GoM's Lower Tertiary Drives Proppant Fracking Offshore［EB/OL］. (2023 – 03 – 25) [2023 – 09 – 29]. https：//www. hartenergy. com/ep/exclusives/goms – lower – tertiary – drives – proppant – fracking – offshore – 205651.

［8］Robert Downey. EOR/IOR technology：Advanced shale oil EOR methods for the DJ basin［EB/OL］. (2023 – 05 – 07) [2023 – 09 – 23]. https：//www. worldoil. com/magazine/2023/may – 2023/features/eor – ior – technology – advanced – shale – oil – eor – methods – for – the – dj – basin/.

三、地球物理技术发展报告

随着全球勘探开发投资的增加，地球物理行业2023年整体发展态势良好，市场有所回暖，但整个行业仍处于调整期，业务重组和合作频繁，以顺应能源转型发展的大趋势。节点采集、压缩感知地震勘探、人工智能地震数据处理解释应用、分布式声波光纤传感监测技术等持续进步，地球物理技术发展不断向绿色可持续发展目标迈进。

（一）地球物理行业新动向

地球物理市场规模增长超10%，市场逐渐恢复。国际领先物探技术服务公司业务并购、重组频繁，建立完善地球物理生态数据库，加快数字化转型步伐。地球物理行业积极践行低碳绿色发展理念，发挥地球科学优势助力能源转型。

1. 国外地球物理市场规模

国际地球物理装备及技术服务市场连续3年稳步回升，但市场规模仍未恢复到新冠疫情前水平（图1）。根据 Spears & Asscoation 公司2024年1月发布的全球油服市场报告统计（数据不包括未上市公司），2023年全球地球物理装备与技术服务市场规模约69亿美元，同比增长10%。预计2024年市场规模涨幅较大，将达到80亿美元以上，涨幅约17%。

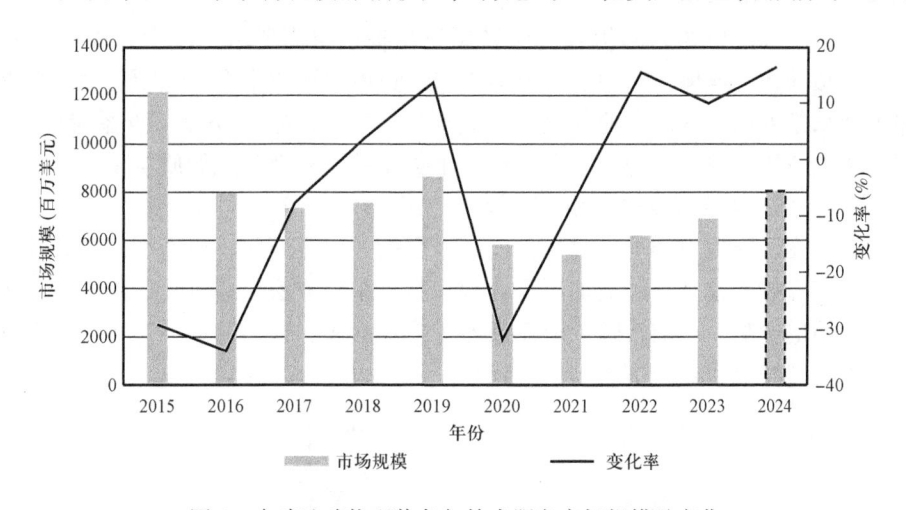

图1　全球地球物理装备与技术服务市场规模及变化

2. 国外地球物理公司业务动态

尽管地球物理市场有所恢复，但是在能源转型大背景下，国际物探公司仍旧在调整业务结构、优化业务布局，以适应新形势发展。总体上，这些公司大幅收缩传统勘探业务，拓展地球科学数据库，发展新能源业务并加强物探在矿产资料勘探、CCS/CCUS等领域的应用。CGG公司全面退出地震采集市场，按照战略目标完成整体业务整合；在海上地震勘探方面具有领军地位的 TGS 公司和 PGS 公司宣布合并，这两家公司的强强联合将进一步推动海洋地球物理业务及技术的发展。PXGEO 公司收购了 AmpSeis 公司，进一步深入拓展海底节点地震勘探业务和技术研发。数字化转型依然是各家公司的发展重点，基于云的数据管理及高性能计算是发展重点，大知名公司联合开发地球物理数据生态系统平台。

3. 地球物理行业可持续发展态势

全球能源转型稳步发展，地球物理行业在适应全球气候变化的大背景下，稳步推进绿色可持续发展。美国地球物理联合会（AGU）与联合国教科文组织发布了《地球科学在行动：推进可持续发展》的报告，引导全球地球科学工作者从传统油气和矿产资源勘探向更广义的能源、矿产资源勘探和可持续发展转型。该报告针对联合国提出的 17 个可持续发展目标，生态环境、自然资源、能源、地质灾害、人类健康和城市居住环境六个方面的问题，提出地球物理技术的服务领域将从传统的资源勘探向更广阔的可持续发展转变，概括了地球科学在各目标领域中的使命和作用。

（二）地球物理技术新进展

1. 地震采集技术进展

地震采集技术发展主要针对行业对绿色、低成本、可持续发展的需求，陆地、海洋节点采集快速发展，压缩感知地震勘探技术取得新进展。

1）陆上地震采集新进展

随着行业需求和环保意识的提高，对采集技术提出更高要求，减少地震作业的采集脚印，并保证足够的地下成像分辨率。陆上地震采集进展主要集中在超轻便、超高密度节点采集、压缩感知采集方面，满足行业绿色、低成本采集需求。陆上小型节点系统降低了价格，超高密度、超大道数地震采集得以实现，提高了数据的可靠性和成像质量。

（1）超高密度、高效节点采集稳步发展。

节点技术改变了陆地地震采集过程，能够以更高效、更便捷、更经济的方式获取高质量的地震数据。节点技术也是一种更加环保的地震数据采集方法，通过无线连接，减少了传统电缆方法对环境的影响。当前，陆上节点仪器供应商众多，仪器性能各有所长，发展较快的主要是 Stryde 公司和 Inova 公司的产品（图 2）。

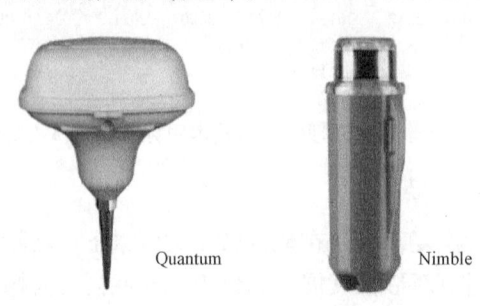

图 2　国外公司推出的陆上节点地震仪

Inova 公司的 Quantum 节点系统是地震勘探行业的一次重大技术进步，具有的独特性能能够满足高效作业需求，并提供高分辨率地震数据。系统轻便，质量仅为 650g，功耗低，系统瞬时动态范围高达 127dB，可以在不失真的情况下记录最强和最弱信号。采用基于蓝牙技术的野外数据质量控制（QC），记录时模拟信号几乎瞬间被接收并在记录时转换为数字信号，提高了信噪比并提供了高质量的宽频数据。

Stryde 公司开发了三种型号的节点采集系统，适用于不同规模的地震采集项目。Stryde 公司节点地震仪的重量减少了 75%，具备更大的灵活性，能够在各类具有挑战性的地形上进行广泛的地震调查。Nimble™ 系统是一种超便携系统，质量仅为 150g，是目前市场上最轻便的节点仪器，针对 30000 道地震数据采集作业设计，仪器充电和数据收集装置集中安装在高度便携的背包式收纳箱中，从而创建一个模块化系统，每天可完成 3234 个节点的数据记录。Compact™ 系统旨在实现高效的大规模三维地震作业，适用于近 20 万道的地震采集。仪器质量 200g，节点充电、数据下载和记录系统硬件，包括用于测试节点的振动台，安装在一个长约 20ft❶ 的集装箱中，每天可完成多达 13000 个节点的数据记录。Pro™ 系统可实现百万道地震采集项目，每天最多可收集 20000 个节点的数据记录，并且通过扩展节点数量，最多可完成每天 40000 个节点的数据记录。

（2）压缩传感地震采集处理技术取得进步。

沙特阿美公司推出 BlendSeis 地震数据采集和处理新技术，提供高分辨率的地下构造信息，可用于准确的地质解释和储层特征分析。该技术获得 2023 年 E&P 工程技术创新特别贡献奖。BlendSeis 技术方案使用混合震源采集方法，进行地震数据连续记录。在时间上对地震数据进行压缩感知，在空间上对震源和（或）接收器位置进行非均匀采样，或同时在这两个域进行压缩感知。同时，开发了通过稀疏性反演算法的波场分离和重建，从而获得高分辨率地下信息。在陆上 100km^2 的野外勘测采集测试中，与传统的地震勘探效率相比，不仅获得了卓越的三维地下图像，而且将作业效率提高了 3 倍。采集过程中使用了 8 台同步震源，震源采样点比原始设计减少一半，通过最小化震源的相干性来确定采样点，以获得最佳的非均匀采样。在随机重复过程中，采用抖动欠采样方案对随机稀疏采样进行补充，以避免局部区域缺少数据信息。数据处理过程中，需要进行数据分离与重构，采用 L2 范数正则化求解欠定方程组，有效地处理噪声和部分采样数据。

（3）高效混采技术持续发展。

中东地区高效混采技术应用持续发展，阿布扎比国家石油公司（ADNOC）采用独立同步激发（ISS）和分散源阵列（S–DSA）新方法提高采集效率。ISS 方法通过增加车队数量和减小独立采集区域的方式提高了采集效率，允许震源在非同步的情况下独立触发，每个激发都有独特的标记区分波场，为通过属性解码或标记卷积实现更复杂的去混合提供了更大的灵活性，在减少采集时间的同时保持了数据的可分离性。而 S–DSA 方法通过减小扫描长度简化了混合，同时保持了较高效率，使用多频段震源来减少混合。如使用多种窄频段震源随机分布，发射特定频段的波场，通过减小扫描长度来简化混合解析过程，降低了混合的复杂性。

ADNOC 在阿布扎比内陆的一个沙漠地区三维项目中，分别采用 ISS 和 S–DSA 方法进

---

❶ 1ft = 0.3048m。

行了两次试验。其中，ISS 方法震源数量为 24，分为 24 组，即每个炮点都由单一的宽频带震源独立激发。以面积为 4.8km×0.6km 的范围为一个独立采集区域，每个独立采集区域共 1152 个激发点 [图 3（a）]，扫描频带为 1.5～120.0Hz，扫描长度为 18s，监听时间为 6s，记录时间为 24s [图 3（b）]。S-DSA 方法配备 24 台震源，分为 8 组，每组 3 台震源，即采集过程中 3 个频带源独立且同时在每个激发点进行激发，每组覆盖的独立采集区域面积为 4.8km×1.8km，共 3456 个激发点 [图 4（a）]。3 个频带源的扫描频带分别是：低频带 1.5～12.0Hz；中频带 8.0～72.0Hz；高频带 68.0～115.0Hz。每个频带的扫描长度为 6.7s，具有自己的扫描速率，其中宽频带源的扫描长度 18.0s 大致被 3 个频带所分割，监听时间同

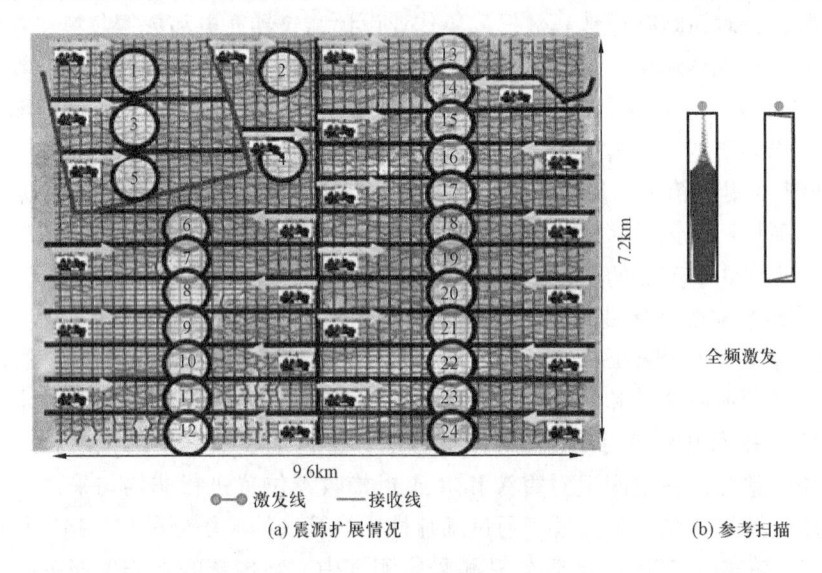

图 3　ISS 方法勘测的震源扩展情况与参考扫描

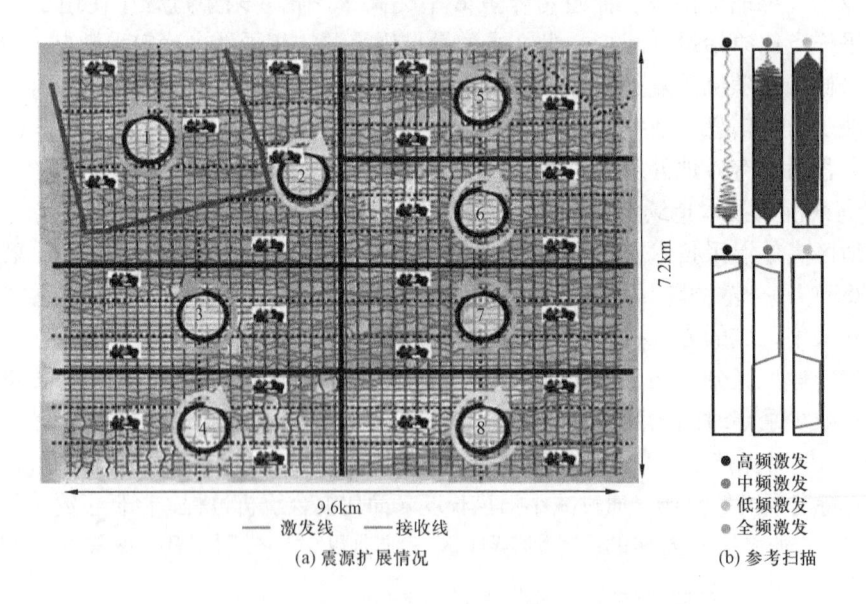

图 4　S-DSA 方法勘测的震源扩展情况与参考扫描

样为 6s，因此记录时间为 12.7s［图 4（b）］。在采集过程中同时记录每种方法完成采集所需时间（表 1），结果表明，与传统混合方法（A00 和 A10）相比，ISS 和 S-DSA 方法（A11 和 A21）显著提高了采集生产效率。

表 1　从生产力图中读取的采集时间

勘测方法	工区编号	震源数量（个）	组数	独立激发区域（km×km）	扫描长度（s）	采集时间（h）
MSS	A00	2	2	N/A	18	288
ISS	A10	8	8	4.8×1.8	18	72
ISS	A11	24	24	4.8×0.6	18	24
S-DSA	A21	24	8	4.8×1.8	6.7	48

（4）绿色采集设计方法取得新进展。

加拿大 OptiSeis 方案公司提出了 EcoSeis 采集新方法，减小地震勘探作业中对植被、土壤的破坏，以及温室气体排放等环境影响，在提高地震数据分辨率的同时减少采集脚印。这是一种采用线性几何图形作为观测系统的新方法，相比正交几何图形的观测系统，降低了土地总占用率。据实施方法的不同，在森林区域，可减少 55% 以上的测线布设，从而减少土地破坏及温室气体排放；在非森林区域，可以提高运营效率，从而节省成本并减少排放。OptiSeis 公司在康菲等公司的协助下，安全完成了 EcoSeis 三维采集测试。该方法同样适用于海底节点勘探。

2）海上地震采集

近年来，海洋地震采集技术进展主要是低频气枪、海上可控震源和海底节点地震采集应用。多家海上技术服务公司拓展节点采集业务，节点采集装备不断更新完善，向着自动化节点采集发展。

（1）低频震源宽频采集持续进步。

随着海洋油气勘探目的层越来越深，对宽频勘探的需求越来越高，同时全波形反演的发展对低频信号的需求也逐渐增加。低频信号能够提高分辨率与成像精度、改善反演质量，甚至用于油气检测，同时随着海洋环保要求的提高，低频震源也成为减少海上作业对海洋生物影响的有效技术，这些需求驱动大容量低频气枪震源更新换代，部分大容量低频气枪震源已达到商业应用的水平。

Sercel 公司推出的调谐脉冲源（TPS）利用较长的激发气室，在水中产生更大体积的气泡，增加气枪容量，有效提高震源信号的低频成分，气枪容量可达 26500in³❶，能够产生小于 3Hz 的低频信号，与传统气枪震源相比获得了更丰富的低频信息。Shearwater 公司的 Harmony 低频气枪震源实现了 4.1Hz 的主频，扩展了低频输出。该震源实现低频的方式更加灵活，可以用于多源设计，也可以根据勘探目标需求，与传统的子阵列相结合来创建理想的输出频谱。

海洋可控震源研发持续推进。海洋可控震源是气枪震源的有力竞争者，作为环保震源吸引了行业内的关注，并且能够精确控制释放能量，这也是业务另一个重要的关注点。近几

---

❶　1in³ = 1.63871×10⁻⁵m³。

年，多家公司在海洋可控震源方面深入研究，有的已经做出了样机产品，并进行了测试。

（2）海底节点地震仪器发展迅速。

海底节点采集快速发展，针对深水超深水海底节点地震勘探成本高、周期长、数据处理解释精度不足等问题，各家公司不断推出新产品（图5），装备性能指标不断完善。

图5 主要物探公司推出的海底节点采集系统

Sercel 公司推出了 GPR700 新型海底节点采集系统，基于 QuietSeis® 宽带数字传感技术，其极低的噪声性能为高精度地下成像提供高保真、高质量的宽带数据集。随着产品不断完善，拓展了业务链，进一步完善了海底节点采集服务业务，可以为客户提供 300m、700m、3000m 及 6000m 等各种水深范围的海上资源勘探和监测服务。GeoSpace 公司推出了新型低频节点采集系统 AQUANAUT™。这是一款连续、无电缆、四道、自主的深水海底地震数据记录仪，内置全分辨率测试发生器，提高了全功能记录仪的安全性，能够进行低频、高保真数据采集，并且设备可长达 200 天连续记录，充电时间更短。中海油服（COSL）推出了"海脉"节点地震采集装备，并在渤海海域正式投入使用，系统攻克了高灵敏度检波器和超低噪声采集电路等技术，大幅提升了对微弱信号的检测能力。中国石油集团东方地球物理勘探有限责任公司（BGP）成功研发了 oSeis 海洋节点仪器，在渤海完成了海洋试验，并在道达尔公司 NOC 项目进行了成功测试。结果显示，该仪器实现了高密度、宽频、全方位、大炮检距、多波多分量地震数据采集，能够适应各种水域及复杂地形，不仅能够大幅提高复杂油气藏成像精度，还可缩短布设时间约30%。

近年来，基于自主水下机器人自动化节点系统取得进步，多家公司开发的"飞行"节点仪器完成测试（图6）。蓝海地震服务公司（Blue Ocean Seismic Services）正在研发基于自主水下机器人的海底节点采集系统，系统采用海底地震自动机器人（OBSrV）的综合概念，依靠浮力作为主要推进力，通过远程操控进行定位、监控和仪器布设，在能耗和续航方面具有很大优势。在普利茅斯、北海和澳大利亚已经完成了一系列地震数据采集试验，确认了控制系统、水下飞行器性能、地震耦合和地震数据采集的有效性，保证了自主海底节点地震采集的数据质量。PXGEO 公司与 SAAB 公司联合开发 MantaRay 新一代海底节点采集系统，采用悬停自主水下机器人进行布设回收，预定程序能够对节点布设位置进行自动规划。系统采用全电气化设计，利用 SAAB 公司成熟的 Sabertooth 平台，比传统缆绳或水下机器人（ROV）方法布设更快捷、更精确，在作业效率和可靠性方面更具潜力，并最大限度地减少了对海洋生态环境的影响。中国海洋大学开发了带有导航定位与自主航行功能的海底飞行节点地震仪（ocean bottom flying node，OBFN），在南海北部超深水盆地完成测试，系统采用长基线实时定位技术对多台 OBFN 进行导航定位，提高了节点布放与回收效率；研制了带有时标功能的长基线定位基站，降低了数据采集授时成本；实现采集模块与飞行节点运载器之间软链接，可保证采集模块与海底良好耦合，提高地震信号记录质量。

图 6　国外公司测试的自动化飞行节点采集系统

（3）海洋拖缆与海底节点混合采集快速发展。

海上拖缆与海底节点混合采集应用得到认可，这种混合施工方法充分发挥拖缆采集和节点采集的优势，并通过一次采集获得两种数据，为复杂地质条件下的地震数据采集提供更优质的解决方案。该方法能够弥补常规拖缆缺乏超长偏移距的不足，有利于全波形反演（FWI）技术的应用和速度建模；增加了采集方位角信息，通过宽方位的采集资料改善照明，后期结合处理，提高成像精度。

在挪威海 Quad 35 区块进行的混合勘探，获得了偏移距超过 30km 大偏移距数据。拖缆数据是用于成像的主要数据，进行波场重建等；海底节点（OBN）数据用于 FWI 获得速度信息。在后期处理中联合应用这两种数据结果，根据 FWI 生成的速度卷生成了全波形成像，填补了传统地震图像中缺失的低频，获得了高品质偏移成像。

2. 地震数据处理解释技术进展

1）基于人工智能的地震数据处理技术

壳牌公司一直在高性能计算和地震成像方面积极探索，与美国人工智能大数据分析公司 SparkCognition 开展技术合作，加快自动生成式人工智能（Generative AI）技术研发，用于对地下结构进行地震成像处理和地质勘探。生成可靠的地下图像，使用比常规成像方法更少的数据量，这将大幅减少地震采集作业工作量，缩短处理解释周期，并降低成本。两家公司表示，新流程可以将勘探周期从 9 个月缩短至不到 9 天的时间。该技术将助力壳牌公司在墨西哥湾地区寻找新油藏，提高海上石油产量，对于陆上油气勘探同样有借鉴意义。

2）全波形反演技术

全波形反演技术是年会投稿量（60 余篇）和专题（6 个）数量最多的技术，主要投稿单位有法国科学院、荷兰代尔夫特理工大学、阿卜杜拉国王科技大学以及斯伦贝谢、法国地球物理（CGG）、S – Cube London 等公司。先后设置了 5 个分会场进行 FWI 技术交流，从原理、方法到应用，该技术取得了较大进展，应用场景以海洋为主。

TGS 公司使用动态匹配全波形反演方法建立速度模型，进行高端地震成像，获得更加准确的资料进行地质解释，发现天然气异常，在大西洋边缘火山岩圈闭获得天然气发现。斯伦贝谢公司的研究人员指出，通过稀疏海底节点采集获得适当的输入数据，全波形反演可以实现速度建模、地震成像和后续解释提升的阶跃变化。在墨西哥湾绿色峡谷，研究证明了FWI能够自动恢复17km深度盆地规模的复杂地质模型，现场结果表明，FWI 的更新不仅影响了长波长结构的成像（如基底Louann盐和古近系剖面），还改善了薄层的成像质量（图7）。

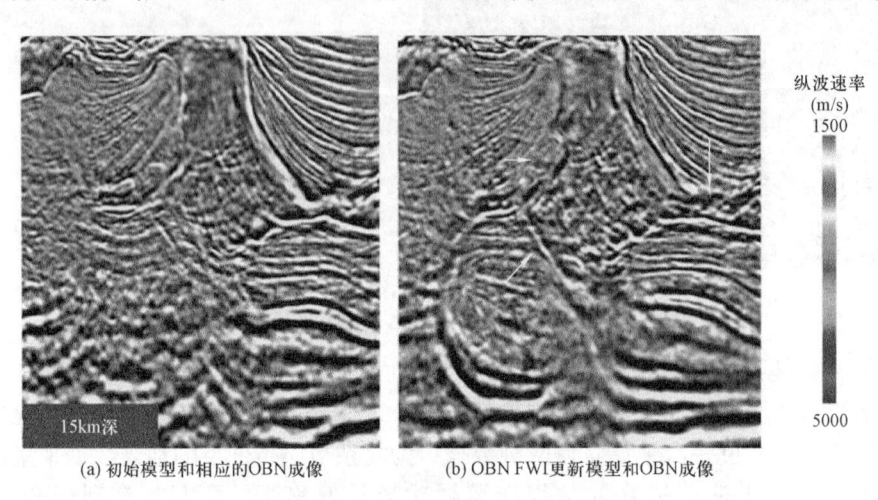

(a) 初始模型和相应的OBN成像　　(b) OBN FWI更新模型和OBN成像

图7　墨西哥湾绿色峡谷成像效果

CGG 公司的专家介绍了一个高分辨率陆地 FWI 技术在罗马尼亚南喀尔巴阡山麓应用的案例。地震数据于 2022 年采集，工区面积约 500km^2，主要采用炸药震源，并设计用于最佳地下宽方位照明。多变的崎岖地形和复杂逆断层的存在是 FWI 成像面临的主要挑战。因此，首先将多波反演（MWI）和全波形反演结合构建高分辨率近地表速度模型，以解决一些重要的成像失真问题；然后将数据反演到 50Hz 以获得高分辨率 FWI 模型的优势，该模型充分捕捉了上部褶皱结构和下伏地层的强烈横向和垂直速度对比。最终偏移结果和从 50Hz FWI 模型导出的反射率有助于降低储层结构和断层闭合在大小和位置方面的不确定性。这些措施增强了成像效果，可以更好地确定勘探遗漏点（图8）。

3）Q 偏移成像技术应用持续推进

全波形反演成像通过对速度进行某种形式的空间导数运算，从高分辨率 FWI 模型中生成图像，已迅速成为生成反射率图像的一种流行方法，通常称为 FWI 成像。与传统的处理、模型构建和成像工作流程相比，FWI 成像在更简化的工作流程中提供了高质量和高分辨率的可能性。这样的图像越来越多地被用作传统的或最小二乘 Kirchhoff 和 RTM 产品的替代品。

4）基于机器学习的地震解释取得新进展

利用深度学习解决处理解释的诸多问题成为国际重要物探技术年会最大的热点之一。地震资料解释方面的论文主要涉及人工智能框架下的地震层位选取、地震岩性解释、岩石物理以及储层反演等。

阿卜杜拉国王科技大学的学者在自监督预训练中引入基于 Transformer 网络的 StorSeismic

(a) 12Hz FWI 模型　　(b) 12Hz FWI 模型叠前深度偏移叠加　　(c) 声波测井与 12Hz FWI 模型比较

(d) 50Hz FWI 模型　　(e) 50Hz FWI 模型叠前深度偏移叠加　　(f) 声波测井与 50Hz FWI 模型比较

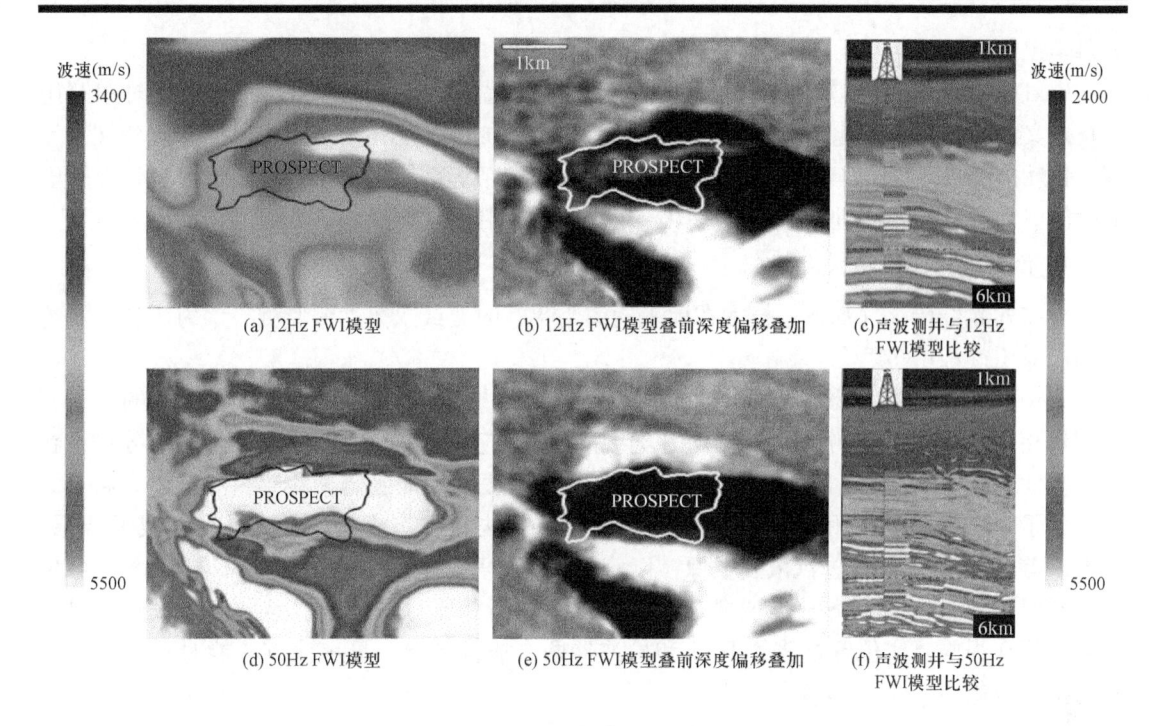

图 8　罗马尼亚南喀尔巴阡山麓 FWI 效果

范式,获得无标签和合成数据的地震特征,在此基础上对标记的合成数据进行微调,实现了从去噪、振幅衰减、多次波去除、速度估算到叠加的所有处理过程。Marmousi 模型数据测试结果表明,预训练模型比随机初始化模型获得了更高的质量。

TEECware GmbH、TEEC GmbH 和汉堡大学三家机构的学者联合针对信噪分离问题,提出了一种基于卷积神经网络(CNN)的监督训练来代替某些去噪算法或完整的去噪序列,开发了一个专门监督 CNN 应用程序的迭代工作流程。研究表明,该流程能够在保持信号的同时有效地抑制不必要的噪声。哈里伯顿公司提出了一种通过使用辅助水平解释过程来简化数据标注过程的方法,在地震体中提取层位。一旦标记了足够多的代表性通道(用于训练和验证数据集),就可以使用它们来训练特定于地震体的机器学习模型。然后,可以使用该模型来预测整个体积中通道的存在。研究表明,这种方法为根据地震数据训练可靠的机器学习模型以进行地震道预测提供了有用的管道。

5)智能化地震解释软件产品功能不断完善

随着全球能源行业对提高效率的持续追求,Ikon 公司研究团队面临着探索创新方法来改善工作流程的挑战,推出新版地震地质解释软件。新版软件采用新的机器学习算法,提高工作效率,并推进地下数据可视化,提高软件的可用性和可视化水平。最新版本的 RokDoc 软件系统扩展了机器学习工作流程和岩石物理分析功能,并提供了新的可视化工具来展示数据分析结果。

新版软件增加了当前最流行和最常用的回归和分类问题算法——极限梯度提升(XGB)法,整合了监督机器学习的决策树、整体学习和优化的梯度提升算法,聚焦提升速度、灵活性和模型性能。该方法改进了软件中的机器学习工作流程,同时提供了数据统计图来支持地球科学工作流程。

RokDoc 2023.2 版本软件中，通过轨迹管理器简化了反演质量控制，以确保及时跟踪用户自定义的轨迹发生变化，并垂直缩放和保留用户添加的轨迹，用于结果比较分析和文档编制。该功能有助于提升工作效率，将更多的时间花在精炼结果上，减少在视觉可视化设置上的时间。新版软件还改进了三维交会图、用户体验、制图立体展示等方面的功能。

3. 井中地震勘探技术进展

分布式光纤传感（DAS）技术在地表地震采集、时延或永久油藏监测、水力压裂监测等方面的应用逐渐增多。

应用 DAS 记录微震数据来监测非常规储层水力压裂时，与传统 3C 地震检波器的矢量速度测量相比，DAS 微震测量的是沿 DAS 电缆的应变/应变速率。由于只记录了一个分量，在没有其他约束的情况下，单一 DAS 电缆成像可能无法唯一地确定微震事件位置。Busanello 等开发了一种联合 DAS 和检波器的两步微震成像方法和工作流程，以改进微震成像效果。该方法首先对 DAS 数据进行微震成像，以获得潜在的事件位置；然后根据不同 DAS 成像位置的走时差异，使用 DAS 成像位置对检波器数据进行相干分析，通过最大相似值确定事件位置。图 9 为与真实位置重叠的 DAS 和检波器联合成像结果，显示该方法能对不含噪数据进行准确成像。

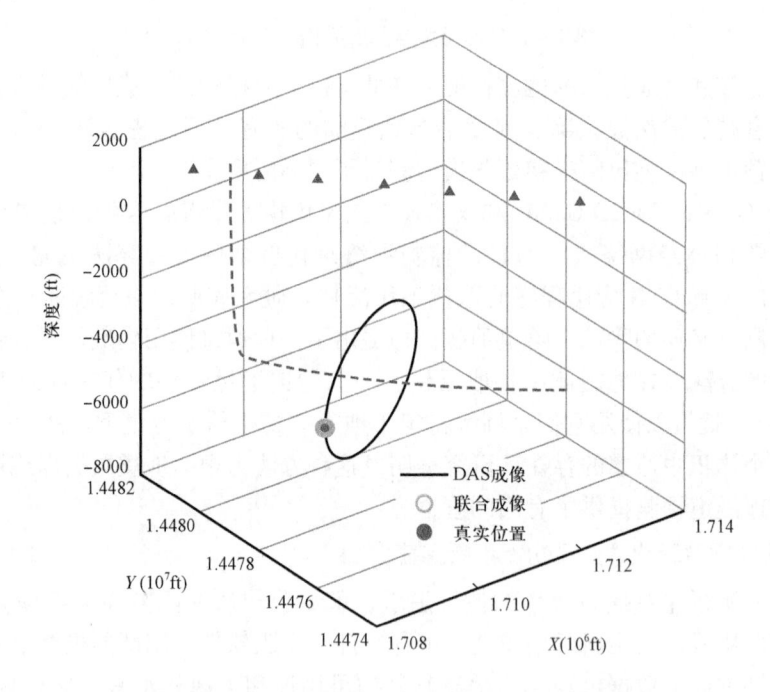

图 9 DAS 和地面检波器的联合成像结果（即与事件的真实位置完全重叠的椭圆）

DAS 技术具有低成本、高密集采样的优点。然而，当光纤部署在地面上时，检波器的特性和 DAS 数据的特点给地表分布式声波传感技术（S–DAS）的配置带来了新的挑战。斯伦贝谢公司基于地面 DAS 实验，通过对比三分量检波器与常规高密度节点采集结果，介绍了表面波分析与反演的最新进展及其在 S–DAS 数据中的应用。与传统的垂直单分量检波器相比，从光纤中获取的 S-DAS 数据显示出更高的灵敏度，具备空间采样更密集、成本更低等优势。

（三）地球物理技术发展方向

未来地球物理技术解决方案将满足能源转型大背景下可持续发展的挑战，即更安全、更环保、更低成本、更高数据品质、更高作业效率。自动生成式人工智能数据处理与成像、自主机器人节点采集、小体积的海洋可控震源、压缩感知地震勘探等技术将取得重大突破。石油公司积极参与技术合作研发，引导着物探技术装备的发展方向。

1. 地震采集装备与技术向着节点化、自动化方向发展

陆上地震采集技术正朝着宽方位、宽频带、高密度、高效率方向不断发展，随着通信技术的进步，超高道数野外作业管理技术、大吨位可控震源高效混叠采集快速发展，节点地震仪的集成一体化、小型轻型化、自动化性能提升，节点地震仪与可控震源高效激发联合应用成为发展重点。未来在海洋自主节点采集方面持续发力，关键技术包括无人驾驶地震船（USVs）、自主水下机器人（AUVs）节点采集系统、移动式海洋可控震源、小型自主海洋可控震源，以及分布式震源阵列设计（用于宽频采集）和数据驱动优化成像等技术装备。分布式光纤采集及压缩感知地震勘探等技术的创新发展可极大节约采集成本，大幅提高数据质量和作业效率，实现一体化和跨越式采集，同时满足绿色可持续发展目标。bp 公司正在试验阶段的海洋自主节点采集系统，引领着地震采集技术发展方向。

2. 数据处理解释技术与软件随着 AI 的发展快速进步

全波形反演、最小二乘逆时偏移成像技术、海洋 OBN 地震资料多次波压制技术成为当前地震技术的热点，将老资料重新进行处理，获得重要价值。未来基于生成式 AI 的地震处理解释技术将重塑勘探流程，将深度学习用于地震成像过程的数据处理和图像重建，生成可靠的地下图像，使用比常规成像方法更少的数据量，这将大幅减少地震采集作业工作量，缩短处理解释周期，并降低成本。壳牌公司加快自动生成式人工智能技术研发，引领地震成像和数据分析技术进步。地震资料解释技术与人工智能机器学习技术的发展深度融合，物探+人工智能成为地震资料解释技术重要的发展方向。未来地震资料解释技术将进一步向着智能化和精确化方向发展，并综合各种地震物理信息，利用人工智能的理论框架为地震资料解释人员提供更加快速、更加准确和更加完善的储层预测结果。

3. 油藏地球物理技术

油藏地球物理技术面临更多的挑战，油气田开发中油气藏地球物理研究未来发展方向主要包括测井解释方法的创新和流程优化、开发地震在构造解释和储层描述等开发实践中的推广应用、地球物理资料与地质和生产动态资料结合验证、大数据和人工智能等与地球物理方法结合提高解释精度降低应用成本、非常规油气开发对地球物理研究新需求五方面。加强油藏参数与地球物理的融合，实现地震数据、随钻测量、开发过程中的全方位、高精度、自动化、实时采集，提高建模精度，挖掘数据，研发基于物理和数据驱动相结合的预测方法，减少不确定性，研发高密度、大信息量、采集处理解释的集成一体化平台是重要发展方向。地震解释、地质建模、油藏工程一体化平台，实现地震综合解释、油藏建模、油藏数值模拟和开发方案一体化，提供一套完整的从勘探到开发、油田地质与工程一体化解决方案，实现多学科、多链条的无缝连接与高效协同，支撑油藏全生命周期建设。

4. 工程地球物理技术应用越来越广泛

地球物理技术在城市基础设施、环境监测、地下空间探测、工程勘探、地下水资源、自然灾害监测预警，甚至军事国防等领域都将发挥重要作用。用于高铁、城市工程、CCUS 等方面的城市地球物理探测技术将持续发展。随着节点采集技术发展，高分辨率城市三维地震已有应用，未来多波多分量地震、三维探地雷达等将更多应用于城市地下空间探测，高精度重、磁、电、震多源地球物理探测与反演研究进一步提高探测精度，进一步开发适用于城市强干扰环境下的地球物理采集设备，利用地球物理探测技术开展城市地下空间地质建模方法研究加速发展，为城市深层地下空间开发利用提供技术支撑。

参 考 文 献

［1］Tomohide Ishiyama. Blended acquisition with temporally signatured/modulated and spatially dispersed source array：The first pilot survey onshore Abu Dhabi［J］. Geophysical Prospecting，2024，72（3）：938 – 954.

［2］Chris Walker，Zhou Zhengzheng，Xi Lii. Hybrid streamer/sparse OBN imaging offshore Norway［C/OL］. 3rd IMAGE（International Meeting for Applied Geoscience & Energy）Expanded Abstracts，2023. https：// doi. org/10. 1190/image2023 – 3915690. 1.

［3］Naghizadeh M，Vermeulen P，Crook A，et al. EcoSeis：A novel acquisition method for optimizing seismic resolution while minimizing environmental footprint［J］. Leading Edge，2023，42（1）：61 – 68.

［4］Manning T. The role of sustainable，autonomous seismic sources［C/OL］. 84th EAGE Annual Conference & Exhibition Workshop Programme，2023. https：//doi. org/10. 3997/2214 – 4609. 2023101259.

［5］Busanello G，Bachrach R，Sayed A，et al. Surface distributed acoustic sensing（S – DAS）for high resolution near surface characterization［C/OL］. 84th EAGE Annual Conference & Exhibition，2023. https：// doi. org/10. 3997/2214 – 4609. 202310775.

［6］张龙，罗敏学，吴登付，等. 海洋低频气枪震源现状及发展方向［J］. 物探装备，2023，33（5）：286 – 289.

四、测井技术发展报告

自 2021 年测井技术服务市场开始回温，三年来市场规模持续增长，2023 年测井技术服务市场增长率为 16%。

（一）测井领域发展新动向

Spears & Associates 公司发布的油气报告显示，2023 年电缆测井和随钻测井技术服务市场保持同步增长，增幅均大于 15.0%，全球测井市场仍以电缆测井为主，占测井市场份额的 84.1%，斯伦贝谢、哈里伯顿和贝克休斯三家公司仍占据电缆测井服务市场前三位，其中斯伦贝谢一家就占据电缆测井市场近 1/3 的市场份额，中海油服所占市场份额连续五年持续上升，居世界第四。随钻测井技术服务市场则更加集中，95.0% 的市场被斯伦贝谢、贝克休斯、哈里伯顿和威德福占据，仅斯伦贝谢就占据 52.2% 的总市场份额。

1. 国外测井技术服务市场规模及变化

Spears & Associates 公司发布的油田开发市场报告显示，2023 年全球测井服务市场规模逐渐扩大到 149 亿美元，比 2022 年增长 14.3%（表 1、图 1）。其中，电缆测井技术服务市场规模达 125.2 亿美元，比 2022 年增长 13.6%（表 1、图 2）；随钻测井技术服务市场规模约 23.9 亿美元，较 2022 年提高 18.2%（表 1、图 3）。电缆测井技术服务仍然占据市场主导，虽然自 2018 年以来市场份额呈逐渐下降趋势，但仍维持在 84.0% 以上。

表 1　2014—2023 年电缆测井市场规模及变化

年份		2014	2015	2016	2017	2018	2019	2020	2021	2022	2023
市场规模（亿美元）	电缆测井	151.2	110.4	76.1	90.7	104.1	119.4	82.3	89.2	110.2	125.2
	随钻测井	34.5	28.8	17.0	16.2	17.8	19.6	15.3	16.3	20.2	23.9
	总额	185.7	139.2	93.1	106.9	121.9	139.0	97.6	105.5	130.4	149.1
增幅（%）		7.7	−25.1	−33.1	14.8	14.0	14.1	−29.7	8.0	23.6	14.3

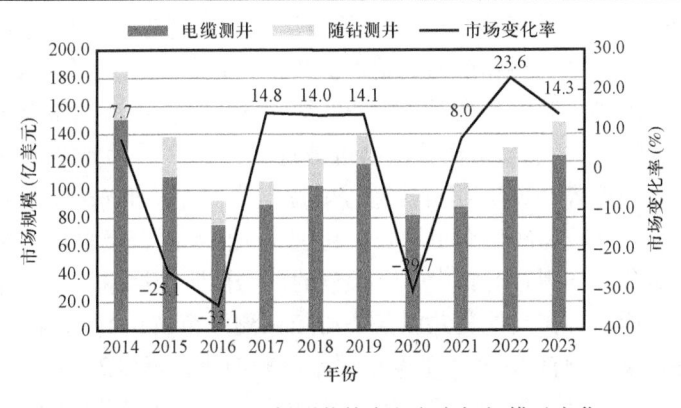

图 1　2014—2023 年测井技术服务市场规模及变化

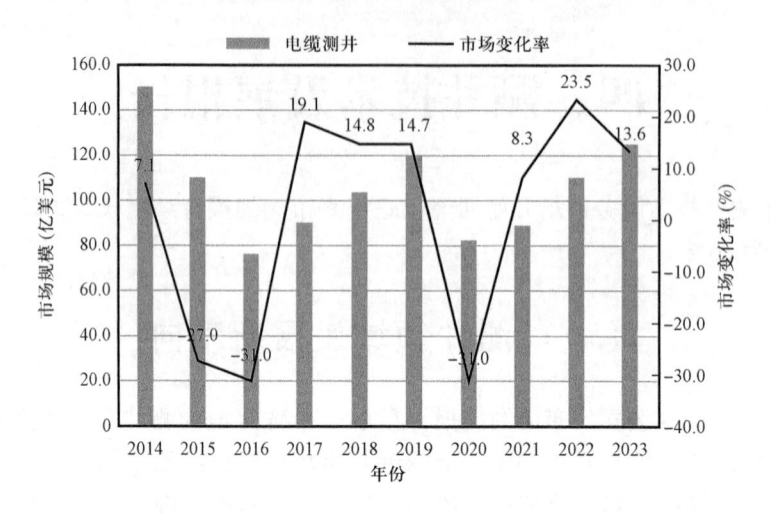

图 2　2014—2023 年电缆测井市场规模及变化

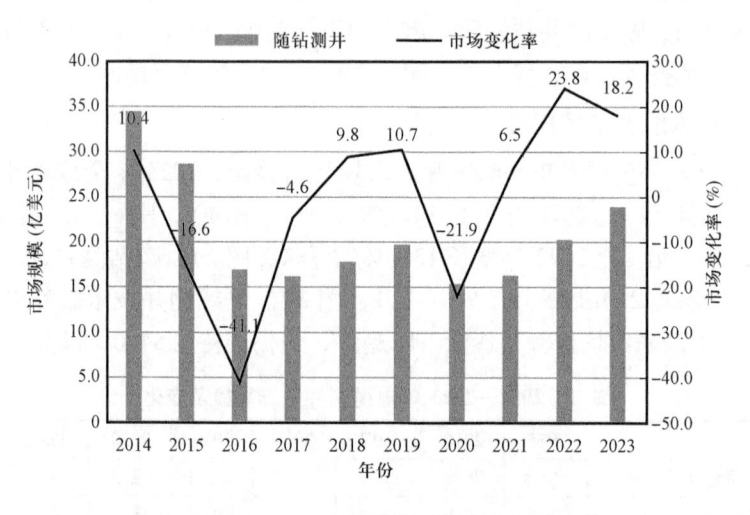

图 3　2014—2023 年随钻测井市场规模及变化

2. 国外测井技术服务公司规模及变化

2023 年，国外大型测井技术服务公司服务市场基本保持稳定，斯伦贝谢公司、哈里伯顿公司和贝克休斯公司在电缆测井市场上始终保持前三地位不动摇［图 4（a）］，斯伦贝谢公司整体份额呈减少趋势，但仍占据近 1/3 的电缆测井市场。中海油服电缆测井市场份额呈逐年上升趋势，至 2019 年，市场份额首次超过威德福公司，居世界第四位。通用电气能源公司基本也呈逐年上升趋势，2022 年首次超过威德福公司［图 4（b）］。2023 年，威德福公司电缆测井市场规模虽然较前两年有了增长，超过 3.6 亿美元，但整体市场份额仍呈下降趋势。随钻测井技术服务市场则相对集中，95.0% 的市场被斯伦贝谢、贝克休斯、哈里伯顿和威德福占据，如图 5 所示。在其他测井服务公司随钻测井市场份额基本呈减少趋势情况下，斯伦贝谢随钻测井市场份额自 2019 年基本呈逐年上升趋势，至 2023 年，其市场规模达 12.5 亿美元，市场份额再次超过一半，占 52.2%。分析认为，这与斯伦贝谢转型改革力度密不可分，同时先进的企业数字一体化解决方案，尤其 DELFI 平台，大大提高了随钻测井传输、评价和共享效率，减少了非生产时间，降低了综合成本。

(a) 斯伦贝谢等4家公司市场份额

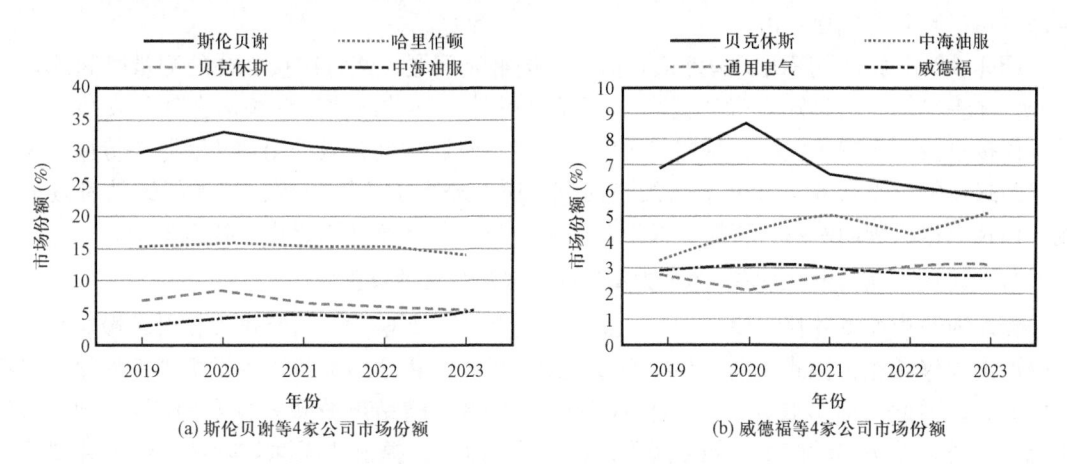

(b) 威德福等4家公司市场份额

图 4　2019—2023 年测井技术服务公司电缆测井市场份额

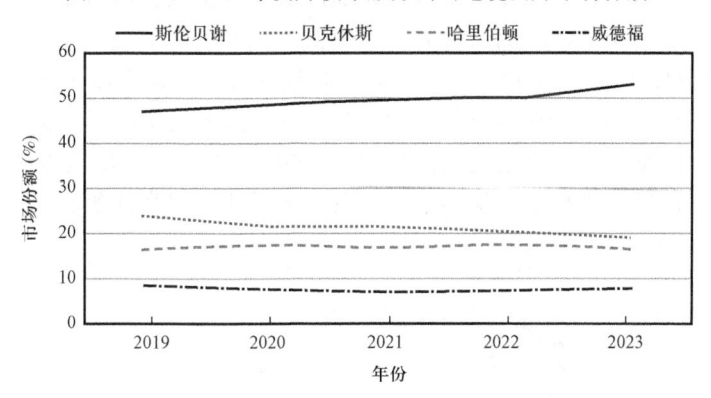

图 5　2019—2023 年测井技术服务公司随钻测井市场份额

（二）测井技术新进展

1. 测井数据采集技术

1）双管齐下——双遥测随钻测斜技术提高数据传输时效

通常，常规无线 MWD 仪器有钻井液脉冲（MP）和电磁（EM）遥测两种数据传输模式。钻井液脉冲是指通过钻井液系统中的压力脉冲将井下数据传输到地面，适用于更深、更复杂的地质条件。电磁遥测是指通过电磁波高速率传输数据，在这种模式下即便停泵，也能实现数据采集和传输。两种传输模式各有优势。斯伦贝谢 xBolt G2 技术将钻井液脉冲和电磁遥测两种数据传输模式集成，通过提高信号强度消除井下噪声，使得 MWD 数据传输速度更快、可靠性更高、作业时效更强。对比常规无线 MWD 数据传输，xBolt G2 技术在高机速、长井段、高井温、高狗腿井条件下优势更明显，主要体现为电磁遥测最大传输速率高达 16bit/s；钻井液脉冲最大传输速率 4bit/s，是常规 MWD 的 4 倍；可通过地面发指令改变数据传输方式；滑动钻进允许最大狗腿高达 30°/100ft（30.48m）（带柔性短节）；方位伽马测量更接近底端，其中 675 型工具方位伽马距离底端 0.63m；仪器耐温高（165℃）；电池使用寿命更长；测斜方式更自由。

xBolt G2 技术顺利解决了国外某井信号无法解调问题，使每次接立柱的测量时间缩短了 2min，并将单趟纯钻时效从 62% 提高到 78%。另外，某井组使用该技术在邻井安装了一个深电极接收器，实现了浅层、深层采用电磁遥测传输，中间井段采用钻井液脉冲传输的灵活传输模式，整个平台 8 口井共节约测量时间 53h，提高了传输速率，实现了纯钻时效最大化。该技术也为国内新疆、青海、四川、吐哈、长庆等多个油田提供了技术支持。

2）"无源"随钻声波测井技术助力高信噪比储层弹性参数获取

传统随钻声波测井仪受仪器长度、钻头震动噪声等影响大，研究进展相对较慢。与随钻电磁波测井仪相比，探测深度也存在明显差距。然而，由于声波可以提供更丰富的储层岩石力学参数，因此，油田服务公司一直致力于"无源"随钻声波测井技术的研发。近年来，雪佛龙公司将钻头震动产生的能量用作声波"发射源"，提出"无源"随钻声波测井仪器的设计思路。与传统的随钻声波测井仪器相比，该仪器仅包括接收器部分，这种设计可大大简化机械设计，缩短工具长度，降低工具成本。接收器部分由 6 个环形阵列组成，每个阵列由 4 个相隔 90° 的接收器组成（图 6），每个接收器内轴向分布的接收器元件将接收的波场分解为低频和高频单极子、偶极子和四极子分量。在无发射探头的情况下，钻头旋转时连续记录钻头能量可以最大限度提高地层波至的信噪比（SNR）。"无源"随钻声波测井技术，有效增加了源信号频率带宽，提高了信噪比，可获取高信噪比储层弹性参数。

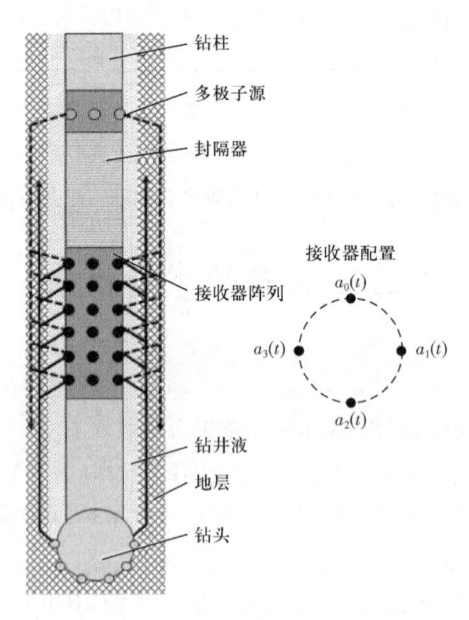

图 6 "无源"随钻声波示意图

该技术已用于外径 9.5in（24.13cm）随钻仪器中，完成了现场测试。结果表明，"无源"模式下记录长度 98ms 时，四极子和斯通利波频散曲线覆盖范围和保真度均高于有源发射器。当平均钻速为每小时 70ft（约 21m）时，"无源"模式记录长度可延长到每 0.5ft

(0.15m) 25s，这将使信噪比大幅提高24dB。

ShockWave采用10~15kHz高能声波信号频率，应用中子发射器发出信号，将中子仪器和"无源"声波测井仪器集成，实时获取纵波时差和变密度测井（VDL），实现"无源"储层清洁评价。该技术特点：（1）最高操作压力、操作温度和排量可分别达到30000psi（207MPa）、329℉（165℃）和750gal/min（2650L/min）。（2）底部钻具组合（BHA）采用LWD封装，包括HAGR™高温方位伽马射线传感器、ShockWave声波工具、MFR™多频电阻率传感器和热中子孔隙度传感器。（3）单极声波工具可替换BHA中的密度测井，并在各种井下条件提供可靠的实时数据。该技术为哥伦比亚一口33°斜探井确定了地层顶部和局部结构变化带（可能的断层带），帮助定向钻井工程师了解了BHA的突然变化，确定了倾斜地层是否受断层影响。

3) 小井眼脉冲中子测井提供准确复杂地层评价矿物含量

老井复查，地层剩余油饱和度监测是很重要的工作，但往往因缺失元素俘获测井资料，很难准确评价地层矿物含量和剩余油饱和度。斯伦贝谢公司研发的小井眼脉冲中子（nPN）测井技术能够提供裸眼井测井质量相当的矿物含量，填补裸眼井无矿物数据的空白。该技术具有仪器尺寸小、适用范围广、分辨率高等特点，其直径仅为1 11/16 in（约4.29cm）或2.5in（6.35cm）；可用于井眼尺寸3.5~8.5in（8.89~21.59cm）及4.5in（约11.43cm）套管井中测量；采用高分辨率BGO晶体探测器，测速100ft/h条件下，可为标准测井评价（包括岩性、孔隙度、含水饱和度）提供足够信息；结合俘获伽马能谱和非弹性散射伽马能谱信息，可更精确地提供Si、Ca、S、Fe、Gd、Mg、Al、Ti和K等元素含量，亦可识别Mg元素，因而可区分方解石与白云石，进而使得碳酸盐岩岩性识别成为可能。该技术已用于无元素测井、小井眼和复杂井况等复杂储层评价中矿物含量计算，填补了裸眼井无元素俘获测井数据的空白。

贝克休斯公司研发的用于碳氧比（C/O）分析和三相饱和监测的新型脉冲中子能谱仪，可用于裸眼/套管井地层评价、饱和度分析和时移监测。该技术采用C/O和PNC双采集模式，减少了测井次数，优化了三相饱和度评价。由高能量脉冲中子源发射中子，配备高光谱分辨率伽马射线探测器；C/O模式下，元素产额与参考模型进行比较，确定含油饱和度；PNC模式下，通过中子俘获截面（sigma）测量值，确定地层水矿化度相关的含油饱和度评价；气体饱和度评价由气敏非弹性（RIN13）和俘获（RATO13）比值确定。将气体比值与参考模型进行比较，评价流体的相对饱和度，通常区分气体与水或石油；同步全模式（PNC+C/O），包括PNC中子俘获sigma、气敏中子俘获和非弹性测量以及C/O非弹性测量，同时，专门针对三相饱和分析应用进行了优化，包括用于CCUS的CO_2和蒸汽驱时移监测的CO_2基线封存评估；与C/O和RIN13测量的多相饱和，以及与时移饱和监测的传统解释兼容。该技术不仅用于组分为烃的气体饱和度评价，还可用于H_2、He、CO_2、N_2以及其他非含烃组分的饱和度分析。

4) 随钻高分辨率侧向电阻率成像测井提升储层高清洞察力

基于MicroScope随钻高分辨率侧向电阻率成像工具，斯伦贝谢公司推出了改进的MicroScope HD，增加了专门测量超高清图像的高清传感器极板：在极板上装8个0.4in

（1.016cm）的小电极，可以提供分辨率为 0.4in（1.016cm）的超高清图像。结合升级的处理软件，MicroScope HD 可以更好地服务于地质导向并基于内存数据开展丰富的定量地质评价。此外，以 MicroScope HD 675 为例，MicroScope HD 技术可提供 1.5in（3.81cm）、3in（7.62cm）、5in（12.7cm）和 7in（17.78cm）四个不同探测深度的高分辨率侧向电阻率曲线，还提供探测深度达 30in（76.2cm）的钻头电阻率及窝旋电阻率（非方向性）、近钻头井斜等。该技术创新的降噪信号处理技术、精细的数据叠加和深度校正，确保图像更精细；其更快的测量速度，降低了钻井过程中工具黏滑对数据的影响。

该技术主要应用于精细地层结构分析，包括地层和断层倾角高清拾取与分析、孔隙度评价和定量薄层分析、还原真实电阻率、定量分析裂缝性质、优质地质建模等，应用于碎屑岩、碳酸盐岩、变质岩、火成岩等各类地层中。

5）相控阵超声扫描成像技术助推油井性能提高

EV 公司推出的井下可视化分析技术 ClearVision，是当前唯一将阵列视频和相控阵超声扫描集成的井下工具，结合最先进的 360°视频和相控阵超声技术，精确地为井筒提供先进的四维评价体系。凭借无与伦比的准确信息，该技术可最大限度地提高油井性能。其主要技术特点包括：先进的阵列视频技术具备高轴向和圆周测量精度，提供井下径向几何形状和管道厚度准确测量信息；基于视频图像测量的独特能力，不受黏滑运动效应的影响，测量重复性高，信息可靠；分辨率为 0.1mm 的超高清全光谱视频成像和分辨率为 2.3mm 的高频超声高清捕获图像，使操作人员能够 100%查看和测量小尺寸射孔和砂塞孔在内的所有射孔情况（图 7），从而获得射孔腐蚀和支撑剂分布的明确信息，便于工程师改进压裂设计以获得更好的压裂效果，增加单井产量；仪器最高耐压 51.7MPa、耐温 125℃；与 EV 公司的 Perforation VA 服务相结合，可正确识别之前无法获得的腐蚀变化趋势；通过基于云的数据解释和可视化系统 EV Web 门户提供的数据和分析结果；全球用户能够随时随地通过互联网访问检索数据，从而更快地获得答案，制定有效策略；通过并排、深度同步的 360°图像可以查看俯视图和侧视图视频片段，并对其进行增强，以提供井筒的完整视角；提供交互式报告，允许用户查看趋势和关键指标，与传统的 PDF 报告相比，具有更大的灵活性和可操作性。

该技术可提供完整的井筒变形诊断、防砂控制等。在美国二叠盆地通过现场验证，助力油藏增产，仅在单井投产第一年收入就增加了 140 万美元，同时成本节省超过了 35 万美元。

6）智能钻测平台助推一体化随钻测井技术发展

随着勘探程度的加深，深水井、高温高压井和大位移井作业面临着成本和技术双重挑战。随钻测井未来的发展方向是开发地质工程一体化、紧凑型随钻仪器，大幅提高水平井钻遇率，降低非生产时间，提高钻井效率，有效支撑油井建设。哈里伯顿公司 2021 年推出 iStar 智能钻测平台之初，仅拥有 BaseStar、ResiStar 和 LithoStar 三项服务，之后又相继推出 StrataStar、BrightStar、PixStar、EarthStar SpecStar、EarthStar X、GuideStar 及 PulseStar 等全线产品，部分产品如图 8 所示。该平台可获得钻头附近及更深地层的高分辨率测量数据，提高井下观测能力；可实时检测储层流体类型，并可利用机器学习和 AI 技术优化井位、提高储量、改进井壁稳定性及优化完井。同时，通过集成钻井动态和连续测量井位提高钻速。该平台搭载了更多的传感器并减少套管接箍，大幅缩短了 BHA 长度，减少了连接数量，提高了可靠性。

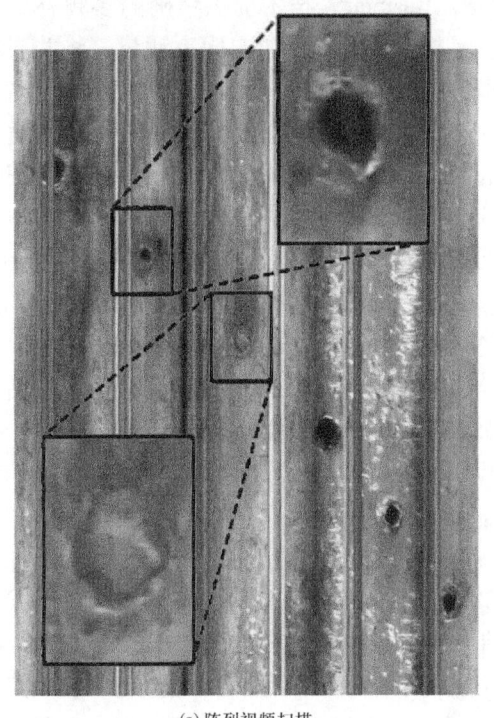

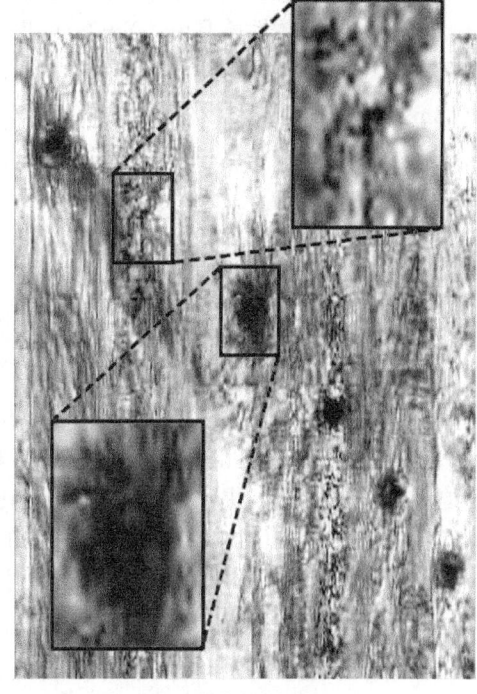

(a) 阵列视频扫描　　　　　　　　　　　　(b) 相控阵超声扫描

图7　阵列视频与相控阵超声扫描图

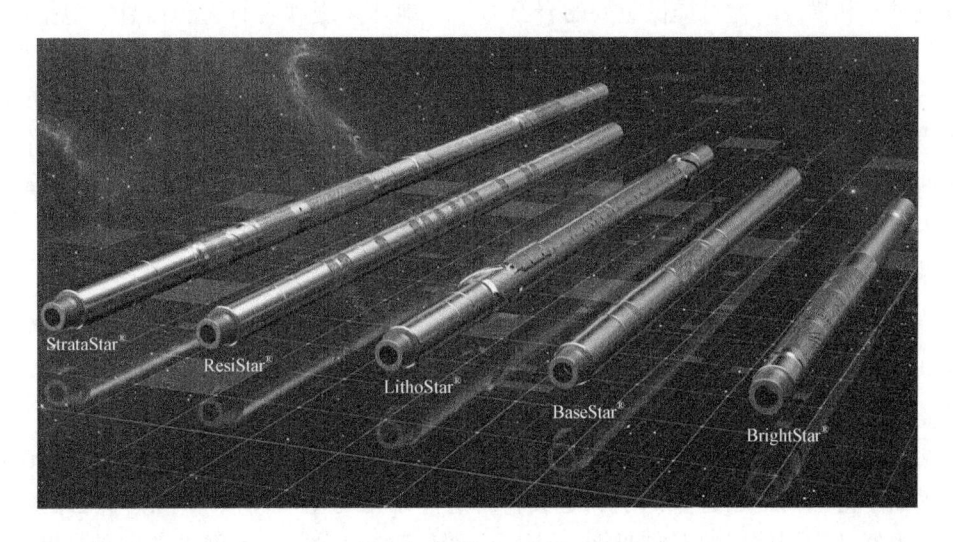

图8　iStar智能钻测平台产品示意图

iStar智能钻测平台是一个完全数字化的网络平台,可在任何地方监测和控制测井和钻井作业,其全新的数字架构,支持自动化、机器学习和人工智能。其以更少工具搭载更多传感器的紧凑设计,提供了从传输到声、放、电全线测井服务,其中PulseStar™技术提供高分辨率、实时超深层钻井和地下数据传输,以确保高效、一致的油井交付;BaseStar®技术集成了井位、钻井性能优化和井眼质量的关键测量：ResiStar® 技术提供精确的多频补偿电阻率测量，用于储层流体性质判断；StrataStar® 技术提供深探测方位电阻率测量，将井眼精确地定位于薄储层中，而不影响钻井性能；EarthStar® 技术提供超深电阻率，以描绘距离井筒 225ft（68m）的储层和流体边界，拥有业界唯一的三维反演功能；EarthStar® X 技术通过近钻头、超深边界探测电阻率技术描绘开发储层潜力；BrightStar® 技术可在低角度、高信噪比条件下探测钻头前 30m 以内地层和流体边界；LithoStar® 技术提供高精度地层密度和中子孔隙度测量，以改善岩石物理解释和准确的储量计算；PixStar™ 技术提供高分辨率声波图像，可捕获井眼大小及形状等特征，并增强了解所有钻井液类型对储层的影响；GuideStar™ 技术使用高分辨率采样提供连续的确定性测量，以实现精确的井筒定位；SpecStar™ 技术除提供总方位伽马测量外，还提供铀（U）、钍（Th）和钾（K）元素高精度测量，以确定黏土类型及含量，估算有机碳含量，从而增加对储层的理解。iStar 智能钻测平台已在中东、欧洲和北美的多个地区应用。北海一家公司在一口评价井中成功部署了 iStar 三组合服务，以确定纯砂岩的最佳压力点，提高了对油藏的认识。

科学钻井公司（Scientific Drilling International）开发了一种紧凑型的集成化 LWD 仪器，用于优化非常规储层的地质导向和地层评价。该技术将方位伽马能谱、高分辨率超声成像和方位声波等传感器集成在一根长度为 14.5ft（4.4m）的钻铤中。方位伽马能谱传感器可用于含铀页岩和碳酸盐岩的实时地质导向、有机含量评价和黏土含量的测定。超声波成像仪可提供水基钻井液和油基钻井液高分辨率的井眼图像，用于裂缝及断层检测，应力方向、地层倾角和井眼稳定性评价，并提供高分辨率井径数据。利用方位单极声波传感器获得的方位定向的纵波时差和横波时差可提供重要的岩石力学、地球物理和岩石物理信息，包括泊松比、孔隙度和水平井 VTI 剪切各向异性等。紧凑型随钻测井技术除了应用于钻井和地层评价，还拓展了一些新的应用：通过对比钻井中和钻井后采集的超声图像，观察早期井眼动态变化；通过超声成像仪振幅的下降，检测钻井时的气体入侵情况；利用超声钻井液池监测不同钻井作业期间钻井液声波时差的显著变化。这种集成的紧凑型随钻测井仪器除用于非常规储层外，还可与随钻电阻率仪器组合用于海上油井的裂缝花岗岩地热随钻测井。

2. 测井处理解释技术

1）超深电磁工具与浅层测井结合的反演技术

在钻井作业期间，LWD 工具的分辨率高于地震数据，用于帮助决策和优化油井位置。将近井筒测量与地震解释得出的地质模型联系起来的关键是超深电磁（EM）工具，将地球物理反演过程应用于超深电阻率数据可生成增强储层解释的模型。通过一维电磁反演可以实现垂直平面中薄层的地层边界识别和定义，将这些结果与基于高斯-牛顿的三维反演相结合，可以更好地识别储层的横向变化。引入了反转三维超深电磁反演的各向异性和电阻率，允许识别各向同性和各向异性区间，从而允许在距钻孔更远的距离处进行岩性和流体识别。从反演数据得出的地质模型可以很好地展示地下情况，若与其他 LWD 数据和方位角图像（如密度和伽马射线）相结合时则更有助于决策。

对一维、三维和三维各向异性反演的解释，一方面可以识别复杂的油水接触，对于碳氢化合物储量的计算至关重要；另一方面也可以在某些环境中识别储层内薄页岩层，这些页岩层可以作为流体运动的挡板。利用密度/中子、伽马和深电磁数据提供的信息来完善这些模型，可以提供更详细的细节，这也可以在完井设计过程中发挥重要作用。

结合对这些不同方法的解释，可以更好地理解油藏，从而更好地理解地质情况，并确定在油井和油田生产中发挥作用的元素。在钻井作业期间识别这些趋势，可以优化油井放置和完井安装，进一步分析今后可以改善油藏开采和新井的规划。

2）人工智能助推快速有效地层自动评价方法

人工智能在储层特征参数计算中的广泛引用及良好应用效果，推动了测井解释评价技术的智能化发展。泥质含量在地层评价、岩石力学等工程应用中占有举足轻重的地位。不管是孔隙度、饱和度还是渗透率，其准确评价的前提都是准确的泥质含量计算。bp 公司的 Westeng 等提出了一种自动计算泥质含量的方法，该方法摒弃了传统泥质含量计算过程中使用固定岩性截止值的思想，将概率统计、动态滤波和地质背景相结合来获取随深度变化的泥岩、砂岩/碳酸盐岩岩性指示曲线。根据北海和挪威海 1000 多口井的泥质含量计算结果来看，新方法和传统计算方法一样可靠，且具有更高的适应性，可以在其他地区和其他地质背景下推广，也可以在传统测井解释、机器学习中应用。除了泥质含量，泥岩类型也是决定储层物性、储层改造的关键。Global Rock Scope 公司的 Baldwin 等研究了绿泥石胶结的"三高"（高深、高温、高压）井砂岩地层岩石物理特征，结合 X 射线衍射（X-ray diffraction，XRD）和铸体薄片标定绿泥石含量，当绿泥石含量大于 7% 时，绿泥石环边对孔隙保存起决定性作用。在岩石物理模型中，绿泥石含量影响岩性识别、孔隙度和饱和度计算；在地球物理模型中，绿泥石含量影响纵横波时差计算。上述模型可以为声波测井资料质量检查提供帮助，通过岩石物理模型和地球物理模型能够计算地层的孔隙度和饱和度以及识别岩性。对于渗透率的计算，得克萨斯大学奥斯汀分校的 Raheem 等基于 Timur-Coates 模型，借助随机森林、k-近邻、神经网络等机器学习方法，提出了一种自动计算渗透率的方法。实践表明，该方法适用于碳酸盐岩和碎屑岩地层（泥质砂岩或纯砂岩地层）中的常规储层及低渗透储层，当训练数据覆盖尽可能多的测量井段，且岩心数据与测井曲线分辨率一致时，渗透率计算误差为 ±5mD。

3）能源转型助推非油气领域测井解释技术发展

CCS/CCUS 为测井技术应用带来了挑战，如何将现有成熟技术应用于 CCS/CCUS，成为岩石物理学家和测井分析家迫切思考的问题。斯伦贝谢公司在过去 25 年的时间里，通过参与 80 多个 CCS 项目，形成了一套成熟的 CO_2 封存解释方法，该方法评价了关键储层参数，降低了 CCS 封存评估风险。其应用基础依赖于 CO_2 封存能力评价，需要综合利用岩性、孔隙度、渗透率和压力等特征参数，而特殊岩心分析（SCAL）能够确定 CO_2 的封存效率和相对渗透率。因此，岩石物理实验资料可用于评价 CO_2 的封存能力，成像测井资料可用于评价盖层结构/构造的完整性，声波测井、井场压力测试等资料可用于评价气体安全注入压力，常规的岩心分析和数字岩心技术可用于研究骨架—地层水—CO_2 之间相互作用过程中产生的化学和热运动过程，地层测试可以获得有代表性的地层水样品，地层水样品能够为气体注入以及未来的监测过程提供依据。上述所有的测井和实验数据都可以融合到 CCUS 模型中来预测 CO_2 的羽流能力。该技术已在北美 CCS 项目中进行了广泛应用，同时所有数据整合到 CCS

模型中，还可预测整个感兴趣区域和多个视界内的 CO_2 羽流现象。

随着氢气需求的增长，储氢库的安全选址成为人们关心的问题。测井技术在其中同样可提供准确的评价和依据。得克萨斯农工大学的 Okoroafor 等利用数值模拟方法建立了地层条件下储氢库的基础模型，以此来研究影响储氢库储集性能的关键参数。研究表明，储层埋深/压力、地层倾角、渗透率是影响储氢库储集性能最重要的三大关键参数，而渗透率是影响储氢量最顶级的因素。因而，地层测试、倾角、井眼成像、密度、中子和声波等测井技术对降低储氢选址不确定性都具有不可估量的价值。将该技术应用于加利福尼亚州北部枯竭油田储氢选址，可清晰地看到地质及储层参数的不确定性对潜在储氢库选址具有重要影响。

3. 其他测井技术

1）自动岩性识别技术

岩性识别是地质综合评价的基础，对储层识别、地层划分、油藏描述、勘探部署等具有深远意义。传统的岩屑描述是通过复杂的人工过程完成，需要地质学家分析和描述一系列岩石属性，包括岩石类型、颜色、粒度和分选，这些属性因所描述的岩石类型而异。由于这一过程完全依赖于地质学家的专业知识，而且基于人的感知，因此具有很强的主观性，而主观偏见和输入错误可能降低岩性描述准确性。人工记录也降低了信息录入效率，往往 90% 以上的岩屑描述未能及时保存。随着 AI 的发展，机器学习、深度学习逐渐成为自动化、高精度岩性识别的重要手段。2023 年，以斯伦贝谢公司自动岩性技术（automated lithology）为代表的岩性识别技术，将最先进的高清成像技术与 AI 相结合，可捕捉岩石的各种地质特征，如图 9 所示，为岩层、裂缝、圈闭和洞穴等精准画像，提高了岩性识别精度，利用 Performance Live 数字连接服务支持的云技术，可远程操作、快速共享数据，提高制订油井施工计划的精度与速度，同时还可用于零碳解决方案。

图 9 自动岩性识别示意图

自动岩性识别技术是 Litholink、Lithoscribe 和 Litholog 的有机结合，其中 Litholink 是经过标定的可变控制数字硬件，配备白光和紫外光的高清摄像头，且具有变焦控制功能，可于钻屑中捕捉岩石颜色、粒径、分选性、磨圆度、气测、孔隙度、化石和特殊矿物等元数据的高分辨率图像。世界各地实验室的地质学家通过基于云的协作工作流程全球连通，快速访问钻井现场，对岩性进行详细分析。结合人工智能机器学习，数字化描述逐渐变得更加准确。Lithoscribe 可改进描述过程，提供与地质特征相匹配的岩屑数字描述和数据，根据描述创建地下油井数字数据库，并根据 Munsell 岩石颜色图提供定量和校准的颜色识别。Litholog 可提供全面的岩屑记录，其中关键地质参数以岩性的形式显示，并以数值形式提供，可移动性强，可直接集成到三维储层模型中。最终，通过将地层岩屑百分比转化为实际地质地层完成岩性识别。Litholog 利用钻遇率（ROP）数据和自然伽马曲线进行质控，提高岩性示意图质量。整个过程均自动完成，且所有地质属性均以曲线形式显示。

该技术适用性较强，不仅可加载来自 Litholink 硬件的图像，也可加载来自其他相机的图像，如果在钻井现场进行描述，也可以不使用图像。该技术的应用不仅降低了各种类型井的地质不确定性，还降低了决策者的钻井风险、HSE 风险等。通过数字化岩屑数据不仅改进了地质和岩石物理模型细节，同时还加强了油井建设。自动岩性识别技术的卓越表现力赢得了 2023 年海湾能源信息卓越奖。

2) 增强型井壁取心技术最大限度提高油藏性能

通常在松散、坚硬和磨蚀性地层环境以及极端过平衡条件很难实现井壁取心。斯伦贝谢公司推出的 SureRock™ 井壁取心技术（图 10）提高了困难条件下储层取心的成功率，同时也彻底改变了岩心采出后的数据分析方式。SureRock™ 技术通过使用先进的数字化功能，将岩心数据迅速集成到储层地质及油藏模型中，以更好地了解储层的地质情况，加快油田开发计划（FDP）的制订及实施，最大限度地提高油气藏的性能。该技术具备自动取心功能，可优化取心效率和性能；涡轮轴连接到取心钻头上，可改善岩屑排空；固定在取心钻头上的静态保留，可保持磁芯完整性；对于极端无侧限抗压强度（低至 200psi）的未固结地层，采用大型井壁取心，可改进取心完整性；对于坚硬和磨蚀性环境，采用新的适合坚硬地层的取心设计，可将岩屑排空和效率提高 60%；针对过平衡条件，采取先进的取心设施和人工智能模拟相结合，将过平衡井眼岩心采收率提高 40%。数字岩心实验室和自动化，可快速跟踪数据交付并集成到储层模型中，从而降低不确定性并加速 FDP。该技术可应用于降低地下不确定性以优化 FDP，了解储层可生产性以估算储量，改进油井建设和完井设计，刻度测井以及评估碳封存能力。

图 10　SureRock™ 井壁取心仪

3) 聚能射孔技术优化油藏性能

传统射孔弹性能检测是在常温常压条件下利用混凝土靶进行的，不能如实反映实际井下射孔弹的真实表现。为了优化井下射孔弹性能，哈里伯顿公司 Jet 研究中心高级射孔实验室采用真实岩石，在地层条件下研发了 RockJet™ 系列油藏优化聚能射孔弹（图 11）。该射孔弹获得了美国石油学会（API）第一个新射孔测试协议认证，即 API 新测试协议 RP19B 第 2 部分。该技术通过更大穿孔孔径和更深穿孔深度，为提高油气井产能提供最佳储层连通性。射孔弹通过延伸到损伤区之外深而清洁的孔道改善储层接触面，有助于增加产量、提高产能和注入率。井下条件测试表明，该射孔弹穿透力提高22%，开放流动面积增加83%。安全的射孔弹设计，可减少射孔枪碎片，可兼容 4½in、5spf[①]，4⅝in、5spf，7in、12spf 射孔枪系列。该技术应用范围广，可用于自然完井或模拟井、生产井或注入井，以及任何射孔枪输送方式。

图 11　RockJet™ 聚能射孔弹示意图

（三）测井技术展望

1. 人工智能和机器学习与测井技术结合愈发紧密

人工智能和机器学习在测井数据处理、反演以及数据资料精度等方面应用范围不断扩大，优势日益明显，将会持续推动测井继续向智能化和一体化方向发展。生成式AI可深入分析测井数据，补充、解读数据并提高数据质量。随着OSDU勘探开发数据平台的逐步推广，油公司和油服公司也相继推出了旗下的数字化平台，并将测井数据的采集、处理、解释、归档过程向数字化转型。整个勘探开发也向一体化转型，斯伦贝谢公司推出集地质、地球物理、测井、油藏、钻井以及生产于一体的Petrel勘探开发平台；哈里伯顿公司也推出了iStar智能钻测一体化平台，iStar平台下的测井仪器正逐年增加以保证获取到全方位的测井信息，各仪器之间可按需求自由组合或者多传感器集成到紧凑型测井仪器，这均得益于人工智能和机器学习的跨时代进步。未来人工智能和机器学习在测井领域研究成果的培育力度还将持续加大。

2. 万米级深井高温高压仪器实现突破性进展

近20年来发现的海相大油气田几乎全部位于深层和超深层，随着钻井深度达到万米级别，测井施工面临的井下环境越发恶劣，测井仪器的可靠性、耐久性迎来了新的挑战。为获取深层超深层的地质资料，国内外油服公司不断推出耐高温高压的新型测井仪器。耐温上限可达260℃，耐压上限可达207MPa。未来，面向万米级高温高压深井服务，测井技术需要

[①] spf 指射孔密度，即每英尺的射孔次数。

狠抓基础研究，岩石物理高温高压实验机理研究、耐温耐压仪器材料及部件设计、高温高压测井响应机理、高温高压解释模型及高温高压测井资料处理等都将给岩石物理学家和测井分析家带来全新挑战，也必将实现突破性的技术进展。

3. "三高"测井技术加速发展

随着勘探开发的不断深入，未来超过万米的高温高压深井逐渐增多，井下环境愈发恶劣，对测井仪器的可靠性、耐久性提出了更高要求；亟须加强岩石物理高温高压实验机理研究、耐温耐压仪器材料及部件设计、高温高压测井响应机理、高温高压解释模型及高温高压测井资料处理等基层研究。开发潜力巨大的页岩油、页岩气等致密储层测井评价，高度依赖"七性"测井评价系列技术。随着万米深井的开钻，传统仪器难以满足"三高"（高深、高温、高压）条件下微纳米孔隙储层高精度的"七性"参数测量要求，"三高"测井技术需求愈发迫切，多家测井公司已开展或计划开展相关研究，有望实现重大技术突破。

4. 测井技术服务于非油气领域优势凸显

世界各国为兑现《联合国气候变化框架公约》第二十八次缔约方大会能源相关承诺正大力推行减碳运动，而CCS/CCUS正是减碳的重要手段。CO_2封存选址、评估碳封存效果、动态评价CO_2驱油效果、储氢选址等需求促使研究人员从成熟的测井技术，逐步向低碳、新能源等非油气行业领域转型。在CO_2注入前、注入过程中、注入后可以利用脉冲中子测井和电阻率测井等技术以及CT薄片等岩石物理实验资料进行CO_2密封性监测。此外，测井资料提供的岩性、孔隙度、渗透率和压力等特征参数有助于封存能力评价，成像测井资料有助于盖层结构/构造评价，岩石力学评价有助于CCUS安全性评估，岩石物理实验资料有助于分析岩石—地层水—CO_2这3种介质间的物理、化学作用。与低碳和新能源融合，测井资料能够计算出地下储层和流体的各种物理特性，而测井技术在非油气领域具有的广阔且崭新的应用前景，也让测井不再是"一孔之见"，也势必成为测井技术应用的前沿技术阵地。

参 考 文 献

[1] Riofrío K, Clegg N, Rawsthorne L, et al. A holistic approach to data interpretation combines the strengths of ultra – deep electromagnetic tools with shallow logging while drilling data to improve reservoir understanding [C] //Aberdeen, Scotland, UK：SPE Offshore Europe Conference & Exhibition, 2023.

[2] McGlynn I, Anniyev T, Inanc F, et al. Development and baseline comparison of a new pulsed – neutron spectroscopy tool for carbon – oxygen analysis and three – phase saturation monitoring [C] // Lake Conroe, Texas, USA：SPWLA 64th Annual Logging Symposium, 2023.

[3] 尹成芳, 侯亮, 郭晓霞. 2022国外测井技术发展现状与趋势 [J]. 世界石油工业, 2022, 29（6）：54 – 62.

[4] Westeng K, Crombrugge Y V, Lehre C N, et al. Robust and automatic shale volume interpretation using adaptive lithological thresholds built on depth trends, statistics, and geological units [C] //Lake Conroe, Texas, USA：SPWLA 64th Annual Logging Symposium, 2023.

[5] Baldwin J, Jenson F. Integrated petrophysics and rock physics results and log QC and editing in deep HTHP chlorite – rich wilcos sands, Fandango field, South Texas：A case study [C] //Lake Conroe, Texas, USA：SPWLA 64th Annual Logging Symposium, 2023.

[6] Raheem O, Pan W, Torres – Verdín C, et al. Best practices in automatic permeability estimation：machine –

learning methods vs conventional petrophysical models［C］//Lake Conroe, Texas, USA：SPWLA 64th Annual Logging Symposium, 2023.

［7］ Laronga R, Borchardt E, Hill B, et al. State of integrated formation evaluation for site – specific evaluation, and permitting of carbon storage projects［C］//Lake Conroe, Texas, USA：SPWLA 64th Annual Logging Symposium, 2023.

［8］ Okoroafor E, Galvis R H. Underground hydrogen storage in porous media：The role of petrophysics［C］//Lake Conroe, Texas, USA：SPWLA 64th Annual Logging Symposium, 2023.

［9］ 徐红军, 李潮流, 袁超, 等. 地层评价与测井技术新进展：第 64 届 SPWLA 年会综述［J］. 测井技术, 2023, 47 (5)：521 – 532.

五、钻井技术发展报告

2023年，全球钻井市场平稳增长，海洋钻井市场增长明显。与此同时，钻井技术取得新进展，一些新技术、新工具、新装备、新仪器、新材料和新软件推向市场，钻井自动化、数字化、智能化水平持续提升，不断推进和提高钻井提速降本增效和安全环保水平。

（一）全球钻井行业动态

如果用一个词来概括2023年全球钻井行业动态，那就是"转型"。随着数字孪生、人工智能、机器学习、云计算等技术的不断发展与应用，钻井行业逐步向数字化和智能化方向发展，为缩减现场作业人员数量、提高自动化作业水平和钻井作业安全提供了有效保障。整体而言，2023年的钻井市场呈乐观向好态势，2025年有望通过新技术、新项目的进一步实施，全球钻井行业将获得更好的发展。

1. 全球钻井市场平稳增长

2023年，美国钻机数量（包括陆地和海上钻机）减少477台，至1163台，主要是由于钻机长期闲置而被拆除，但由于可用钻机数量的大幅减少，钻机利用率同比从54%增加到58%；加拿大陆上和海上钻机的利用率从51%下降到48%；全球范围内，海上钻机数量自2014年以来首次出现净增长，现有钻机数量增至622台，利用率上升至79%，全球海上钻井平台供应依然紧张，中东国家石油公司继续推动自升式平台的需求，而美国墨西哥湾、南美（巴西和圭亚那）和西非的"金三角"地区则推动自升式平台的需求；其他各个地区的活跃陆地钻机数量都有所上升，利比亚和乌克兰的活跃钻机达到了3年来的高点。

2. 全球海洋钻井市场增长明显

2023年，全球海上钻井平台市场关键指标逐步上升。在浮式平台方面，活跃钻机总数从2022年的111台增加到2023年的123台，利用率达到88%，高于上年的82%。平均日费也会略有上涨，到2024年，浮式平台的平均日费将从2023年的24万美元上升至25万美元，超深钻井平台的日费将从41万美元上涨至43万美元，而恶劣环境平台的日费将从37万美元上涨至39万美元。在自升式平台方面，由于关键区域（中东、印度、东南亚和墨西哥）的长期合同，预计2024年和2025年的利用率将保持在较高水平。到2024年12月，全球自升式平台的需求将从2023年12月的379台增加到387台，利用率将从87%增加到91%。自升式平台的日费也将略有上升，平均日费将从2023年下半年的137750美元上升到2024年下半年的145000美元，老式和标准自升式钻井平台的平均日费预计将从9万美元左右升至9.5万美元。

3. 钻井行业持续向数字化、智能化转型

近年来，多家公司开发钻井推荐系统（DSR）并部署web应用程序，提供用户界面（UI）与引擎进行交互。DSR依赖于历史性能和其他关键绩效指标（KPI），用户可以根据自己的偏好修改 KPI 权重。DSR 的开发依赖于从传统数据库中收集、组织和标准化数据，数据库包含了世界各地的数十万口井，数据库每天都会更新，并托管在云环境中，确保访问受到控制，使用最小访问概念，符合严格的数据驻留和数据使用权规则，在云上提供数据为全球用户开发和部署应用程序。为了使数据标准化，建立了通用表，终端用户是钻井工程师，建立了钻井液、BHA、螺杆和钻头推荐引擎，每个界面均要做出决策，输入计划运行的参数，界面显示建议，通过修改输入数据、更改 KPI 权重或数据可视化来进行分析。

4. 绿色钻井技术成为热点

钻井承包商积极发展绿色钻井，Ensign 能源服务公司和斯伦贝谢公司与氢燃料电池制造商 Hyzon Motors 合作，开发和部署集成氢/电池储存系统，在美国陆地钻机上进行测试。该集成系统将直接替代钻井平台上的柴油发电机，将几个 120kW 的燃料电池堆组合到一个 40ft³[❶] 的容器中，创建一个发电能力高于 1MW 的系统，这种完全由氢燃料电池系统提供动力的钻井平台每年可以减少 1×10^4t 二氧化碳的排放。电池容器安装在钻井平台上，同时安装一个能量储存系统，优化钻机上的能量消耗和发动机运行时间。当电力需求较低时，系统将发动机产生的多余能量转移到电池系统；当电力需求高时，它会从电池储备中提取能量，从而使发动机达到最佳负载。

（二）国外钻井技术新进展

受钻井市场平稳发展及高油价的影响，2023 年钻井技术以降本提效、绿色发展为主线，在导向钻井、自动化、数字化、智能化、井下工具、井控技术等多方面取得创新发展。

1. 钻机及配套设备新进展

1）Nabors 公司的钻机危险区机器人模块

Nabors 公司推出了 Canrig 钻机危险区机器人模块（RZR），可在猫道、管架、钻台和井架等区域开展自动化常规钻井活动。RZR 是纯电动模块，可实现完全无人操作，系统在钻台上自主执行重复任务，包括钻进和起下钻以及下套管作业。所有功能都通过 Nabors 公司专有的钻机操作系统 SmartROS 实现，该系统可以安装在现有的钻机上，并控制第三方钻机制造商的设备。RZR 模块可部署在大多数标准钻机上，优化钻井作业，并始终保持一流的性能。RZR 技术借鉴了 Nabors 公司与埃克森美孚公司在 R801 全自动钻机上的合作经验，该钻井平台的实际钻井时效接近 Nabors 公司在得克萨斯州西部的最佳水平。

2）H&P 公司的 HexGrip 120 自动大钳

H&P 公司与第三方设备制造商合作开发了 HexGrip 120 自动大钳，该大钳包含六个卡具，形成同心夹持效果，围绕钻杆圆周夹持，六点扭矩大钳夹持力的提高可以减少连接变形，提高扭矩精度。大钳带有传感器，可以提供精确的扭矩数据。HexGrip 120 自动大钳可解决大位移井扭矩过大问题。H&P 公司还推出了故障预防包，包括 FlexB2D 2.0、FlexTorque 和 StallAssist 三个解决方案。FlexB2D 2.0 软件可以自动、一致地分析钻井难点；

[❶] $1 \text{ft}^3 = 0.0283 \text{m}^3$。

FlexTorque 可以缓解黏滑和钻头旋转；StallAssist 技术可以监测并缓解井下漏失。

2. 破岩及提速技术新进展

1）哈里伯顿公司的 Hedron™ PDC 钻头

哈里伯顿公司的 Hedron™ PDC 钻头集成了 Juggernaut™ 切削齿、Cerebro Force™ 钻头传感器和 Oculus™ 先进钝度分析系统等技术，是一种高效、智能钻头。Juggernaut™ 切削齿能够很好地平衡现场应用中所需要的磨损和韧性，设计特制的 PDC 钻头以保持切削齿更锋利、钻得更快、钻时更长；Cerebro Force™ 钻头内设的传感器可直接提供钻头钻压、扭矩、弯曲、振动和转速；Oculus™ 先进的钝度分析系统利用计算机算法精确捕捉钻头上每个切削齿的钝度信息，利用大数据分析技术和云基础设施可以无缝关联所有相关数据流。

2）贝克休斯公司的新一代钻头内振动记录仪

贝克休斯公司研发的新一代钻头内振动记录仪（图1）不仅能够满足宏观上的钻井动力学评价，还能实现高频振动下的微观工况分析。振动记录仪包括对称放置的三轴加速度传感器、三轴冲击传感器、高速三轴陀螺仪、用于井场数据下载的高速转储端口以及其他便于安装的组件。振动记录设备配合搭建的基于 web 的云计算软件系统，可以完成数据传输、数据解析、模型计算及结果可视化等整个计算分析过程，自动标记旋转钻进与滑动钻进数据并实现可视化，同时与地面钻井参数进行时间序列匹配和分析，能够帮助现场工程师和作业人员进行辅助决策。

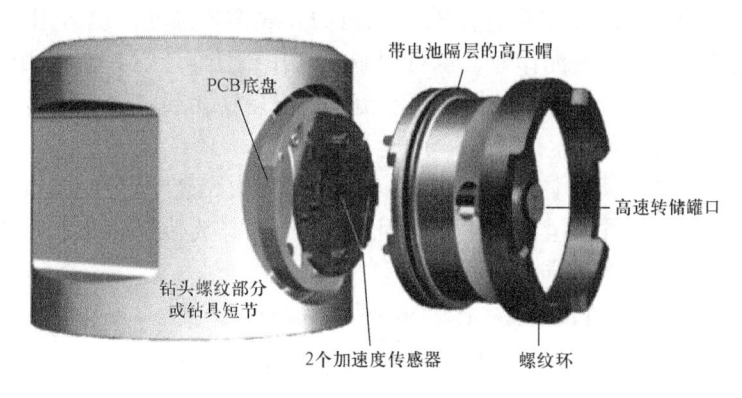

图 1　新一代钻头内振动记录仪

3）NOV 公司的 Terra – Scope 系统及 ION + 5DX 切削齿

NOV 公司的 Terra – Scope 是一种井下地震监测系统，可以分析地层岩石的强度数据，并输出目标地层最可能的破坏机制，它可以确定钻头是更容易在应力下失效（这需要 3d 形状的切削齿），还是更容易在应变下失效（这需要全圆形切削齿）。NOV 公司推出了 ION + 5DX 切削齿，5DX 的材料韧性比普通切削齿平均水平提高了 60%。该切削齿包含一个工作脊，可以承受突然的冲击，同时向地层施加高压缩载荷，切削齿布局可以最大限度地减少冲击损伤，同时提高机械钻速。

4）微型涡轮钻技术

Fraunhofer 协会研究人员开发出微型涡轮钻井（micro turbine drilling, MTD）技术，其

技术思路是使用一个微型钻头在主井筒周围50m的范围内钻出更多分支井筒，将周围充满水的裂缝与井眼相连，从而为热水流入生产井开辟通道。采用MTD技术增加了热水的开采面积，节省了成本，显著降低了勘探风险。MTD技术的关键是一个紧凑的微型钻井涡轮，配备一只特殊钻头，其直径3.6cm，长度只有10cm，该微型涡轮与高压软管相连，通过高压软管，在大约100bar❶的进口压力下，利用流量高达200L/min的水为其提供动力，从而使钻头旋转。钻头由含金刚石颗粒的碳化钨基体组成，工作时以80000r/min的转速研磨岩石，特别适用于坚硬的结晶岩石（如花岗岩），还可以钻穿钢材，在不更换钻具的情况下，MTD可以先钻穿钢制套管，然后再钻进岩石，1h内可钻进2~3m。驱动微型涡轮的水既可以冷却钻头，也能够冲洗井筒以清除岩屑。

3. 钻完井液技术新进展

1）斯伦贝谢公司的地聚合物无水泥体系

油气井一直用水泥进行固井，但生产水泥过程中要排放大量二氧化碳，不利于环境保护。为此，斯伦贝谢公司推出一种无水泥体系——EcoShield地聚合物无水泥体系，其主要特点是：(1)地聚合物以油区当地的天然材料和工业废料为生产材料，经化学工艺生产而成，其生产成本明显低于传统的固井水泥。(2)其生产过程产生的碳排放量比传统水泥生产过程产生的碳排放量减少85%。因其就地取材，还可大幅减少运输过程中产生的碳排放。(3)其流变性、稠化时间和凝固后的抗压强度等性能指标比肩传统的固井水泥。(4)EcoShield地聚合物无水泥体系适合82℃以内的井底循环温度，也适用于腐蚀性井下环境，可用于油气井固井和挤水泥作业，也可用于油气井弃置作业。(5)使用EcoShield地聚合物无水泥体系固井，可采用标准的固井工艺流程和设备，无须对固井设计、固井施工、固井质量评价等做出任何调整。

EcoShield地聚合物无水泥体系是固井材料技术的一次突破，已在美国页岩油气水平井固井作业中得到应用，固井质量可媲美传统固井水泥，可作为传统固井水泥的一种低碳替代品，有助于油服行业实现净零排放目标。

2）哈里伯顿公司的BaraFLC® NANO-1纳米颗粒井壁封堵剂

在深井超深井和水平井钻井中，井壁失稳和井漏往往产生大量的非生产时间和直接经济损失。为了更好地稳定井壁和预防井漏等复杂事故，哈里伯顿公司推出了BaraFLC® NANO-1纳米颗粒井壁封堵剂。其主要特点是：(1)它是一种纳米复合悬浮液，适用于哈里伯顿公司各类水基钻井液体系，可在井壁形成一层致密牢固的封堵层，减少水基钻井液的滤失。(2)所用的纳米复合颗粒可减缓钻井液滤液和敏感性页岩地层的相互作用，防止地层孔隙压力传递。这有助于增强井筒完整性，延长井壁稳定时间，提高钻井效率。(3)BaraFLC® NANO-1纳米颗粒井壁封堵剂以液体形式出售，可减少包装袋垃圾和扬尘。(4)该封堵剂以注入的方法与水基钻井液混合，操作非常简单。(5)其耐温能力达到150℃。

应用结果表明，BaraFLC® NANO-1纳米颗粒井壁封堵剂的性能明显优于传统的井壁封堵剂，使水基钻井液的性能可与油基钻井液相媲美。

---

❶ 1bar=100kPa。

3) 一种基于碳纳米纤维改性的热塑性形状记忆智能堵漏材料

针对常规的堵漏材料一次性堵漏成功率低、承压能力不足的问题，圣雄甘地大学研究人员利用聚己内酯（PCL）和聚苯乙烯嵌段聚丁烯嵌段组成复合物，采用熔融共混法制备聚苯乙烯（SBS），然后加入纳米碳纤维（CNF），使共混物在温度刺激下具有优异的形状记忆性能。形状记忆智能堵漏材料能够以较小尺寸进入漏层深处并在地层温度下发生膨胀，通过自身因形状记忆效应产生的恢复应力有效加固井眼而又不致压裂地层，进而提高井筒薄弱地层承压能力，提高了堵漏工作液体系的承压能力和自适应性，展现出了良好的应用前景。

4) 一种可遇水变硬的新型智能聚合物凝胶

香港中文大学（深圳）理工学院朱世平和张祺团队研发了一种新型的聚合物凝胶材料，该材料在相分离的基础上表现出显著且可逆的水致硬化现象。这完全不同于因为水的增塑作用而导致软化的传统聚合物材料。这种材料遇水后的杨氏模量表现出很大的变化（最高达104倍），远大于玻璃化转变引起的变化，与结晶—熔化过程相当。随着相对湿度在10%~90%之间反复变化，聚合物的储能模量和损耗模量均表现出优异的循环性能，表明该凝胶的软—硬转变是完全可逆的。

5) 利用三维打印和矿物涂层技术实现驱替过程可视化

在重建岩石微观CT图像的基础上，哈利法大学研究人员基于面投影微立体光刻三维打印技术，通过表面矿物涂层的方法制备出一种岩石微流控模型。这种制备方法包括三个主要步骤：（1）使用纯光敏树脂（HDDA）打印具有三维岩石孔隙结构的微模型；（2）在微模型的内表面植入碳酸钙纳米颗粒；（3）以植入的纳米颗粒为核，在微模型内部原位生长碳酸盐晶体。该模型可以成功复现天然岩石的三维孔隙结构和表面矿物学特性。在扫描电镜下，岩石微模型可以很好地复现真实岩石中狭窄的孔喉结构，并且也可清晰地观测到在微模型表面原位生长的碳酸盐晶体。基于所制备的微模型，研究人员通过对水/气和水/油的驱替过程直接成像，表征了固体表面润湿性对流体交界面和流动路径的影响。石油工程行业中，利用三维打印和矿物涂层技术可以轻松实现岩石复杂三维结构，提供了很大的设计和研究的自由度。在研究当中，可以加工不同的表面微结构，进而控制流体与固体界面的交互作用，为岩石孔道不同流体的驱替过程提供数字化和可视化研究方法。

4. 旋转导向钻井技术新进展

定向钻井技术日益发展成为主流的钻井技术，2023年多家科技公司在导向钻井方面推出新技术，重点在提高数据精度和降低成本两个方面。

1) Enteq技术公司的内部定向压差旋转导向工具

旋转导向钻井技术是已经应用了20多年的成熟技术，其应用最多的导向原理主要是推靠式、指向式、混合式，它们的共同点是结构复杂，生产及使用成本高。为了简化导向系统结构和降低系统成本，在探索新的导向原理方面，英国Enteq技术公司推出了一种依靠钻头工作面液压差进行导向的SABER导向工具，其主要特点是：（1）创新的导向技术是利用伯努利原理在钻头工作面上产生液压差，给钻头施加侧向力，将钻头推向井筒的某个方向，进行钻头导向。它不同于使用活塞和推靠块的传统推靠式导向原理，也就不存在活塞和推靠块容易出现磨损与失效等问题。（2）工具长度只有1.52m或1.83m，结构简单、紧凑，故障率低，自带微型涡轮发电机，没有外部活动部件，使井下电子系统免受有害的扭转振动，从而显著降低故障率，提升耐温能力至177℃。（3）具有良好的导向能力，在旋转导向模式下设计造斜能力为15°/30m，有利于钻成平滑且精确的井眼轨迹。

试验场试验结果证明，SABER导向工具应用伯努利导向原理能够产生有效的导向力和高造斜率，能够实现有效的造斜、降斜、稳斜和扭方位等功能，优化完善后将对其进行现场试验。内部定向压差旋转导向工具具有结构简单、可靠耐用、经济有效的特点，是旋转导向钻井系统家族的一名新成员，有望得到进一步推广应用。

2）Enteq技术公司的XXT-Hop系列实时通信系统

Enteq技术公司推出XXT-Hop系列实时通信系统，该系统允许钻井承包商在现场作业中访问实时数据。该系统可以与Enteq技术公司的旋转导向系统（RSS）、SABER工具配合使用，也可以与现有的RSS和随钻测量（MWD）系统配合使用。它采用了插入式模块，包括安装在RSS上方的发射器，该发射器与MWD管柱中的接收器连接，将实时钻井数据发送到地面。该系统无须使用物理连接器和专用接头，可以在MWD设备下方进行随钻测井（LWD），使其更接近钻头，通过获取井下的实时数据，承包商可以做出更好、更有效的决策，提高作业效率，降低风险。

5. 钻井数字化、智能化技术进展

1）Ensign公司的钻机自动化系统

Ensign公司开发了EDGE钻机操作系统（该系统将自动化控制系统与基于云的机器学习算法相结合）、自动扩眼工具、基于机械比能（MSE）的机械钻速优化工具以及旋转导向自动导向工具。此外，Ensign公司还开发了一种人机界面，司钻只需按下一个按钮，就可以启动钻机上关键功能的自动化序列，激活顶驱和钻井泵。自动化系统的远程操作将在未来几年为钻井承包商带来显著的经济效益。

2）Patterson-UTI公司的HiFi Guidance软件

Patterson-UTI公司推出HiFi Guidance软件，利用AI技术优化钻井导向作业。Patterson-UTI一直致力于提高实钻轨迹的控制精度，Patterson-UTI及其两家子公司Superior QC和MS Directional开发的HiFi Guidance利用专有的AI算法来实时优化轨迹控制，提前预测和优化旋导滑块，将基于云计算的软件与旋转导向系统相结合，减少对旋转导向仪器方位的调整。该软件提供的前向投影使系统能够最大限度地放大窗口，提高长水平段钻进效率，减少井下工具留在井眼内的时间和起下钻次数。

3）H&P公司的钻井工程设计软件DrillScan

H&P公司的钻井工程设计软件DrillScan有钻井设计、井筒完整性分析、底部钻具组合和钻头分析以及钻具建模四个主要模块。利用建模和模拟来缩短钻井周期，提高底部钻具组合的完整性，并增加储层钻遇率。H&P公司将DrillScan软件集成到H&P钻机上，软件算法与AutoSlide技术相结合，控制底部钻具组合。

4）钻井隔水管数字孪生技术

麻省理工学院和布朗大学开发了一种适用于隔水管的数字孪生技术——DigiMaR，可以利用传感器数据来预测涡激振动（VIV），运动建模并预测疲劳损伤，优化隔水管传感器的位置，延长使用寿命。数字孪生系统利用数据库中表征 VIV 行为的数据参数，确定 VIV 影响隔水管运动的全面视图。数字孪生系统获取流动数据，并将其输入人工智能预测模型和神经网络，数字孪生系统输出隔水管位移、速度和加速度等参数信息，预测结构的潜在疲劳损伤，同时，系统中的机器学习算法预测隔水管维修的最佳时间。美国船级社为数字孪生系统的设计提供第三方分类服务；另外，巴西国家石油公司、埃克森美孚公司、壳牌公司以及钻井承包商 Saipem 等也加入了该项目。

5) 基于人工智能的钻井液密度窗口预测方法

沙特阿美公司提出了一种利用人工智能技术建立钻井液密度窗口预测的代理模型方法，即基于时变孔隙弹性模型产生伪数据，利用机器学习方法从伪数据中学习如何实现钻井液密度窗口预测。结果表明，该方法不仅能够像物理模型一样准确地预测时变钻井液密度窗口和极坐标图，而且所需计算时间仅为物理模型方法的 1/1000。从孔隙弹性模型的参数空间中随机抽样生成数据，以保证样本多样化。对神经网络、决策树、随机森林、支持向量机等几种人工智能技术进行评估，发现神经网络预测时变钻井液密度窗口效果最好。

6) 斯伦贝谢公司利用大数据分析钻井液对钻井性能的影响

斯伦贝谢公司通过钻井服务部门在美国本土及全球范围内收集到的数据将有关钻井作业、钻头和钻井液的信息合并到单个数据集中，进行了钻井液大数据分析和可视化分析，计算平均机械钻速，建立钻井液性能与钻井之间的联系，估算钻井存在的风险。斯伦贝谢公司通过结构化查询语言（SQL）和 Python 脚本执行、提取和处理了 2016—2022 年初的作业数据并存储在 SQL 数据库中，结合大数据分析的方法可以快速高效地提供钻井液体系的选择依据，对减少井下复杂事故发生的可能性有显著作用。此外，这种统计分析方法为分析钻井液性能对钻井速度的影响因素提供了可靠有效的数据支持，降低了作业风险，节约了投资预算，对未来实现人工智能钻井具有指导意义。

7) 基于计算机视觉和机器学习的钻机状态识别技术

斯坦福大学和斯伦贝谢公司提出了基于计算机视觉和机器学习的钻机状态判断方法，该方法利用钻台和振动筛上收集的视频信息推断钻机状态，简便易行、成本低廉，其关键技术为利用卷积神经网络（CNN）自动提取视频中的空间和时间特征。试验结果表明，该方法能够有效检测钻机状态。在某些情况（钩载较低）下，该模型对于坐卡状态的识别比传统方法更为准确。

6. 井下工具、仪器新进展

1) 芬兰 Paradigm 公司的 Driver® 井下钻杆牵引器

随着非常规油气的规模开发，水平井钻井数越来越多，水平段越来越长，对施加稳定的钻压和降低摩阻及黏滑提出了更高的要求。为此，芬兰 Paradigm 公司推出了 Driver® 井下钻杆牵引器。

主要特点及技术进展：（1）它是一个长度仅 4.57m 的短节，可与常规底部钻具组合或旋转导向钻井系统配合使用。（2）它有 6 个可自由旋转的牵引套，可减少扭矩和旋转摩阻。牵引套两两一对，二者交替地将对方从井筒低边抬起，可改善井筒清洁效果。（3）牵引套采用倾斜的螺旋设计，可将40%~60%的侧向力转换成牵引力（向前运动），减轻底部钻具组合的横向振动和轴向振动，减少黏滑，提供稳定的钻压。（4）Paradigm公司推荐的做法是在底部钻具组合中连接两个Driver®井下钻杆牵引器（图2），二者之间连接一根加重钻杆，可为底部钻具组合提供454~2268kgf[1]的牵引力。

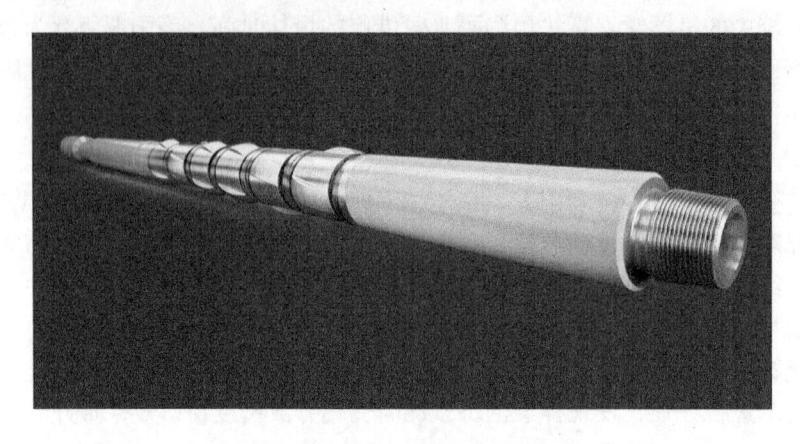

图2 Driver® 井下钻杆牵引器

这是一种新的钻压传递技术。应用结果表明，它能施加稳定的钻压，显著降低摩阻及黏滑，有助于延长水平段长度，有广泛的应用前景。

2）钻杆和底部钻具组合技术进展

钻杆和底部钻具组合（BHA）接头技术：NOV公司钻杆技术的重点是Delta钻杆接头，旨在提高性能和降低成本，与NOV公司之前的XT接头相比，Delta接头连接速度提高了50%。NOV公司还在开发另外两种接头：一种是底部钻具组合的接头——AILM；另一种是Nano接头，Nano接头可以下入不同类型的管柱，用于洗井、修井或开窗侧钻。

TSC公司开发了高扭矩PTECH+接头：PTECH+接头旨在应对大位移油气钻井所需的高水力参数、高扭矩和高抗疲劳性能。在设计PTECH+时，螺纹根部的大半径可以降低接头中的峰值应力，当接触到井下时，接头峰值应力降低了接头疲劳和失效的可能性。该接头扭矩平均比相同尺寸的API钻杆接头高85%~280%，PTECH+接头技术还可用于海底管柱、修井隔水管和其他井下部件。

3）传感器技术创新进展

Seadrill公司自动收集主载荷路径数据：为了测量振动，Seadrill公司与第三方工程公司合作，对电池供电的三轴振动传感器进行了概念验证试验。传感器通过转速设定值激活并进行样品振动测量，收集的振动数据通过传统的Wi-Fi网络发送到工程公司的云计算平台，然后发送到Seadrill公司的云平台，在ALCM平台中进行分析。如果识别出与设备故障相一致的振动模式，将自动向司钻发送纠正工作指令，表明需要检查设备。

霍尼韦尔公司的气体检测装置：霍尼韦尔公司于2021年底推出一系列气体检测传感技术，开放路径的气体探测器提高了在恶劣天气条件下保持在线的能力。Searchline探测器使

---

[1] 1kgf = 9.80665N。

用近波段红外（NBIR）光源，探测器具有蓝牙连接功能，可以更快地维护和校准钻井人员的设备。现场人员可以从60ft远的地方将探测器连接到霍尼韦尔公司的固定平台应用程序，以进行性能检查，避免了人员爬到高处检查设备。

贝克休斯公司提高传感器材料质量：为了解决在高温下碘化钠伽马传感器面临的光损失增大和脉冲响应时间减慢的问题，贝克休斯公司开发了含有卤化镧和溴化铈晶体的伽马射线闪烁体传感器，材料的密度比碘化钠高，提高了传感器的灵敏度和光谱分辨率，实现了更快的数据采集和更准确的光谱测量。

西门子公司提高流量测量精度：西门子公司通过设计电子流量计来最大限度地解决流量测量中的耐用性问题，并于2020年推出了适用于碳氢化合物的FS230流量计，与流量计配套的传感器是Sitrans FSS200宽波束夹紧式传感器（图3），这是一种用于流量测量的Lamb波传输传感器。宽波束传感器使用FS-DSL（数字传感器链路）电子模块，捕获流经管道的流体产生的超声波信号。这些信号随后由传感器评估并记录为测量值，模拟值数字化并发送到发射机，由发射机处理、校正和保存数据。西门子公司将管壁集成到测量系统中，传感器能够根据每次管道共振传输波，这对于获取高精度测量所需的数据至关重要。

图3 Sitrans FSS200宽波束夹式传感器

4）斯伦贝谢公司的金属扩张式裸眼封隔器

斯伦贝谢公司发明了一种金属扩张式封隔器，主要由套管和密封筒组成（图4）。密封筒采用韧性钢，通过退火处理提高变形能力，在扩张变形后实现材料硬化。密封筒套装在套管上，通过中心管打压实现密封筒膨胀。密封筒从弹性变形直至永久的塑性变形，从而实现

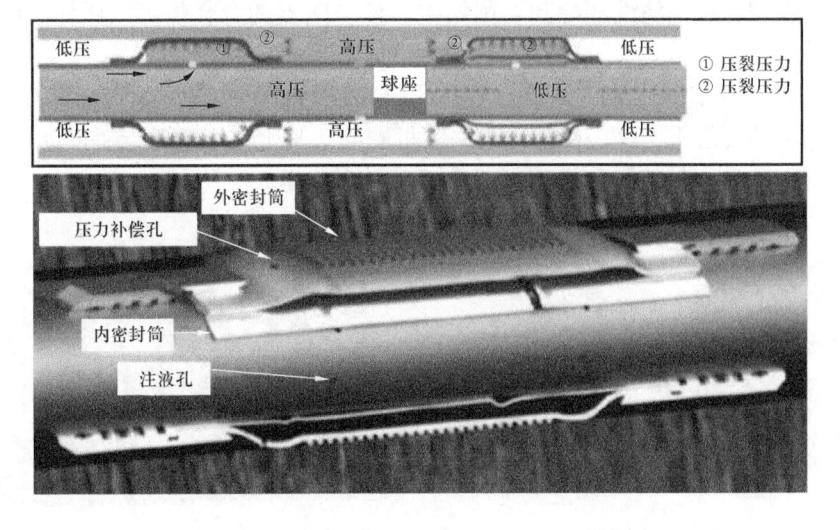

图4 金属扩张式裸眼封隔器结构及工作原理

环空可靠封隔。通过注液孔实现内外密封筒膨胀，完成封隔器坐封。为了实现封隔器在裸眼分段中承受上部压力，外层密封筒设计有压力补偿孔；当承受上部高压时，通过压力补偿孔保持外密封筒紧贴井壁，实现封隔器的可靠密封。

5) NOV 公司研发的井下无人艇

NOV 公司研发了一种能在井筒中游动的井下无人艇，其目的是实现自主的全井筒辅助油气开发作业，以获得井下相关数据。井下无人艇由流线型艇身、推进系统和控制系统三大部分组成，其中艇身包含一套可自主升降的浮力控制腔，推进系统则由一个或多个位于前后两侧电动机驱动的旋转叶片组成，可以沿着无人机的轴线旋转以调整运动方向；控制单元包括无线接收器、电源、控制和数据存储单元以及相关的传感器部件，如数字温度和压力传感器、梯度计、陀螺仪等。这种井下无人艇从井口投入井筒中，并在重力作用下落入井底，当到达水平段时，无人艇将自动行进进入生产井段。在生产井段的选定位置，无人艇将通过搭载的测量系统采集相关数据并存储。NOV 公司的研发人员已在实验室对这种井下无人艇进行了测试，模拟了各种油水环境和不同管道尺寸下，无人艇保持一定运行速度所需的推进力。NOV 公司未来将努力将无人艇的应用场景扩大到海底管线检查、解卡井下设备等。井下无人艇还可以利用光纤技术检测完井管柱的泄漏情况，并通过温度剖面获取温差信息。

7. 钻井工艺新进展

1) 斯伦贝谢公司的 Allegro 套管/尾管钻井系统

斯伦贝谢公司的 Allegro 套管/尾管钻井系统通过进一步优化套管钻井作业，有助于降低钻井风险。使用常规钻杆，钻进时环空更大；而套管钻进时环空较小，旋转的套管将岩屑黏附到井壁，封闭地层中的孔隙，减少流体漏失，提升了固井效果。

Allegro XCDR 扩眼器（图 5）能够在恶劣的井筒条件下下入套管，顺利通过台阶、岩屑床和遇阻点。扩眼器叶片之间的流道可以最大限度地扩大排屑槽的面积。叶片上的工程端口能够起到引流作用，进而清洗和冷却切削结构。该扩眼器的合金体可以用标准的 PDC 钻头钻除。

Allegro XCD 合金钻头（图 6）专为直井或斜井设计，可一次下至设计深度。这种 PDC 钻头安装在标准的套管上，钻头接头由耐用钢材制成，其主体为铜—青铜合金。在钻进至设计深度和套管固井后，任何标准的 PDC 钻头都可将其钻除。

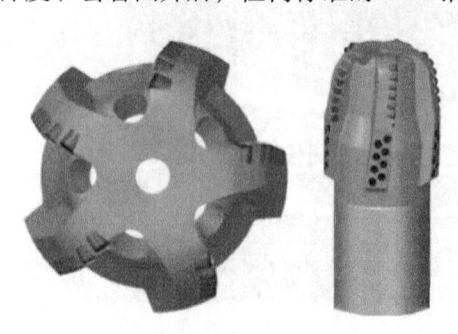

图 5　XCDR513 扩眼器　　　　　图 6　Allegro XCD 合金钻头

当需要随钻测井或定向钻井时，Allegro CD 定向套管钻井可与任何可回收的定向钻井组合兼容。随钻时，定向套管通过钻杆和套管进行传输，可用于需要多次起下钻的井段，也可在使用旋转导向系统和随钻测量或测井工具时应用。

2）定向随钻扩眼技术

沙特阿美公司联合斯伦贝谢公司利用定向随钻扩眼技术成功完成大位移井钻进，并创造了由 14½in 扩至 16in 井眼的最快扩眼速度以及 16in 井眼水平段最长纪录。该技术同时利用了指向式旋转导向钻井系统与随钻扩眼工具（图 7），在全面钻进的同时扩大裸眼段尺寸，大大提高了钻井效率。其中，指向式旋转导向钻井系统通过调整钻头偏置角度来控制钻进方向和井眼狗腿度，从而达到导向的目的。该系统能够克服地层倾向性，具有钻井效率高、井眼质量好、钻进摩阻低等优点。随钻扩眼技术采用了一种液压扩张式随钻扩眼工具，该工具本体周向均布三组聚晶金刚石刀翼，可通过地面控制液压系统实现井下刀翼的激活和关闭，从而省去了频繁的起下钻作业，节省了非钻进时间，并提高钻进速度。利用钻井动态一体化分析平台对整套钻具系统进行了四维（三维+时间）动态仿真模拟，模拟发现，扩眼工具与钻头的匹配性是影响钻具稳定性的重要因素。现场应用显示，该技术使得钻井效率提高了 20%。

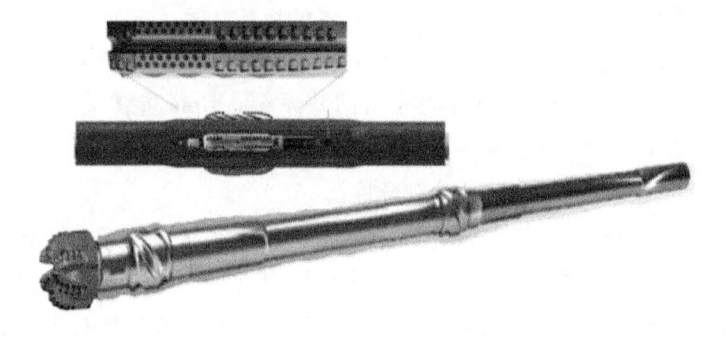

图 7 指向式旋转导向钻井系统与随钻扩眼工具

3）HydroVolve 公司的 GeoVolve 全金属冲击钻井系统

在地热项目中，钻井成本大约占到整个项目成本的 50%，其中大部分用于钻难钻地层。为提高地热井钻井效率，降低地热井钻井成本，英国 HydroVolve 公司推出了 GeoVolve 全金属冲击钻井系统（图 8）。其主要特点是：（1）它是一种全金属结构，无弹性密封件，结构简单耐用，适用于钻高温高压井。（2）该系统是一种即插即用系统，采用一体化设备，可与任何底部钻具组合兼容，不会干扰随钻测量和导向系统。（3）它配备 HydroVolve 公司的 NFINITY 引擎，利用冲击脉冲能量破碎钻头前方岩石，冲击钻进对钻头的损害较小，可延长钻头在高温地层中的使用寿命，可提高机械钻速，降低钻井成本。

GeoVolve 全金属冲击钻井系统不仅适用于钻地热井，也适用于钻深井超深井和大位移井，有助于钻井提速降本。

8. 井控技术新进展

1）美国 Opla 能源公司的智能控压钻井系统

自动控压钻井早已得到广泛应用，推动了钻井提速，减少了非生产时间。为进一步提高

图 8　全金属冲击钻井系统

机械提速和减少非生产时间，美国 Opla 能源公司推出了 PMDSmart 智能控压钻井系统。其主要特点是：(1) 该系统结构紧凑，运输方便。它安装在防喷器上方，安装简单、省时，不需要连接太多的管线，安装时间从传统的 8~10h 减少到大约 2.5h。(2) 它连接到钻机的控制系统，所配备的专有控制软件利用机器学习模型和人工智能实时处理来自地面和井下的数据，比如泵压、泵排量、钻井液密度及流变性等，计量起下钻及泵排量变化所引起的压力变化，自动调节节流管汇，无须人工干预就能实现智能及全自动控压钻井。(3) 其专有的机器学习算法可替代传统自动控压钻井系统所需配备的操作人员，因而能实时遥控。

该智能控压钻井系统已投入商业应用，钻井提速明显，可大幅度减少非生产时间，可替代陆上钻机和海上钻机所用的传统的自动控压钻井系统。Opla 能源公司未来将升级机器学习算法，以进一步提高机械钻速，减少非生产时间。

2）沙特阿美公司提高钻井现场的井控安全性

为了减少钻井现场的伤害事故，沙特阿美公司在第四次工业革命（4IR）的支持下，采用三项新技术，实现及时、安全关井。这三项技术为自动确定钻具接头位置技术、无线远程防喷器控制技术和升级防喷器液压软管技术。自动确定钻具接头位置技术可以持续监测钻具接头位置，计算并通知司钻防喷器是否可靠工作，或者是否需要移动钻具；无线远程防喷器控制技术可以在难以实现手动关闭防喷器情况下，借助具有本地控制功能的无线基站，远程紧急关闭防喷器；改进的液压软管在 API 16D 认证条件下开展测试，液压软管在 1100℃ 的情况下可以坚持 15min，是 704℃ 规范要求的 3 倍，这将为钻井人员提供足够的时间使用远程基站并关井，为作业人员争取了更多的时间，使员工能够尽早离开钻台，降低严重伤害的概率。

3）威德福公司的自动控压钻井系统实现三级井身结构安全钻井

在泰国湾钻井通常采用四级井身结构，使用威德福公司的自动控压钻井（MPD）系统解决了泰国湾两口三级井身结构井的孔隙压力不确定性问题，不仅实现了压力控制，还降低了成本。威德福公司在 C 井和 H 井的 6$\frac{1}{8}$in 井眼钻井液密度走下限，以降低当量循环密度，并在钻进和接单根时增加地面回压（SBP）保证井下安全。威德福公司在钻井前对其自动控压钻井系统进行改造，增加了分体式节流歧管、MPD 节流滑块和检测滑块，改良的 21$\frac{1}{4}$in 钟形短节内筒安装在旋转控制头顶部以取代管线，添加旋转控制头橡胶防漏管线，将泄漏的钻井液直接引向钻井液槽。与四开制井身结构相比，三开制井身结构和 MPD 设计每口井可节省约 50 万美元。

4) Odfjell 公司的防喷器清洗工具

Odfjell 公司的 RizeRdillo 工具显著缩短了防喷器清洗时间：2023 年 6 月 7 日，经过 6 个月的测试，Odfjell 公司修改了挪威 Johan Sverdrup 平台的防喷器清洗程序，提高了泵速，使更多的水流入防喷器空腔，以帮助清除碎屑。在新的推荐流量下，通过两次冲洗环空和可变闸板以清除碎屑，然后使用 Odfjell 公司的 RizeRdillo 高级喷射工具以相同的速度冲洗防喷器组，冲洗环空时，流量从 1500L/min 增加到 5500L/min，冲洗防喷器时，流量从 3000L/min 增加到 5500L/min。测试结果证明，在推荐的泵速和排量下，防喷器和环空没有损坏，使用这种新方法可以节省 6～12h 的时间。

9. 绿色低碳技术新进展

在全球绿色低碳转型大背景下，全球钻井行业也在持续推进绿色低碳转型。一是加快钻机电动化和低碳化，机械钻机持续退出市场。2023 年，美国陆地钻机的电动化率提升到了 90% 以上，美国大型陆地钻井承包商几乎全部淘汰了机械钻机，同时推广应用混合动力钻机。二是全球钻井承包商和油服公司纷纷发展新能源新业务，如地热钻井、CCS/CCUS 钻井、氢能、卤水开采及提锂等。

2023 年，斯伦贝谢公司推出一种易于安装的甲烷监测仪，它可连续准确地监测甲烷，以减少甲烷排放；还推出了储碳选址及选址排名解决方案，它基于对资产长期完整性和经济潜力的科学分析，可增强对储碳选址决策的信心，有助于实现安全经济的 CCUS。2023 年，斯伦贝谢公司还与 TDA 研究公司合作研发降低碳捕集成本的技术，共同研发和推广 TDA 研究公司基于吸附剂的碳捕集技术，用于电力、水泥、钢铁和石化行业的碳捕集。

哈里伯顿公司和 Siguler Guff 公司成立碳排放管理软件合资公司——Envana 软件公司，帮助客户跟踪并减少碳排放，未来将支持甲烷检测和量化管理。

贝克休斯公司和 HIF 全球公司合作推广前者的直接从大气中捕获二氧化碳的技术。贝克休斯公司和 Fortescue 未来工业公司达成合作推广绿氢、绿氨和地热解决方案的谅解备忘录。

为推进能源转型和发展太阳能，2023 年 12 月 Nabors 能源转型公司同澳大利亚 Vast 可再生能源有限公司合并，合并后的新公司在纳斯达克交易所上市。

Patterson-UTI 能源公司推出了低碳发电系统，包括 EcoCell 电池储能系统和 GenAssist 电力管理软件。

（三）钻井技术展望

1. 页岩油气水平井钻井效率持续提升

在美国页岩油气开发中，工厂化作业和"一趟钻"成为常态，"一趟钻"不断刷新单趟进尺纪录和机械钻速纪录。尽管水平段长度不断增长，但单井钻井周期在不断缩短，说明平均机械钻速不断提升。以先锋自然资源公司的页岩油水平井为例，水平井钻井周期从 2018 年的 17.1 天减至 2021 年的 10 天，水平段完井效率从 2018 年的 314m/d 提高到 2021 年的 543m/d。

当前，部分美国公司页岩油气长水平段水平井钻井速度快得令人难以置信，队年钻井数居然达到令人咋舌的55口，水平段长度在4000m左右、总井深超6500m的水平井平均钻井周期仅5天左右，二开至完钻井深的日均进尺超过1500m。

钻井提速无止境，展望未来，随着技术的不断发展，超级"一趟钻"将成为常态，超长水平段水平井的钻井周期控制在5天以内也将是常态。

2. 深井超深井钻井不断刷新井深纪录

美国由于页岩革命取得巨大成功，页岩油气成为其陆上勘探开发重点，已实现常规化、主流化，而陆上超深层油气渐渐淡出了油公司的视野，陆上超深井钻井数由2014年的400余口下降到2022年的20口左右，其中多数位于美国墨西哥湾。我国"十三五"以来，年钻陆上超深井200余口，并不断刷新亚洲钻井井深纪录，已实现陆上6000～8000m油气开发常态化，钻探能力迈上9000m台阶。

2023年2月，中国石油在绵阳市盐亭县的蓬深6井成功钻至井深9026m，再次刷新亚洲最深直井井深纪录。塔里木油田已建设成为我国最大的超深层油气生产基地。显然，我国正在引领全球陆上超深层油气勘探开发，并正向万米深地进军。2023年5月30日，中国石油深地塔科1井在新疆塔克拉玛干沙漠开钻，设计井深11100m，该井立足科学探索与预探发现双重定位，寻找万米超深层战略接替领域。2024年3月4日，深地塔科1井井深突破10000m。2023年7月20日，中国石油深地川科1井在四川盆地开钻，设计井深10520m，旨在揭示万米深部地层岩石和流体物理化学特征，验证工程技术装备适应性，探索川西北万米超深层灯影组含气性。

为实施深地工程，展望未来，中国石油、中国石化将部署更多的万米级特深井，以期在深地取得重大油气发现，使深地油气资源成为我国战略接替资源之一。

3. 油气钻井加速向数字化、智能化、远程化方向发展

数字化、智能化、远程化是大势所趋，也是钻井技术创新的主线之一。通过数字化转型，三大国际油服公司实现了对公司全方位、全流程、全业务链的重塑，相继调整了公司发展目标、发展战略、业务结构、组织结构等。三大国际油服公司是油气行业数字化转型的典范和领头羊，既是油服巨头，又是油气行业的IT巨头，其数字技术涉及的范围已从工程技术拓展到地质、开发、油气田生产和油气田资产管理等业务，正向新能源新业务延伸，同时助力油公司数字化转型，提升装备制造企业产品的数字化、自动化水平。

斯伦贝谢公司更是全球油服行业数字化转型的佼佼者，数字与一体化业务已经发展成为一大支柱业务和利润增长极，收入从2020年的30.67亿美元增至2023年的38.71亿美元，占比从2020年的13%增至2022年的14.35%，至2023年降至11.68%；税前利润从2020年的7.27亿美元增至2023年的12.57亿美元，占比从2020年的30.27%增至2021年的33.91%，至2023年降至19.27%；数字与一体化业务成为斯伦贝谢公司毛利润率最高的业务部门。

在多学科专家团队的支持下，远程决策支持中心正在发挥越来越大的作用，甚至直接远程操控关键的现场作业（如地质导向等），颠覆了传统的作业过程监督和监控方式。现在有越来越多的钻井项目，不再将钻井总监、钻井监督及导向工程师派驻钻井现场，而是将他们安排在远程决策支持中心，成为多学科专家团队的成员。一个多学科专家团队可同时监督、监控多口井，从而减少钻井总监、钻井监督和导向工程师的人数。

展望未来，随着数智技术的快速发展，远程决策支持中心将升级为远程智能控制中心，使定向钻井、井控、测井、固井、完井、压裂、井下事故处理等关键作业得以在未来的远程智能控制中心直接控制，数智技术将持续推进钻井行业的深刻变革，进一步推进钻井作业提速降本、减员增效。

六、油气储运技术发展报告

2023年，全球油气储运行业处于新冠疫情后的恢复和建设期，受全球经济下行压力增大、地缘冲突加剧、能源转型加速的影响，油气储运行业市场呈现放缓态势。全球油气储运行业发展面临新的机遇和挑战，油气储运技术正朝着数字化、智能化方向发展，基于人工智能、大数据、云计算的第四次工业革命给储运行业带来深远影响，将推动油气储运行业发生根本性变革。

（一）油气储运行业新动向

纵观当前油气储运行业的整体发展现状进行分析，已经完成了对"三纵四横、连通海外、覆盖全国"大型油气管网的建设，特别是在近几年针对油气管道的技术在进一步地发展，不断推动科技发展，并且通过业务驱动而提高科技建设的整体效果。

1. 油气储运行业发展持续向好

截至2023年底，世界管线长度约为 370×10^4 km，其中天然气输送管线占世界管道总量的80%以上。中国长输油气管道总里程达 16×10^4 km，其中天然气管道里程约 9×10^4 km；LNG接收站约25座；储气库约30座。中国是全球第三管道大国，陆上95%以上的石油天然气通过管道输送，惠及近7亿人口，油气管道已成为经济发展和民生保障的重要能源生命线。氢储运方面，全球约有37个天然气管道掺氢示范项目，如欧盟的NaturallHy、荷兰的VG2、法国的GRHYD、英国的HyDeploy等项目相继开展了不同掺氢比的天然气管道掺氢试验，掺氢比例范围2%~20%，掺氢量最大达到 $285 m^3/h$。国外氢气长输管道设计建设技术整体成熟，且已经建成多个纯氢输送管道，总里程超过4600km。

在碳中和愿景下，世界能源结构将发生巨大变革，能源消费结构将从传统的化石能源向清洁低碳能源加速改变，与此同时，能源格局的地区不均衡性、新能源的竞争性及新技术的革命性均将进一步加快上述转变，推动能源结构变革。石油向生产原料转变，天然气与新能源协同发展，将逐步形成以非化石能源为主体，与传统化石能源融合发展的能源供应体系。油气储运行业在"双碳"背景下持续向好。

2. 氢能储运技术发展迅速

氢能具有清洁无碳、绿色高效、可再生、应用场景丰富等特点，积极有序发展氢能是推动能源转型升级的重要方向和实现"双碳"战略目标的重要途径。欧美日等国家很早就开始布局氢能产业，中国在"十四五"期间也密集颁布了多项氢能产业政策，尤其是科技部"十四五"国家重点研发计划将"氢能技术"列为重点专项。在政策和市场的双重驱动下，中国氢能产业迎来了发展的窗口期，诸多中央能源企业和民营企业进军氢能产业并积极布局，初步取得了一批技术研发和示范应用成果，中国氢能产业已初具规模。氢能储运连接上游制氢及下游用氢，是氢能产业链中至关重要的关键环节。根据目前的技术水平测算，氢能储运成本占最终用氢成本的30%以上，成为制约氢能产业发展的瓶颈之一。加快推动安全、经济、高效的氢能储运技术研发和示范，对氢能产业的发展至关重要。氢能储存按氢的形态划分，主要有气态储存、液态（液氢与有机液体氢化物）储存和固态储存3种主流方式。随着技术进步和材料发展，液氢车船输送、纯氢及掺氢管道输送将成为未来发展方向，有机液体氢储运、固态氢储运也因其在安全性方面的优势而具有广阔的发展前景。

3. 碳中和愿景下 CO_2 管道发展稳步前进

以 CO_2 为主的温室气体排放导致使全球气候变暖已成为国际社会共识，将全球平均气温较前工业化时期上升幅度控制在2℃以内，并努力将温升幅度限制在1.5℃以内，作为人类未来应对气候变化的目标。

国际上 CO_2 管道运输已有多年的工程实践，20世纪60年代，国外开始建设 CO_2 管道用于将 CO_2 输送至油田提高原油采收率，后来拓展到地下封存场地进行地质封存。全球现有 CO_2 管道超过10000km，主要集中在北美和欧洲。美国 Kinder Morgan 公司运营的 Cortez 管道是目前最长的 CO_2 输送管道，全长813km，材质为 API 5L X65 双面埋弧焊直缝焊接钢管，管径762mm，压力为13.8MPa，输量可达 19.3×10^6 t/a，将 CO_2 输送到得克萨斯州西部的 Wasson 油田以提高采收率。2021年，由挪威国家石油公司、壳牌和道达尔共同投资的"北极光" CO_2 运输和储存项目成为首个跨境、开源的 CO_2 运输和储存基础设施网络，其与欧洲至少9个潜在的 CO_2 捕集项目链接，计划通过专用运输船将捕集的 CO_2 运输到挪威西海岸，并采用设计压力为29MPa、输送距离100km、管径325mm的不保温碳钢管道，将 CO_2 运输到北海海域地下咸水层中埋存。据国际能源署（IEA）等机构研究，2050年北美的 CO_2 管道网络需求长度将从约8000km增长到43000km，到2050年全球 CO_2 管道总长度将达到 20×10^4 km，具有广阔的发展前景。图1为不同管径下 CO_2 经济输送距离与输量关系。

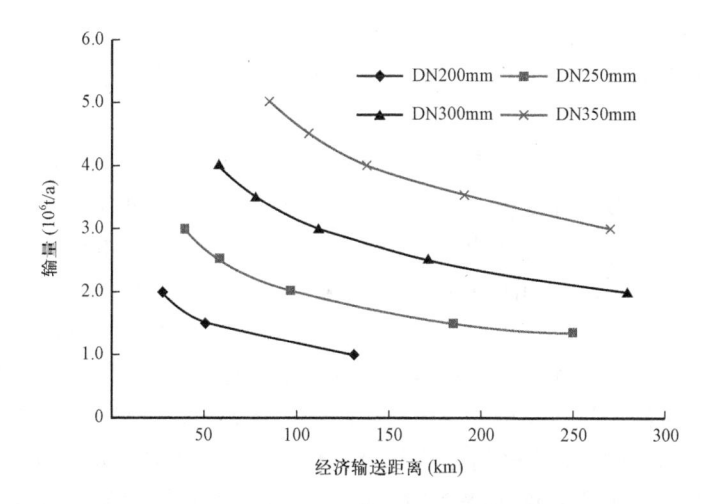

图1 不同管径下 CO_2 经济输送距离与输量关系

（二）油气储运技术新进展

2023年，油气储运行业在油气管道施工技术、管道焊接技术、储运设施防腐及腐蚀评价技术、监测检测技术、LNG储运及储氢技术等各个领域均取得了多项科研成果，对推动油气储运科技的发展具有重要的促进作用。

1. 油气管道施工技术

1）施工装备技术

在施工装备技术方面，开发了大口径弯管机、高合金管道坡口机等，提升了管道施工效率和施工质量。

荷兰Maats公司开发了适用于48~60in管道的弯管机——Maats BM48-60。Maats BM48-60能够弯曲的管道直径为48~60in，壁厚为2in，并且能够弯曲最大壁厚为1in、直径60in的X100钢管，目前在该领域没有同类产品，这台机器没有内侧气缸。与所有Maats折弯机一样，这台机器采用利勃海尔组件制造，从12L 374hp的发动机到大型气缸，大部分部件在各种类型和尺寸的利勃海尔机器中都有可靠的证明，可以在全球最极端的条件下工作。Maats BM48-60弯管机长10m、宽4m、高4m，重约95t（包括一个弯曲装置）。Maats BM48-60与Maats品牌完美契合，增加了质量、灵活性和可靠性，在各个方面都非常出色。Esco Tool公司针对高合金管道推出了一种内径夹紧管坡口机——Prepzilla MILLHOG管道坡口机。它是一种自定心内径夹紧管焊缝准备工具，具有坚固的结构，采用专有轴承、齿轮和热处理硬化夹紧，具有刀片锁定系统，带有切割刀片，可将热量从管道表面传递出去，以防止在不使用切削液的情况下加工硬化。可在低转速下产生高扭矩，只有一个芯轴和八组可互换夹具。它配备了一个3叶片支架，可以同时执行任何角度的坡口、面和孔，并具有2hp气动马达，还提供电动和液压马达。

2）维抢修技术

在维抢修技术方面，提出了管道封堵维修技术、非开挖大修系统，提升了管道、站场设备快速抢维修技术水平。

STATS公司针对48in运输天然气管道的封堵问题提供解决方案。定制了一套工具，包括部署和回收系统、机载摄像系统，同时设置了一个重要部件临时发射器阀门和密封塞，作为临时管道压力边界；设计规范要求所有设备都应达到100bar带电操作的完全额定值。系统设计基本上是现有STATS公司设备和技术的融合，但抓取工具除外，抓取工具是该范围的定制设计；滑橇托盘回收系统被设计部署到管道中，穿过发射器，经过两个发射器阀门、带杆三通和紧急切断阀，并固定滑橇托盘。一旦锁定在滑动托盘上，工具和托盘将被回收到清管器发射器，通过阀门进入发射器。然后，阀门将被关闭、密封，发射器将按照正常的工厂操作程序进行通风和吹扫，并拆除滑动托盘。STATS公司为客户定制专用系统和方案，对于运输管道的阻塞提供了有效的解决措施，该方案可以为其他运输油气等管道的阻塞提供借鉴。

Garver提出了地下管道非开挖大修（PLUTO）系统，对数千英里老化天然气管道进行维修或替换。PLUTO 系统包括用于高度灵巧操作/移动、涂层/衬里的复杂机器人系统技术和先进的检测/测试设备。PLUTO 系统在开发方面取得了实质性进展，最终集成到商业化管道中的离散系统组件包括：验证材料特性和适用喷涂（SIPP）衬里系统、评估多种选择性表面处理方法、验证高拉力机器人输送系统、评估涂层前后的无损检测技术。PLUTO 系统能够提供三维测绘数据、详细内部结构检查、表征现有主管道状况、表面处理、高性能内衬环氧材料和衬里应用的无损检测技术服务。作为美国能源部开创性 ARPA-E 维修计划的一部分，正在开发创新的非开挖管道修复技术，以解决老化的天然气管道基础设施的需求。

3）焊接技术

在焊接技术方面，开发了焊缝监测系统、四通管综合焊接站，提升了油气管道焊接工艺技术水平。

Xiris 公司推出了 SeamMonitor 系统。SeamMonitor 系统是一种基于摄像头的测量工具，可实时监控钨极氩弧焊（TIG）焊枪尖端到焊缝是否对齐和焊缝尺寸。传统的跟踪焊缝的方法是使用机械触角/轮子或非接触式激光三角测量系统来定位焊缝。SeamMonitor 是将高动态范围（HDR）焊缝摄像机与先进的机器视觉测量软件相结合，可以捕获氩弧焊、焊弧和焊缝，从而可以实时监控焊缝尺寸、焊枪尖端位置以及焊枪尖端与其焊缝之间的相对偏移量。操作员可以设置所有测量参数的阈值警告和报警限值，也可以将结果输出到外部设备。可以记录所有参数和图像，以便根据设置参数和定义的警告限制。SeamMonitor 系统既可以作为一个独立的视觉解决方案来向操作者提供图像反馈，也可以与工厂控制器集成进行闭环反馈控制。

AMET 公司针对管道连接设计了四通管综合焊接站。GTAW 管道四通焊机是专门为连接管道而设计和制造的。夹紧能力范围为 2~24in（50~610mm），主轴箱容量为 1000lb（450kg），手动行程为 16ft（4.9m），使用这种自动焊接系统可以大大提高吞吐量。控件易于导航，功能全面。该系统具有精度高、强度大、简单性和多功能性，满足管道焊接所需的一切。管道由一个大型主轴箱固定在适当的位置，其远端放置在惰轮支架上。沿管道长度方向有一个可移动的手动行程小车，小车可以适应不同管道长度。先进的控制系统可以从一个挂件上命令所有自动化任务，系统培训既快速又简单。四通管综合焊接站可以被广泛地应用到管道与管道之间的连接，能够大大提高焊接质量和焊接效率。

2. LNG 储运及储氢技术

1）LNG 储运技术

在 LNG 储运技术方面，开发了模块化的 LNG 罐，提出了 LNG 精确测量技术，促进了 LNG 储运技术的快速发展。

Sensia 公司提出了使用超声波流量计和 Jiskoot IsoFraction LNG 采样系统来对运输中的 LNG 进行精确测量。超声波流量计结合了过程自动化、实时控制和物联网技术，以及仪器测量、软件分析能力。该解决方案可确保系统在按照 BS 12838 进行验证时，其英热单位（Btu）的重复性和密度达到 0.2% 或更佳。采样器包括一个气体采样系统，该系统集成了汽化、稳定和控制系统。LNG 蒸发后就会保持在组分馏分的露点以上，然后流经气体采样器，气体样本被提取到定压样本收集接收器中。

长期以来，模块化建设一直是 LNG 大型项目优化执行时间和增强结果确定性的一种方法。GTT 公司设计了一个预先组装好的 LNG 罐，其结构足以承受跨洋拖曳带来的挑战。主要特征体现在不锈钢外罐、膜衬和模块化碳钢底板三方面。不锈钢外罐：镍铬合金是常用的材料，选择 304L 不锈钢是由于其较低的成本、较短的交货期和较低的价格波动性。膜衬：内胆是不锈钢波纹薄膜，背面有承重热绝缘，将静水荷载传递到外胆，限制热量进入，达到每天 0.066% 的沸腾率。模块化碳钢底板：它是一个由低温低碳钢制成的结构格栅框架，配备了钢筋珍珠岩混凝土板，用于保温和承重。通过有限元分析验证了在 LNG 泄漏的情况下钢板的有效性，确认了如果发生泄漏，钢板下面的混凝土板的最低温度，在非常寒冷的天气将被限制在 $-56℃$。它们既可以用于海滨附近的陆上安装，也可以用于专用支撑结构，以支撑海平面以上的水箱，而不需要安装新的模块化卸载设施（MOF）。与固定型建造方案相比，模块化薄膜液化天然气（MML）储罐可以降低 30%~45% 的成本，同时降低整体项目风险。一个 $45000m^3$ 容量 MML 罐可以快速安装，时间大概只有 18 个月。

2）储氢技术

在储氢技术方面，研发出了大吨位液氢运输船，并开发了货物安全系统，同时地下储氢技术取得一定的进步。

在全球呼吁尽早实现碳中和目标的背景下，川崎公司研发出了 $160000m^3$ 液氢运输船，可运输约 10000t 液氢。为了实现液氢的大量海上运输，川崎公司开发了一种新的独特的货物安全系统（CCS），用于大型液氢储存。CCS 采用球面设计，以保持外表面积相对于内部容量小，并最大限度地减少热入口。它还采用了双壳结构，提供高性能的两级热绝缘。每艘运输船配备 4 个 $40000m^3$ 罐，总货运能力为 $160000m^3$。实现氢的大量海上运输，将氢冷却到 $-253℃$，使其液化，体积为气态体积的 1/800，并长期可靠地保持在这些低温条件下。采用了新开发的高性能绝缘系统，最大限度地减少了蒸发气体（BOG）；利用惰性气体对大型储罐的内部空间进行有效的气体更换，并实现了绝缘性能。

地下储氢（UHS）是一种储存大量能源来控制其季节性波动的方法。考虑到井眼尺寸较小，选择合适的井眼材料是一个关键方面。氢气分子有强扩散性，应深入评估和研究在储存氢的过程中对材料的影响。Federico Cracolici 针对地下储存氢与水泥的相互作用开展研究。其研究成果分析了石油和天然气储存中氢和使用的标准水泥浆的相互作用；设计了典型的材料/流体相容性测试实验进行的水泥—氢相互作用研究。为了证明水泥作为 UHS 中井密封材料的良好性能，测试/分析了暴露在氢气之前和之后的水泥性质，测量/分析了水泥的强度、饱和度和渗透率、化学性质。进行了验证测试结果的热力学分析，重点研究组成水泥的水合物和非水合物以及氢气的自发性和稳定性，分析可能发生的氧化还原反应。研究结果可用于验证 UHS 环境中特定的水泥浆，确定氢气对其的影响，从而对于氢气的储存具有重要的参考价值。

为了达到最高的储氢、储二氧化碳回收率和项目的高效用，应认真确定地下储氢、储二氧化碳的运行参数。德黑兰大学的学者利用针对这方面的优化方法开发了人工智能优化运行参数的方法。主要采用四种计算方法将目标函数转换为等尺度值。每一种方法都采用邻域成分分析法来确定每个决策变量对整个项目和每个目标函数的影响。提高了智能代理模型的准确性。采用双目标和三目标方法的 NSGA_Ⅱ多目标优化算法，对二氧化碳储存、氢气回收和净现值三个目标函数进行了优化。实验发现，所选的代理模型能够准确预测三个目标函数，R^2 为 0.9988，相对平方误差为 0.00048。

3. 防腐及腐蚀评价技术

1）防腐技术

在防腐方面，提出了管道腐蚀解决方案，研发了管道及储罐缓蚀剂等，促进了储运设施防腐技术的发展。

针对天然气和石油输送管道的防腐，美国 Cortec 公司研制出了 VpCI-325 的防锈剂。它是一种随时可用的植物油/溶剂基液体，VpCI-325 在管道上的螺纹孔和接头支座上用作可焊接防锈剂，而不需要在焊接前清理。该产品会留下一层坚韧的油膜，附着在金属表面并提供完全的水置换。它还含有缓蚀剂，以防止在高相对湿度、氯化物、H_2S 和硫化合物存在时生锈。VpCI-325 可用于保护黑色金属、镀锌钢、铝、黄铜、铜、巴氏合金、锌、镉和银。Cortec 公司还针对套管管道腐蚀进行研究并提出了一种专门解决腐蚀的方案。其气相缓蚀剂为 CorroLogic 雾化液 VpCI-339，这种气相缓蚀剂可以雾化到管道或容器中，然后将管道或容器加盖或关闭，以保持内部的保护蒸气。这些气相缓蚀剂被吸引到金属表面，在那里它们形成了保护分子层，如果不受干扰，可以很容易地维持一到两年。

宣伟推出超高固分环氧绝缘下腐蚀（CUI）缓解涂料，通过其新的热弯曲 CUI 缓解涂层系列，减轻 CUI 的危险状况。涂料采用热柔性环保涂料（ACE）（高级 CUI 环氧树脂），这是一种超高固体分环氧酚醛清漆，具有功能性化学增强功能，可缓解 CUI；涂料通过添加云母氧化铁（MIO）增强了三种配方。每种涂料的干燥涂膜中 MIO 颜料的最低浓度为 25%（质量分数），有助于延长涂料的使用寿命，并通过解决在维修、运输和施工过程中遇到的典型 CUI 故障机制来降低风险；具有长期防腐蚀、抗机械损伤耐热和防紫外线侵蚀、用户友好性高等优点。对 CUI 缓解涂层均已通过热循环、对所有涂层进行的热电阻率模拟 CUI 测试、BS EN 927-6：2016 侵蚀测试和干膜厚度（DFT）耐受性测试，以及对 MIO 增强涂层进行的低温测试，并在各种测试中表现出良好到卓越的性能。

Zerust 公司开发了一种独特的缓蚀剂和凝胶混合物，注入环形套管空间。Zerust 公司使用可溶性缓蚀剂保护直接接触的输送管道，也通过保护整个环空的蒸气缓蚀剂来保护输送管道。缓蚀剂分为 Zerion PGH Get 300 和 Zerion PGH Get 400 两个系列，均为桶装可膨胀聚合物散装粉末，前者填充套管环形空间，后者的颗粒尺寸更大，在填充套管的环形空间时，膨胀时间更长。

2）腐蚀评价技术

在腐蚀评价方面，开发了管道腐蚀评价技术及管道腐蚀速率检测方法等，促进了储运设施腐蚀评价技术的快速进步。

水压测试是通过向管道加注水并将其在特定时间内加压至超过其正常工作压力（通常为150%）的水平来评估管道强度和完整性的一种方法。在水压测试期间和之后，腐蚀可能是一个潜在的风险。闪蒸腐蚀或生物/细菌材料可以引入结构中，具体取决于水源或先前引入的容器。针对于此，Zerust 公司提出了一种针对管道水压测试腐蚀风险的解决方案。在水压试验过程中，死点、低洼处、阀门和法兰可能会聚集残留的水分，使用可溶性缓蚀剂会在接触后中和钢表面的污染物，可以在试验过程中处理和中和污染物，即使是在结构的这些偏远凹陷处，也能帮助降低这种风险。蒸气缓蚀剂中和湿气，防止氧分子与钢结构结合。管道的表面区域与抑制剂溶液接触，当水压试验水被排出和移除时，抑制剂溶液就会脱落到6点钟的位置。该方法可以保护长的"可清管"管道。Zerust公司已经成功地为许多客户在长管道上实施了该解决方案。

4. 监测及检测技术

1) 管道检测技术

在管道检测技术方面，开发了新的无损检测技术、检测平台，提升了管道检测技术水平。

ICR Integrity公司是一家为石油和天然气行业提供专业维修、检查和完整性管理解决方案的公司，由于在进行测试时非常注重环境保护，避免使用碳密集型技术对该行业至关重要。因此，ICR Integrity公司基于声学检测方法的发射和接收原理，创新了一种无损检测（NDT）技术，称为INSONO。INSONO提供共振和机械阻抗分析，以检测和定量工程复合材料修复检查中的任何缺陷。手持式扫描仪可创建复合材料修复的三维模型和可视化表示，从而在评估中使用精确的尺寸，从而检测到黏合层、层间和钢基材三个主要关注领域的任何缺陷。由于INSONO是手提式的，只需要一名技术人员，这意味着可以在以前可能没有考虑过的高风险区域进行检查，进而改变目前可用的检测技术在现场部署不切实际，许多检测技术无法通过单一技术或产品访问复杂的几何形状的现状。ICR Integrity公司比较了使用其修复系统技术修复位于阿伯丁离岸2mile处的8m长的85in碳钢管道（1.225kg）的碳影响。调查结果表明，与传统的更换方法相比，修复系统减少了66%的排放。

定期清管对燃气管网的检查和维护至关重要。未被发现的裂缝对管道是有害的，往往会损害管道的完整性。清管作业要求管道检测仪表以中等低速匀速运动，以检测管道长期使用后产生的腐蚀、裂纹、沉积物等缺陷。印度理工学院研发出了一种基于偏转板旁通流和液压制动机构相结合的新型速度控制系统的创新方法。通过使用基于弹簧的悬挂机构将制动轮压在壁上，使制动轮在管道内表面上滚动，制动轮通过齿轮传动系统将其动能传递给活塞—气缸子组件。活塞上的离心力用来在液压系统中增加压力，加压的制动液推动制动蹄片，并在制动轮上建立额外的法向力。这立即导致制动轮与管道内表面之间摩擦力的大小增加，从而控制行驶速度，使管道健康监测机器人获得准确的检测数据。实验结果表明，当管道健康监测机器人与速度控制系统相结合时，最大速度和平均速度分别降低51%和27%。

TD williamson公司研发了MDS检测平台用于对于管道的检测，从而保证管道安全运营。MDS平台在检测、表征和确定管道完整性相互作用威胁（如机械损伤）的能力方面是无与伦比的。MDS在单个平台上集成了多在线检测（ILI）技术，因此它克服了基于单个漏磁通（MFL）的工具检测缺点，降低了风险，提高了结果的准确性，并提供了有关其他ILI工具未检测到的信息。MDS平台可以一次性完成对管体和长焊缝的全面检查，降低了操作风险和成本，有助于以材料特性来验证，从而进行管接头分类。MDS平台具有三种独特的磁性技术（轴向MFL、SpirALL MFL和残余或低场MFL），可识别轴向MFL单独检测不到的危害，可全面检测石油天然气管道存在的危害，从而消除安全隐患，保证安全运输。

2）储罐检测技术

在储罐检测技术方面，自动相控阵超声波检测技术带动了常压储罐技术的进步。

LNG 在大气压下于 -162℃液化，由于这种低温条件下的运输和储存特性，因此储罐基底材料内壁微观组织具有回火马氏体结构，而焊缝金属具有 Inconel 基奥氏体结构，在声学上具有高阻尼性能。此外，焊缝金属由完全不同于基材的各向异性结构组成。这些被认为是无损检测的障碍。将自动相控阵超声波检测（PAUT）应用于 LNG 储罐的检测，以替代射线检测。为了获得参考值数据，制备每种厚度的参考样品，并设计和制造自动扫描装置。此外，还开发并应用了定制的相控阵（PA）探头。所有部件被集成并作为一个系统运行，数据通过内部开发的运行程序进行分析和存储。由于可以在不干扰时间、地点和周围环境的情况下进行检查，因此可以降低成本，并解决放射线照相检测中关心的辐射暴露问题。

（三）油气储运技术展望

新形势下，油气储运行业应加强科技规划和顶层设计，整合优势资源，优化完善科技创新机制，加大科技投入力度，解决制约油气储运基础设施安全保障和高效运行的技术难题，切实发挥科技创新在油气储运行业发展中的支撑引领作用。展望未来，油气储运行业将朝着安全、高效、智慧、平台方向发展。

1. "双碳"愿景下管网多介质输运思考

把握全球"双碳"战略新机遇，充分利用天然气管网和储气库基础设施，构建二氧化碳、氢能与油气资源联合管输的新型能源储运体系；加快形成氢能、二氧化碳发展顶层设计思路，从战略高度设计和完善二氧化碳、氢能管道产业集群规划布局，推进风—光—电—氢大基地建设；制定氢能、二氧化碳上下游全产业链的碳税、财政、用地等激励政策和法规，引导能源相关企业及低碳投（融）资机构积极参与氢能、二氧化碳示范工程；依托国家科研平台，加大对氢能、二氧化碳管输领域关键核心技术攻关力度，形成成套技术和标准体系，为氢能、二氧化碳管道中长期发展提供系统化、全链条的技术支持；建立健全符合氢能与二氧化碳管道工程建设与运营安全监管、审批的相关流程和体系，保障氢能与二氧化碳储运产业健康、安全、有序发展。

2. 枯竭油气藏地下储氢技术挑战

氢气作为清洁高效的能源载体和燃料，面临大规模储存需求。盐穴、枯竭油气藏及含水层 3 种地下储氢库兼顾安全性与经济性，是目前可行性最高的解决方案，其中枯竭油气藏地下储氢最具发展前景。通过对比氢气与甲烷、二氧化碳的物性差异，探讨了地下储氢的特殊性，重点梳理了枯竭油气藏地下储氢面临的技术挑战及应对策略：对于不稳定驱替与渗流扩散引起的气体泄漏，需控制注气速率，优化注采及垫层气布置方案，开展盖层突破压力、表（界）面特性及流动传质机理研究；对于耗氢的地球化学反应与微生物催化作用，选址应避免高含氢敏感性矿物、离子及微生物的地层，防止大量氢气被消耗；对于圈闭与人工材料完整性失效问题，应基于地层宏观和微观的变形及破裂演化特征，评估地层损伤与气体泄漏风险，合理选材以加强人工设施抗腐蚀、抗氢脆性能。未来地下储氢技术研究的攻关方向，分别为多尺度多场耦合 H_2 损耗机制研究、地下储氢场地尺度数值模拟研究、地下储氢气体运移及泄漏监测技术研究，以期为推动地下储氢工程实践提供参考。

3. 管网智慧互联将加速产业转型发展

目前，油气管网与互联网的融合发展已经走在"互联网+"传统产业发展的前列，建成了油气生产与供给信息化系统，实现全产业链生产监控与运营管理，通过 SCADA 系统实现自动控制、数据采集与传输，建成多种业务管理与优化系统，实现油气产—运—储—销—贸一体化优化。面对管网规模更加庞大、运行环境更加复杂、本质安全更加严苛、输送介质更加多样等诸多挑战，下一步需要技术迭代与范式演进双轮驱动、同向发力。一方面，需要大力融合数智化技术手段，推进油气管网设备设施、工艺过程控制的智能化升级，形成具备泛在感知、自适应优化能力的智能化管网基础设施，建立完善管网智能化技术及标准体系；另一方面，管网输送介质正在从油气资源向多种能源、多源多态物质流、信息流转变，价值内涵从管网向平台转变，从而导致输运范式将由传统的"钢制管道＋流体力学"向"智慧管网＋系统工程"演进，需要加快建立完善油气管网与其他能源供给方式一体化的智能运行体系，实现油气行业能量流和信息流的重构、管理模式和运营机制的重塑，更好地推动"源—网—荷—储"一体化和多能互补发展。

参 考 文 献

［1］冯庆善，王春明，何嘉欢，等．油气储运企业生产运维流程开发探索与实践［J］．油气储运，2023，42（1）：9－15．

［2］Riccardo Giro, Giancarlo Bernasconi, Giuseppe Giunta, et al. Online monitoring of inner deposits in crude oil pipelines［J］. SPE Production Operation, 2022, 37（4）：710－720.

［3］侯正猛，罗佳顺，曹成，等．中国碳中和目标下的天然气产业发展与贡献［J］．工程科学与技术，2023，55（1）：243－252．

［4］国家管网集团北方管道有限责任公司．世界管道概览（2020）．北京：石油工业出版社，2020：12－16．

［5］Mahdi Kanaani, Behnam Sedaee, Mojtaba Asadian－Pakfar, et al. Development of multi－objective co－optimization framework for underground hydrogen storage and carbon dioxide storage using machine learning algorithms［J］. Journal of Cleaner Production, 2023, 386：135785.

［6］Federico Cracolici, Vanessa Silvia Iorio, Fabio Parrozza, et al. Experimental investigation of cement compatibility in underground hydrogen storage in depleted reservoir［C］. International Petroleum Technology Conference, IPTC 22797－MS, 2023.

七、石油炼制技术发展报告

2023年，我国炼油产能已严重过剩，成品油消费空间受到挤压，而新材料和专用化学品却处于短缺状况，未来化工产品需求将持续增长，润滑油脂、石油沥青等特种油品消费也有较大增长潜力。随着原油日益重质化、劣质化以及低碳烯烃市场需求的快速增长，重油催化裂解多产低碳烯烃技术成为石油炼制业研究和关注的重点，炼化一体化技术推进炼油企业从"油主化辅"转向"化主油辅"。原油直接制化学品技术被认为是炼油业转型升级的颠覆性技术变革，尚处于研发与示范阶段。面对油品需求达峰、新能源替代和低碳转型的大势，全球炼化行业加速向一体化、集约化、低碳化、智能化方向发展。

（一）石油炼制领域发展新动向

在能源转型和"双碳"目标背景下，炼油行业作为全球石油产业供应链的关键环节，继续保持平稳发展。

1. 全球炼油能力延续增长态势，炼油行业稳定运行

全球炼油能力继续增长。在历经2021年炼油能力大幅减少和2022年恢复增长后，2023年全球炼化项目建设稳步推进，一批中小型炼厂建成投运，全球炼油能力延续了上年的增长态势，全年新增炼油能力8617.5×10^4 t/a，高于上年8250×10^4 t/a的新增量。新增能力主要集中在中东地区和北美，其中中东地区新增能力达3925×10^4 t/a。由于美国、日本、伊朗等国家关闭部分低效炼油产能，全球炼油能力减少2675×10^4 t/a。2023年，全球炼油能力净增5942.5×10^4 t/a，低于上年6210×10^4 t/a的净增量，炼油扩张增速有所放缓。截至2023年末，全球炼油总能力提升至51.8×10^8 t/a。

全球炼厂原油加工量有所增加。2023年，全球经济复苏缓慢，石油需求增长低迷，全球炼厂加工量略有增加。国际能源署数据显示，2023年全球炼厂合计加工总量约8240×10^4 bbl/d，较上年增加约170×10^4 bbl/d，已经恢复至2019年相同水平。全年除西欧和非洲地区炼厂加工量有所下降外，其他地区原油加工量均增长。

炼厂产能利用率总体继续回升，区域表现各异。2023年，全球炼厂总体产能利用率从上年的78.6%升至80%。其中，亚洲和中东地区的炼厂产能利用率出现较大上升，经济合作与发展组织（OECD）国家炼厂产能利用率出现不同程度下降。受油品需求快速复苏拉动，中国炼厂产能利用率创历史新高，超过80%，带动全球产能利用率总体高于上年。

2. 全球油品总体供过于求，炼油毛利继续保持历史较高水平

主要油品供需继续增长，总体仍呈现供过于求的趋势。2023年，全球经济进一步从新冠疫情中恢复，特别是中国经济恢复性增长，拉动主要油品呈现供需双增局面。全年油品需求总量为8746×10^4 bbl/d，同比上升3.2%；供应总量为9084×10^4 bbl/d，同比上升3.4%，供应过剩338×10^4 bbl/d。主要油品（包含汽油、柴油、航煤、石脑油、燃料油）均供过于求。

全球炼油毛利有所回落，但仍保持历史较高水平。2023年，全球油品需求继续恢复，需求增速快于炼油能力增速，欧美地区仍出现季节性阶段性油品供应紧张，炼油毛利总体继续保持较高水平。全球炼油毛利较2022年"黄金期"有所回落，但仍保持了历史较高水平。主要原因是全球炼油出现区域性不平衡，对俄罗斯的制裁使得俄罗斯石油和油品出口受限，过去几年欧洲炼油业调整幅度较大，全球油品供应总体偏紧，使得炼油商盈利颇丰，尤其是北美地区炼油商。

3. 全球炼油行业加快结构调整和转型升级

炼油产品结构加快调整，全球汽柴油和燃料油收率持续下降，航煤收率继续提升。2023年，全球各地主要炼厂继续随炼化市场需求变化调整成品油收率，多产化工原料。受全球航空业快速恢复影响，航煤需求继续保持快速增长，炼厂增产航煤。未来石油需求增长主要来自石化原料和航煤，炼厂将继续调整产品结构，不断扩大石脑油等化工用油和航煤产量。

转型生物炼厂成为炼油业新趋势，欧美炼油商加快投资生物燃料生产。近年来，欧美一些维修成本高的老旧炼油装置部分或全部改造成生物炼厂，已经有50多家传统炼厂转向低碳燃料生产，累计产量达15×10^4bbl/d。欧美地区炼油商将生产重点放在馏分油而非燃料上，加快投资并最大限度生产生物柴油、可再生燃料等高价值燃料，以创造更高效益。此外，全球柴油需求飙升、利润率大幅增加，刺激了生物柴油的生产，对柴油生产以及其他高价值馏分油生产的投资将继续影响未来几年炼油行业的格局。未来对生物燃料、柴油和航空燃料生产的投资继续增加。美国在生物燃料出口方面处于领先地位，有望成为世界上最大的可持续航空燃料和可再生柴油出口国。

对于中国炼油业，能源转型和"双碳"目标推进使中国炼油业进入全新发展阶段，中国炼厂加快"油转化"或"油转特"，提高化工用油收率，持续扩大烯烃芳烃产能，采取终端设备电气化、碳捕集利用、绿色低碳生产技术、加大新能源利用、节能降耗等综合手段，加快推进炼厂绿色低碳转型，加快炼厂数字化转型和智能化发展，重点方向是炼厂向化工生产提供更多低成本原料。中国一些传统炼油企业也在加快发展以废弃油脂和生物质等为主要原料的生物柴油、生物航煤等生物质液体燃料。

（二）石油炼制技术新进展

面对油品需求达峰、新能源替代和低碳转型的大势，全球炼化行业加速向一体化、集约化、低碳化、智能化方向发展。全球炼油技术在劣质重油加工、清洁燃料生产、炼油向化工转型等方面取得持续进展，原油直接制化学品技术成为重点方向。在"油转化"的趋势背景下，多产优质低成本化工原料成为炼油企业转型升级、高质量发展的趋势，"宜芳则芳、宜烯则烯、宜油则油、宜化则化"工艺技术持续完善提高。全球主要炼油企业纷纷剥离低效高碳炼厂，探索"绿氢炼化"，以实现原料绿氢替代；并尝试将炼厂改造为生物燃料工厂，转产低碳生物燃料。

1. 清洁油品生产技术

1）高效低碳柴油加氢技术通过鉴定

随着绿色环保需求日益凸显，我国对柴油的多环芳烃含量要求不断降低，炼化企业面临高效稳定生产清洁柴油和节能减排双重挑战。2023 年 4 月 27 日，中国石化石油化工科学研究院（以下简称石科院）牵头研发的"基于活性相和反应环境协同调控的高效低碳柴油加氢关键技术及应用"项目通过了由中国石油和化学工业联合会组织的科技成果鉴定。鉴定专家组认为，该项目成果整体达到国际领先水平，将为我国高效稳定生产清洁柴油提供科技支撑。

主要技术进展：(1) 明确了高效活性相结构、失活机制和理想反应环境，创建了高活性低碳柴油精准加氢催化理论基础平台。(2) 基于理论研究成果，研制和开发了高稳定柴油加氢催化剂 RS-3100、超深度选择性脱除多环芳烃的双区复合柴油加氢工艺（RTS-Apro）、低能耗上行式双区复合柴油加氢工艺（SLHT）等柴油加氢技术。(3) 工业应用结果表明，与参比催化剂相比，催化剂 RS-3100 失活速率大幅降低，显著优于国内外同类催化剂；RTS-Apro 工艺可生产多环芳烃质量分数为 1%~3% 的清洁柴油，氢气利用率明显提升；SLHT 工艺较同类技术能耗低，节能降碳效果显著。

该项目开发的催化剂和工艺技术已在工业装置上大量推广应用，经济效益和社会效益显著。下一步，石科院将进一步扩大高效低碳柴油加氢关键技术应用范围，为清洁柴油的高效稳定生产和装置运行节能降碳提供坚实科技支撑。

2）轻质油品超深度脱硫精制技术获突破

蜡油高压加氢裂化装置属于炼厂重要的馏分油轻质化装置，产出的重石脑油作为重整原料油用于生产芳烃。重整原料油中有少量的有机硫与微量的硫化氢，不仅会腐蚀设备管道，还会导致催化剂中毒甚至失活。2023 年 5 月 20 日，中海油天津化工研究设计院有限公司（以下简称中海油发展天津院）自主研发的轻质油品超深度脱硫精制剂 THS309 在中海油惠州石化有限公司（以下简称惠州石化）400×10^4 t/a 蜡油高压加氢裂化装置上成功应用，产品硫含量达到 $0.1 \mu g/g$ 以下，轻质油品超深度脱硫精制技术取得新突破。

主要技术进展：(1) 该精制剂不仅能脱除原料中的硫化氢等无机硫，还能有效脱除硫醇、硫醚等有机硫，同时还具有良好的脱砷、脱氯性能。(2) 该精制剂在反应过程中不会生成水，具有活性高、稳定性强、使用寿命长的特点，可降低催化剂更换频次，有效为降本增效的产业发展思路提供保障。

THS309 轻质油品超深度脱硫精制剂在惠州石化重石脑油脱硫装置上的成功投用，使惠州石化原油炼制适应范围进一步扩大，有效拓宽了我国化工原料资源，助推"减油增化"。下一步，中海油发展天津院将继续完善自有加氢催化剂技术体系，为提供清洁、可靠、稳定的能源供应目标加油助力，同时加强关键核心技术的自主可控，助推我国炼化一体化进程。

3）中国石油石油化工研究院碳四馏分加氢催化剂应用成功

含碳四的烷基化原料选择加氢是烷基化过程的关键单元。目前国内外已工业化的含碳四的烷基化原料选择加氢催化剂均为贵金属钯催化剂，虽然加氢活性和选择性优异，但抗中毒能力弱，且成本偏高。2023 年 8 月，由中国石油石油化工研究院（以下简称石化院）原创的高活性、高选择性非贵金属合金碳四馏分选择加氢催化剂在广东石化 60×10^4 t/a 烷基化装置已稳定运行近 6 个月，形成了可处理含焦化碳四的烷基化原料选择加氢示范技术，可大幅降低烷基化原料预处理成本。

广东石化烷基化装置设计原料组成中约含35%焦化碳四，而焦化碳四中较难脱除的硫化物、碱性氮、焦粉等杂质会严重影响钯催化剂的加氢活性。国内企业工业应用实践表明，含碳四的烷基化原料中一旦掺入焦化碳四，传统贵金属钯催化剂将迅速中毒失活。原工艺包设计中的钯催化剂无法满足技术要求，国内外钯催化剂供应商纷纷退出了广东石化组织的公开招标程序，导致该装置面临无剂可用的局面。

主要技术进展：（1）针对传统钯催化剂抗杂质能力弱、成本高等问题，石化院依据理论计算指导，构筑了一种非贵金属多元合金活性相，通过合金几何特性与电子协同效应有效调控丁二烯加氢选择性及抗杂质性能，攻克了非贵金属催化剂丁二烯加氢选择性不足的技术难题。开发出适用于原设计工况的高抗杂质、低成本非贵金属合金碳四馏分选择加氢催化剂。（2）该催化剂综合性能达到钯催化剂水平，且成本降低70%以上，可实现对钯催化剂的无缝替代。（3）工业标定结果显示，加氢产品丁二烯含量不高于$100\mu g/g$，单烯收率不低于100%。

该催化剂表现出加氢活性好、单烯选择性高、抗杂质能力强等特点，为装置的"安稳长满优"运行奠定了坚实基础。

4）美国Ketjen公司推出新一代加氢处理催化剂QUASAR平台

美国催化剂和特种化学品生产商Ketjen公司推出用于生产各类清洁燃料的新一代加氢处理催化剂制备QUASAR平台。

主要技术进展：（1）该平台是基于大量高通量实验、表征以及流程模拟和计算化学等方法而开发，有助于科研人员理清催化剂制备、金属活性以及性能间的关系。（2）通过QUASAR平台制备出的首款高活性负载型NiMo催化剂KF 882 QUASAR主要用于中高压馏分加氢处理，以最大限度提高炼厂资源利用率。（3）KF 882 QUASAR催化剂还可与其他Ni-Mo催化剂一同用于Ketjen公司的STAX技术中，以根据炼厂不同的运营需求调变性能。

该平台能够用于馏分油加氢处理、催化裂化预处理和加氢裂化预处理过程，使加氢处理装置的营业利润最大化。

2. 劣质原油加工与高效转化技术

1) AET Sulfex™技术获得首次商业应用

2023年1月6日，Alternative Environmental Technologies（AET）公司在美国建造和安装了首个商用Sulfex™设施。Sulfex™是AET公司研发的一种低温低压脱硫技术，可降低含硫烃类化合物中的硫含量以满足超低硫标准。

主要技术进展：（1）Sulfex™工艺克服了传统加氢脱硫（HDS）或加氢处理技术存在的高温高压条件、较高的资本和运营支出，以及大量排放二氧化碳等缺点。（2）该工艺采用最先进的氧化脱硫（氧化处理）方式，在常压下操作条件缓和，最高操作温度为100℃；资本支出约为HDS的1/10，运营成本更低；较少的易燃试剂和惰性液体副产品；环境影响可忽略不计；具有小型的模块化安装选项。

Sulfex™技术已在三个试点工厂进行了测试，并由美国能源部阿贡国家实验室独立验证。

2）Grace公司推出Paragon催化裂化催化剂以更可持续的方式生产燃料

Grace公司是催化裂化催化剂、炼油及石化添加剂领域的全球领导者，该公司于2023年

10月24日宣布了其在催化剂领域的最新突破，推出 Paragon 催化裂化催化剂，助力炼油厂生产更清洁的交通燃料并降低碳足迹。

Paragon 催化剂以 Grace 公司广受欢迎的 MIDAS 催化剂平台的抗金属性为基础，是该公司多年研发一种先进的钒捕集剂的成果。

主要技术进展：（1）Paragon 催化剂采用新型稀土基钒捕集剂制备高比表面积催化剂，为催化裂化装置提供解决方案。（2）利用 Paragon 催化剂，炼厂可以拓宽催化裂化操作窗口，提高加工各种原料的灵活性，从而获得更大的利润。（3）该催化剂能够实现原料底渣的最大限度升级，同时在保持焦炭产率不变的情况下提高转化率，从而使炼厂能够以更可持续的方式生产燃料。

3. "减油增化"技术

1）沙特阿美公司韩国原油直接制化学品项目开工

2023 年 3 月，沙特阿美公司韩国子公司 S-Oil 位于蔚山的原油直接制化学品项目开工，计划 2026 年完工。该项目总投资约 70 亿美元，名为沙欣（Shaheen），是沙特阿美公司在韩国投资额最高的石化联合体，石化产品合计产能 3.2×10^6 t/a，将首次利用沙特阿美公司和美国鲁姆斯（Lummus）公司 TC2C™（Thermal Crude to Chemicals）的原油热解制化学品技术。

主要技术进展：（1）TC2C™ 技术将鲁姆斯公司乙烯技术、沙特阿美公司的分离和催化剂技术以及美国雪佛龙鲁姆斯全球公司（CLG）的加氢处理催化剂和反应器技术相结合，采用独特的一体化工艺将原油转化为高价值化学品，其中化学品收率高于 70%。（2）TC2C™ 技术无须原油常减压蒸馏装置，简化了原油转化过程，提高了化学品收率和能源效率；可降低成本 30%~40%，减少 CO_2 排放量。（3）TC2C™ 技术可处理低价值的淤浆油和热解油，最大限度提高烯烃、芳烃产量。

届时，S-Oil 公司石化产品收率将增加一倍（按体积计），从 12% 增至 25%，有望在提高公司市场竞争力的同时降低运营成本。

2）世界首套 RTC 工艺重油催化裂解装置开车成功

2023 年 6 月 29 日，采用石科院自主研发的重油高效催化裂解（RTC，别名 DCC Pro）技术的全球首套 300×10^4 t/a 催化裂解装置在安庆石化顺利投产，标志着我国重油高效催化裂解生成化工原料的关键核心技术正式投入使用。作为世界范围内丙烯产率最高的工业化催化裂化技术，RTC 技术有效填补了我国利用劣质重油生产丙烯、乙烯的空白。

主要技术进展：（1）基于对催化裂解过程反应化学、过程强化以及加氢渣油分子水平的新认识，以反应器为突破口，自主研发形成了国际首创的新型高效快速流化床反应器，解决了现有劣质重油催化裂解技术传质传热效率差、催化反应选择性低等难题，使得以往难加工的劣质重油得以从容加工。（2）具有独特结构的反应器还使得生产的反应过程选择性大大提高，不仅提高了乙烯和丙烯产率，而且降低了焦炭产率，有效提升了汽油产品的品质，经济效益显著。（3）在工艺与工程技术大型化等方面接连取得突破，最终整合形成了 RTC 技术，在核心期刊发表论文 5 篇，其中 SCI 论文 3 篇；申请中国发明专利 13 项，授权 13 项；通过 PCT 申请涉外发明专利 2 项 20 件，其中授权 1 件，项目荣获中国石化 2021 年度科技进步一等奖。

作为原料适应性更为广泛和灵活的催化裂解技术，RTC 技术一经推出便成为国内外同类技术中的"领头羊"，迅速成为炼化企业转型升级的不二之选，在短短两年时间里已技术许可 6 套工业装置，总加工能力高达 1740×10^4 t/a，实现了我国催化裂解技术的跨越式进步，带动我国催化裂解技术持续领跑全球，为炼化企业由传统燃料型炼厂向化工型炼厂转变提供了坚实的科技支撑。

3) 石脑油催化转化制芳烃技术通过鉴定

中国科学院大连化学物理研究所（以下简称大连化物所）与国家能源集团的研究团队共同开发的"基于流化床的煤基石脑油催化转化制芳烃技术"通过由中国石油和化学工业联合会组织的科技成果鉴定。鉴定专家组认为，该技术创新性强，原料适应性广，具有自主知识产权，建议加快工业化进度。

主要技术进展：（1）该研究团队在对石脑油催化转化制芳烃反应机理研究的基础上，创新性提出一条以煤基石脑油催化转化制芳烃的新技术路线；（2）开发了性能优异的金属分子筛催化剂和高效流化床反应器及工艺；（3）完成千吨级中型试验，获得工艺包编制所需的基础数据，为工业装置建设奠定良好技术基础；（4）中试结果表明，在采用以环烷烃为主的煤直接液化石脑油、烷烃为主的煤间接液化加氢石脑油、烯烃为主的煤间接液化油洗石脑油，以及煤直接液化重石脑油时，均可获得较高石脑油转化率和产物 [乙烯 + 丙烯 + 苯 – 甲苯 – 二甲苯混合物（BTX）] 选择性，表明该技术具有广泛的原料适应性。其中，副产的丙烷和 C_4 等也可在同一催化剂上实现芳构化，进一步提升芳烃收率。

该技术对促进煤制芳烃产业路线发展、芳烃技术升级具有重要意义。

4. "减油增特"技术

1) Idemitsu Kosan 公司开发出无灰型重负荷柴油机油

润滑剂调和商日本出光兴产株式会社开发出无灰型重负荷柴油机油（ldemitsuAshFree）。这是日本第一个无灰柴油机油。

主要技术进展：（1）该产品是一种无磷、无灰分的发动机油，不含金属清净剂或二烷基二硫代磷酸锌，却保持了抗磨性能。（2）该产品添加剂配方中的硫酸盐灰分含量和碱值在柴油机油标准 DH – 2 限值范围内，清净性和抗磨性等于或好于 Jaso DH – 2，并已通过性能标准中的所有发动机测试。DH – 2 标准适用于配备柴油颗粒过滤器等废气后处理设备的公共汽车和卡车。（3）该机油具有防止活塞沉积物生成的能力，还通过了卡特彼勒公司和日野发动机公司的抗磨损测试。

自 2022 年 9 月 1 日起，该机油已在日本销售，黏度等级为 10W – 30，以 200Lbbl 和 20L 罐包装进行销售。未来，当尾气排放限值生效时，将考虑向海外扩张，主要是东南亚。

2) 茂名石化研发并生产出超高黏度指数合成润滑油新产品

茂名石化研发生产出国内首个超高黏度指数合成润滑油新产品 mPAO150，实现了国内企业在该领域的突破。

主要技术进展：（1）近年来，茂名石化组织开展核心技术研发，成功投产了国内首套自主知识产权茂金属聚 α – 烯烃（mPAO）中试装置，成功研发 mPAO150。（2）新产品各项指标合格，具有超高的黏度指数、较低的倾点以及良好的剪切稳定性，满足苛刻的使用条件，可应用在风电、航天、航海、高速列车等重要领域。

截至 2023 年 8 月，茂名石化已累计研发 5 个 mPAO 产品牌号。

5. 可持续燃料生产技术

1）美国先进精炼技术公司推出可再生柴油和 SAF 的解决方案

可再生柴油和可持续航空燃料（SAF）等可再生燃料有望在重型运输的脱碳中发挥关键作用。美国雪佛龙公司和 Grace 公司合资成立的先进精炼技术公司（ART）推出了一种加氢处理催化剂解决方案——ENDEAVOR™ 催化剂技术，生产可再生柴油和 SAF。

主要技术进展：（1）该技术可 100% 利用植物油、成品油、动物脂肪和润滑脂等可再生资源生产可再生柴油和 SAF。（2）ENDEAVOR™ 催化剂体系由 EnRich 保护剂、加氢处理催化剂、EnHance™ 异构化催化剂组成，已在多个炼厂应用测试。

下一步 ART 还将继续投资，优化提升该解决方案。

2）新加坡南洋理工大学开发出微藻油替代棕榈油新工艺

棕榈油因其成本低、产量高，是全球最受欢迎的生物质能源原料之一，但近年来遭受争议，认为其有毁林风险。与棕榈树成熟所需时间相比，藻类的快速生长周期，有助于更快、更高效地生产生物质能源。新加坡南洋理工大学开发了一种微藻油替代棕榈油的生产工艺，并将与新加坡 Eves 能源有限公司合作开展商业化规模生产。

主要技术进展：（1）该工艺将丙酮酸添加到含有藻类嗜铬藻的溶液中，并暴露在紫外线下以刺激产生光合作用。14 天后，对微藻进行洗涤、干燥，然后用甲醇处理，以破坏油和藻类蛋白之间的键，从而提取微藻油，同时从微藻中提炼蛋白质和烃类化合物，在萃取过程中减少废弃物的产生。（2）该工艺采用发酵黄豆渣取代培植微藻的培养基，采用水果皮发酵生产丙酮酸。与一般丙酮酸相比，用水果皮制成的丙酮酸能将微藻生物质产量提高 3 倍。这些创新方法能够减少食物垃圾和降低生产成本。

2024 年，Eves 能源有限公司将在印度尼西亚建立一套拥有 40 万个储罐的设施，两年内可生产 120×10^4 t 微藻油和 120×10^4 t 藻饼。

3）沙特阿美公司将使用埃克森美孚公司 MTG 技术生产可再生汽油

埃克森美孚公司授权沙特阿美公司在沙特阿拉伯新未来城（NEOM）的氢气示范装置上，使用其先进的流化床甲醇制汽油（MTG）技术。

主要技术进展：（1）该工艺以绿氢和二氧化碳合成的甲醇为原料，生产高辛烷值汽油调和产品，供公路越野车辆和赛车使用。与传统燃料相比，电子燃料有可能将二氧化碳的排放减少 70% 以上。（2）甲醇先在无定形氧化铝催化剂上脱水得到二甲醚（DME）、甲醇和水的平衡混合物；甲醇和 DME 再进一步完全脱水得到低碳烯烃；低碳烯烃低聚成碳数不超过 11 的高级烯烃，再进一步反应得到汽油组分。产品几乎不含硫和苯，可直接出售，也可与乙醇、甲醇或炼油中间原料混合。

预计该示范装置 2025 年投产，届时沙特阿美公司将利用来自绿氢和 CO_2 的甲醇生产高辛烷值汽油。

4）鲁姆斯公司推出新的乙醇制 SAF 技术

2023 年 9 月，鲁姆斯公司宣布，其乙醇制 SAF 新工艺技术已投入商用。

主要技术进展：（1）该技术主要分为两部分，一是生物乙醇制乙烯，此段技术由 Lummus 公司与巴西化学 Braskem 公司合作完成，此前 Braskem 公司的 EverGreen™ 技术已在巴西实现 26×10^4 t/a 生物乙烯生产；二是将乙醇脱水与烯烃齐聚及加氢技术相结合，集成技术由鲁姆斯公司与雪佛龙的合资公司完成。（2）新工艺设计可最大限度地提高 SAF 的产量，同时减少资本支出、运营支出及碳排放。

该技术为运营商减少航空业的温室气体排放提供了大规模的、经过商业验证的解决方案。

（三）石油炼制技术展望

2030 年前，炼油结构调整和转型升级仍是炼油业发展的主基调，新兴经济体炼油行业将继续加快转型升级和绿色智能化发展进程。

1. 炼油结构调整和转型升级仍是炼油业发展的主基调

2030 年前，全球炼油业进入快速转型发展期。全球炼油行业面临的减排压力日益加大，在政策压力之下，炼厂全过程脱碳、降碳已成为炼油行业的重要共识，全球炼油行业将继续加大能源资源高效利用，继续加快开发低碳、零碳和负碳技术，采用循环经济技术等手段以实现碳中和目标。发达经济体炼油转型将更多关注存量炼厂的改造或通过联合加工生产更多生物燃料，提升装置用能效率，增加绿氢和绿电的利用，加快电气化进程，部分炼厂探索实施 CCUS，以满足政策法规的要求，寻求最终在炼厂实现净零排放目标；新兴经济体炼油行业则将继续加快转型升级和绿色化、智能化发展进程。

2. 未来炼厂将实现零原油运行

炼化行业至今仍然缺少经济可行的低碳技术路线。石化产品需求增长、规模经济效应和工艺优化整合三重因素共同促使全球炼厂建设规模不断扩大。然而，不论采用何种工艺，进入炼厂的碳原子绝大部分最终将以 CO_2 的形式排放。构建以碳源替代和碳循环经济为主要理念的零原油炼厂，有助于在 21 世纪中叶实现全球净零目标。据《自然》主刊封面文章《未来的零原油炼厂》，到 2050 年，零原油炼厂的输入和输出将有重大变化，碳源将来自 CO_2、生物质和废塑料。全球平均加工规模将缩小至 54%（由 755×10^4 t/a 变为 408×10^4 t/a），输入原料包括 25% 废塑料、25% 生物质和 50% CO_2，输出产品包括 50% 柴油和航煤、25% 聚合物、25% 化学品（不再生产汽油），用电量扩大为 2.7 倍（全部是绿电，风、光发电各占一半），氢气消费量扩大为 8.3 倍（全部是绿氢）。碳源替代最主要的难点在于 CO_2 的捕集和化学转化均为高能耗过程。

3. 推进绿氢炼化工程是炼油行业实现"双碳"目标的重要路径

"双碳"目标下，随着绿电制绿氢技术的不断发展，未来氢能与电能的关联性将不断增强。绿氢与绿电协同耦合替代化石能源、重构炼化业务能源供给体系（以下简称绿氢炼化）将成为实现"双碳"目标的重要解决方案。绿氢炼化的内涵包括四个方面：一是在氢气生产环节，绿氢逐步替代灰氢、蓝氢；二是利用绿电、绿氢能源属性，减少用能环节碳排放；三是对工艺流程进行适应绿电、绿氢的改造；四是利用氢的属性生产更少碳足迹的产品。

八、化工技术发展报告

随着全球百年未有之大变局的加速演进，全球化工行业正经历着前所未有的变革。化工行业格局快速调整，新兴经济体的崛起和全球经济的波动为化工行业带来了新的挑战与机遇。特别是在碳达峰碳中和目标的推动下，全球行业正加快绿色低碳转型升级的步伐。

（一）化工领域发展新动向

全球正进入绿色低碳发展时代，能源转型和可持续发展已成为化工行业的重点议题。随着竞争的加剧和技术的不断创新，未来全球行业的格局也将继续发生深刻变化。

1. 化工行业的低碳发展和转型升级步伐加快

在全球化工行业格局中，欧美供应商正经历显著的战略调整，其全球地位亦发生明显变化。随着能源转型及净零碳排放目标的推进，化工行业的低碳发展和转型升级步伐加快。在业务转型方面，欧美供应商积极寻求新的发展机遇，在发展生物燃料等清洁能源领域积极布局，生产生物柴油等可再生能源。此外，巴斯夫、陶氏等化工巨头也在积极追求净零碳排放目标，致力于开发绿电加热裂解炉，推动塑料循环经济的发展。在中国，化工企业也在加快转型升级的步伐。中国石油和中国石化等传统炼化企业通过实施"减油增化""减油增特"等战略，努力向基础+高端现代炼化企业转型。同时，民营炼化企业也在积极布局新材料领域，推动中国化工新材料产业的快速发展。

2. 化工技术创新推动行业发展

逆全球化态势下，欧美发达经济体对于保持或重构其全球技术领导力愈加重视。以生物制造为例，美国将其视为提升先进制造业领导力的重要手段。在2022年9月启动《国家生物技术和生物制造计划》的基础上，于2023年进一步发布《生物技术和生物制造明确目标》，提出将投资超过20亿美元促进从生物前沿技术、生物制造能力到产品应用推广的生物制造全产业链发展。可以预见，未来化工行业的技术之争将愈加激烈，高端技术的引进难度将不断提升，增强自主创新能力至关重要。近年来，我国化工行业已在部分高壁垒领域取得技术突破（如己二腈、丙交酯、茂金属聚丙烯等），但在众多新材料与高端化学品领域自给率仍然较低，如高端聚烯烃材料与单体、电子化学品等。未来仍需通过持续的技术研发与创新，推动相关领域的技术突破与国产替代。

3. 塑料循环对化工行业来说既是机遇也是挑战

联合国环境规划署相关统计数据显示，2023年全球塑料年消费量约为 4×10^8 t，在已经产生的 70×10^8 t 塑料垃圾中，只有不到10%被回收。未来塑料垃圾总量将继续增长，"垃圾问题"将日益严峻。但塑料仍是材料中的佼佼者，具有显著的性能优势和相对较低的碳足迹。因此，塑料循环对于化工行业来说仍有很多的工作可以做。许多国家均有发布多项政策法规，强调加强废塑料等再生资源回收利用，构建循环经济发展模式。受政策推动，废塑料回收利用技术受到高度关注，沙特基础工业（Sabic）、埃克森美孚、北京航天十一院、科茂环境等国内外公司机构通过自主研发或战略合作的方式开发了化学回收技术，其中沙特基础工业公司的 TRUCIRCLE 是全球首个实现混合废塑料化学循环生产聚合物规模化应用的技术。北京航天十一院研发的航天废塑料热裂解技术（SHCP）以低残值废塑料为原料生产裂解油，已完成 3000t/a 示范装置试验。

4. 绿色低碳成为重要商机与竞争力

尽管经济下行趋势下，稳增长成为短期内的第一要务，但绿色低碳转型仍将是化工行业发展的长期主旋律之一。一方面，新能源等下游行业保持快速发展，拉动上游各类材料与化学品需求；另一方面，随着欧盟《碳边境调节机制》、美国《清洁竞争法案》等政策的制定与逐步落地，绿色低碳亦日益成为重要的竞争壁垒。长期以来，中国化工企业更多依托规模与成本优势参与国际竞争。未来应主动谋变，加快自身的可持续发展步伐，推动原料、生产过程与终端产品的绿色化与低碳化，以提升企业在中长期的国际竞争力。例如，以巴斯夫、科思创等为代表的全球化工巨头，均已提出自身净零排放目标与实施路径，通过积极投资低碳生产技术（如合作研发电加热蒸汽裂解装置）、开发绿色产品解决方案（如采用回收废弃物、生物基、二氧化碳基等碳源原材料替代传统石化基原料）、推动引领行业标准建立（如促进质量平衡法及相关认证在生物基产品中应用）等多元举措，在技术、产品、品牌等多个层面构筑绿色领导力。

（二）化工技术新进展

化工领域在不断创新的进程中，涌现了大批新技术，这些新技术吸纳了当代许多高新技术特点，明显提高了化学反应的速率和效率，简化了工艺流程，减少了装置数量，使化工工艺的单位能耗、废料、副产品等方面降低显著，正在给化工行业带来革命性的变化。

1. 低成本烯烃生产技术

1）基于生物转化利用技术的二氧化碳制乙烯合成新工艺

传统的乙烯生产工艺是化学工业中二氧化碳排放的最大来源之一，也是最具挑战性的脱碳工艺之一。在减碳压力下，国际大石油公司利用捕集的二氧化碳，采用生物转化技术生产乙烯的新工艺，实现低碳制备乙烯，实现传统乙烯制备工艺的低碳化改造。

主要技术进展：（1）从乙烯裂解炉的烟气中捕获高达 95% 的二氧化碳并与氢气混合，利用生物回收技术将捕获的废碳转化为乙醇，再由第二代、低成本的乙醇脱水生产乙烯工艺将乙醇脱水为乙烯，该过程的乙烯选择性超过 99%，完全脱离化石能源，是目前最具挑战性的脱碳工艺之一；（2）该技术中的二氧化碳制乙醇是一种基于微生物的碳回收技术，所用微生物能够在没有昂贵化学品和维生素的供养下吸收二氧化碳，并产生大量乙醇；（3）采用的乙醇脱水直接制取乙烯，与现有技术相比，成本低且工艺简单，催化剂与传统的氧化铝基催化剂相比可降低反应温度，提高选择性。

该技术不仅没有对粮食和水的供应安全产生威胁，还可直接实现温室气体二氧化碳的消耗,且乙烯选择性超过99%,实现了生物制造新的跨越。

2)生产乙烯、丙烯的微波化学回收技术

从20世纪50年代开始,微波在化学和相关工业领域已经有了多种多样的技术应用,但直到80年代中期微波才被用于有机合成。微波合成法缩短了反应时间,方便了快速跟踪和优化反应,加快了"假设—实验—结果"这一过程,从而加快了研发过程的效率和能力。日本三井化学公司和微波化学公司合作开发了一种基于微波的化学回收新技术PlaWave™,旨在将废旧塑料直接转化为乙烯、丙烯等基本化学原料。

该项目涉及的废旧塑料生产原料单体包括汽车粉碎残渣(ASR,主要是聚丙烯基塑料的混合物),以及用于汽车零部件的热固性片状模塑料(SMC)。该研究团队对微波加热生成产物的条件、提高目标组分收率的催化剂进行研究,同时优化分解条件和工艺,研究使用微波吸收剂(填料)以集中的方式为废塑料提供能量,使废塑料高效分解成基本化学原料。这项新举措尝试实现化学回收技术商业化,将微波化学公司开发的基于PlaWave™微波的塑料降解技术,直接用于将ASR和SMC产品直接分解为原始单体。由于跨过了传统的中间环节,使得该技术在废旧塑料回收方面处于国际领先地位。传统方法需要在单体化之前将废弃物转化为油,省略了这一步骤,该技术的能耗低、效率高等特点就显现出来。该技术还可利用可再生能源产生的电力为分解过程提供动力,有望减少CO_2排放。

该项目将利用微波化学公司的实验室规模设备进行验证实验,并将凭借其在工艺开发方面的技术和专业知识,扩大微波技术规模。目前已建立了PlaWave™微波塑料分解技术平台,可处理各种类型塑料。双方将通过此次合作,为全球实现资源循环利用和碳中和作出贡献。

3)基于微反应概念研发的丙烷脱氢新工艺

丙烷脱氢是热力学平衡受限的强吸热反应,需要在600℃高温下才能得到较高的转化率。国内研发的新的丙烷脱氢工艺,利用微反应概念,成功打破了传统反应热力学限制,实现了体系热量自给,有效提升了丙烯的生产能效。

主要技术进展:(1)提出"反应微区原位供热"的新概念,在微尺度下将吸热反应与放热反应耦合,创新了丙烯生产工艺的供热方式,突破了丙烷脱氢热力学平衡限制,实现了从微观反应体系到宏观反应工艺的系统创新;(2)创制的串联型反应体系,通过对氧化钒—钒酸铁间"毗邻度"的精准调控,实现氢中间物种定向传递—燃烧的协同匹配;(3)在550℃反应温度下,获得42.7%的丙烷转化率和81.3%的丙烯选择性,在超过200次脱氢—再生循环测试中性能可稳定保持;(4)在微观层面,阐明了反应体系"毗邻度"与丙烯收率之间的定量关系,提出了氢溢流介导串联反应的耦合机制;(5)与传统工艺相比,该制备工艺的反应温度可降低30~50℃,预期能耗可降低20%~30%,有望大幅降低CO_2排放。

该技术开发的耦合丙烷脱氢与选择性氢燃烧的新工艺,有效提升了丙烯生产效率,为推动化工过程的绿色低碳转型,助力实现"双碳"目标提供了新的研究思路。

2. 合成树脂生产技术

1)高性能聚烯烃弹性体及关键单体生产技术

聚烯烃弹性体(POE)是以乙烯为原料、1-辛烯等高碳α-烯烃为单体,共聚制得的热塑性弹性材料,聚焦我国高碳α-烯烃单体国产化技术缺失、自主溶液法聚合工艺空白的

"痛点"，中国石油开发出溶液法生产 POE 和关键单体 1 - 辛烯成套技术，率先打通了从单体 1 - 辛烯到 POE 产品的全链条生产工艺，助力行业转型升级。

主要技术进展：（1）研制出耐高温高活性茂金属 POE 催化剂，开发出茂化合物串线合成关键技术，突破均相茂金属催化剂稳定批量制备技术瓶颈，实现放大制备；（2）应用杂原子限域技术，强化配合物结构稳定性，研制出新型 1 - 辛烯催化剂；（3）开发出高效传质多区连续聚合反应器、表面更新专用换热器及高效动态脱挥发分等关键设备，解决 POE 合成和大黏度、多组分、高沸点体系传热与深度脱挥发分难题；（4）揭示出低聚反应副产低聚物的"凝析、团聚"机制，攻克了聚合物黏堵制约工艺连续、高黏体系深度脱挥发分等行业共性工程化难题，实现了乙烯低聚反应的连续化和工程化。

2023 年，应用该技术建成了千吨级溶液法高端弹性体 POE 中试装置，完成了多个牌号 POE 产品开发和共聚单体 1 - 辛烯工业试验，开发出万吨级工业装置工艺包，形成了乙烯—辛烯—POE 技术链，为化工业务向高端化转型提供了技术支撑。

2）从废弃聚苯乙烯中可持续回收高纯苯乙烯的新技术

聚苯乙烯（PS）的化学回收方法，通常是利用解聚方法生成粗热解油，再通过苯乙烯纯化过程，获得符合 ASTM 标准的苯乙烯单体，以用于下游聚合。聚苯乙烯化学回收的产业链主要包括分类、解聚和苯乙烯纯化 3 个步骤。通过解聚获得的粗热解油中包含与苯乙烯单体共沸或者接近共沸的杂质，这些杂质采用传统的蒸馏方式难以除去，导致单体难以满足 ASTM 标准。共沸的杂质有邻二甲苯、苯乙炔、1 - 壬烯、氧化物、硫、氯化物、氮化物等，接近共沸的杂质有乙苯和异丙苯等。因此，需要有一种能够去除这些杂质的苯乙烯纯化方法。

2023 年 1 月，Sulzer Chemtech 公司宣布其开发的 SuRe™ 苯乙烯纯化技术可以将蒸馏加工后的低纯度苯乙烯物流送入后续的结晶装置。采用结晶工艺，不仅能耗低，而且产品纯度高（共沸杂质降低到 ASTM 标准以下）。SuRe™ 苯乙烯纯化技术的主要优点是收率高、无溶剂、环境友好、所需操作人员少、原料灵活、生产投入时间短、产品质量可调、集成工艺、节省投资成本、能耗低、可使用已有设备、节省维护成本。聚苯乙烯的种类不会影响生产的苯乙烯单体的质量；共沸杂质不会影响苯乙烯的品质，工艺流程中的低温条件有利于避免苯乙烯发生聚合；生产的苯乙烯不需要与商业苯乙烯调和即可满足纯度需求；原则上，该技术能够生产 100% 可再生的聚苯乙烯产品，而通过调和的生产方法，只能得到 10%~20% 可再生的聚苯乙烯产品。

欧洲市场调查发现，消费者愿意接受可再生比例更高的产品的溢价，溢价比例可高达 10%。因此，采用该技术生产可再生聚苯乙烯会带来更为可观的利润。该技术能够生产最高纯度的苯乙烯，纯度大于 99.95%（质量分数），杂质含量优于 ASTM 标准。结晶工艺采用电力作为能源，如果采用可再生电力，还能达到减碳的效果。蒸馏装置的能耗基本可以由上游热解过程产生的燃料气提供。

3）用溶剂回收多层塑料中聚合物的新技术

多层塑料材料在食品和医疗用品包装中无处不在，这是因为多层聚合物可赋予塑料薄膜特殊的性能，如耐热性或水分控制等，但常规方法很难回收这些多层塑料材料。据 2023 年

4月《科学进展》报道,美国科学家开创了一种使用溶剂回收多层塑料中聚合物的新方法,该技术有望大幅减少塑料废料对地球环境的污染。

全球每年生产约 1×10^8 t 多层热塑性塑料,每种热塑性塑料由多达 12 层不同的聚合物组成。其中总量的 40% 是制造过程本身产生的废物,由于无法分离聚合物,几乎所有热塑性塑料最终都被送到填埋场或焚化炉中。

通过使用一系列以聚合物溶解性热力学计算为指导的溶剂洗涤,美国威斯康星大学科研团队使用"溶剂定向回收和沉淀(STRAP)"工艺,对一种普通商用塑料中的聚合物进行了分离,分离出的聚合物在化学特性上类似于用于制造原始塑料薄膜的那些材料,如聚乙烯、乙烯-乙烯醇和聚乙烯二甲酸酯等。该团队使用回收的聚合物来制造新的塑料材料,以证明该工艺将有助于提高回收效益。特别是,它可以使多层塑料制造商回收在生产和包装过程中产生的 40% 的塑料废料。研究团队还准备对其他多层塑料开展试验,以扩展 STRAP 工艺的使用范围。随着多层塑料的复杂性增加,确定可溶解每种聚合物溶剂的难度也增加。研究人员已着手开发一种新的计算模型,以计算出目标聚合物在不同温度下在溶剂混合物中的溶解度,从而缩小可溶解聚合物的潜在溶剂的数量。

研究的最终目标是开发一种计算系统,使研究人员能够找到溶剂组合以循环利用各种多层塑料。研究团队还希望了解所用溶剂对环境的影响,并建立绿色溶剂数据库,使其能更好地平衡各种溶剂系统的功效、成本和环境影响。

3. 绿色化工环保生产技术

1)利用微生物发酵制取生物基己二酸技术

随着化石燃料资源的日益紧张及环保要求的不断提升,传统己二酸生产工艺面临的设备腐蚀和环境污染问题愈发凸显,促使业界探索更为绿色可持续的生产方式。在此背景下,以农作物秸秆等非食用生物质中提取的糖为原料制取生物基己二酸的技术应运而生。

日本东丽工业公司的研究人员成功地从不可食用的生物质中提取糖类生产 100% 的生物基己二酸,这是世界首创。该技术结合了微生物发酵与分离膜纯化技术,并利用基因工程和生物信息学,对微生物代谢途径进行了优化,使微生物合成的中间体数量增加了 1000 多倍,合成效率大幅提升。同时,该技术使用反渗透分离膜浓缩提纯中间体,有效去除了杂质。相较于传统蒸发浓缩方法,该方法不仅能耗更低,且在生产全程实现了 N_2O 的零排放;相较于石油基工艺,其环保性能更为突出。己二酸是生产 PA66 的重要原料之一。东丽工业公司计划先研发 PA66 的聚合和生产技术,再开展市场调研,并预计 2030 年前后推进生物基己二酸的商业化。

2)二氧化碳人工高效合成己糖新技术

中国科学院天津工业生物技术研究所在二氧化碳人工合成己糖技术方面取得新突破,相关成果于 2023 年 8 月 16 日在《科学通报》上发表。该技术利用化学催化剂将高浓度二氧化碳和氢气还原成碳一化合物(C_1)——甲醇和甲醛;然后通过碳素缩合、磷酸化等酶促异构化作用,将甲醛缩合成磷酸甘油醛(C_3)。这种人工构建的合成路线,具有不依赖土地、不依赖植物类生物质资源的优势。

主要技术创新:(1)提出了"二氧化碳—甲醇—甲醛—合成己糖"的新方法,开创了化学—酶级联转化二氧化碳合成己糖的人工合成途径，构建了 C_1—C_3—C_6 三个功能模块，实现了精准控制合成不同结构与功能的己糖（葡萄糖、阿洛酮糖、塔格糖、甘露糖）。（2）通过酶促醇醛缩合得到特定的立体化学构型磷酸化糖，最后去磷酸化，制备得到特定立体构型的己糖（C_6）。（3）该技术通过计算辅助的方法，利用酶分子改造技术提升了天然酶活性、底物特异性等催化性能，减少了酶的使用量和系统能量输入，实现了较高转化效率与精准可控构型己糖的人工合成。（4）整套实验反应时长约17h，与通过种植甘蔗等农作物提取糖分的传统方式相比，糖的获取时长实现了从年到小时的跨越。糖合成的效率为 0.67g/(L·h)，葡萄糖的碳固定合成效率达到 59.8nmol 碳/(mg 催化剂·min)，高于已公开报道的化学法合成糖、电化学—酵母发酵偶联法合成糖技术。

该技术成果可以作为技术储备，以防止因土地短缺、生态系统退化、全球变暖导致的原料供应危机，或者当人类可以无忧地解决能源问题后，如可控核聚变，这一技术储备将大有用武之地。

3）利用合成生物学技术开发的聚乳酸"负碳"生产工艺

从源头上生产可降解塑料以替代传统塑料，被视为解决塑料污染问题的终极方案。聚乳酸（PLA）作为当前最优的可降解聚合物替代品备受瞩目。上海交通大学研发的 PLA "负碳"生产工艺，为可降解塑料的可持续发展提供了新策略。该技术开创性地采用非粮原料生产新一代 PLA，不仅解决了塑料污染和生物制造的非粮原料替代难题，还在合成过程中直接捕获 CO_2，助力实现"双碳"目标。

研究团队取得的主要技术突破包括：首先，在光驱动蓝细菌平台上，通过代谢工程和高密度培养策略，首次建立了自养微生物细胞工厂，并首次以 CO_2 为原料实现一步 PLA 生物合成；其次，通过系统代谢工程优化关键酶的表达水平，解决了碳流重定向问题，确保 CO_2 进入细胞后最终流向 PLA；最后，突破了蓝细菌生长密度和速度的局限，自主研发新型光反应器，优化光谱并采用可控渐变光强，使蓝细菌细胞生长更快更密，细胞密度提升 10 倍，PLA 浓度高达 108.0mg/L。研究团队下一步将致力于提高 PLA 的细胞干重占比至 50% 以上；并计划在未来 3~5 年内进行中试和全链条优化，将各项指标提升至工业化水平。

（三）化工技术展望

新的技术能够带来新机遇、新市场和新商业模式，也能带来新的解决方案。正如创新突破技术将激发更多创新一样，化学制造领域的生产技术、新兴创新材料生产技术、绿色化学技术、化工领域的人工智能技术、工业生物技术等新技术将对未来世界化工行业产生深远影响。

1. 化学制造领域的生产技术

化学制造领域的进步越来越多地涉及数字化和自动化。扩展现实技术可帮助化学工程师解决劳动力短缺和员工培训问题。它与数字孪生一起模拟危机生产场景，并远程进行诊断。三维打印还能实现电化学装置设备制造、数字合成和新型材料开发的自动化。此外，机器人还能帮助工厂技术人员在危险的实验室环境中加快生产速度。自动导向车（AGV）无须人工干预即可运输货物。所有这些进步使新型化学制造创新成为化工行业的主要趋势之一。例如，美国初创公司 Trillium Renewable Chemicals 利用可持续原料布局生产植物基丙烯腈，可以克服传统丙烯腈用石油原料生产、释放大量热量并产生有毒氰化物的问题。

2. 新兴创新材料生产技术

新兴创新材料的趋势，主要聚焦在先进电池材料、纳米材料和生物技术。生物技术解决方案，如通过生产生物基电池，克服石化产品的负面影响，而且这种先进的阴极材料提高了电池的能量密度和效率。另一个例子是碳纤维，它可以延长风力涡轮机叶片的使用寿命。此外，纳米技术还帮助在聚合物等领域发现了新材料，如一种可以帮助提高涂层光滑度和耐热性的新材料。总部位于新加坡的初创公司 Acoerela 正在研发一种水溶性亲脂染料平台，克服了传统染料溶解性差和聚集等局限性。

3. 绿色化学技术

绿色化学的重点是能消除危险或有害化学品和材料影响的工艺和产品。这一化学趋势促使制造商优先考虑环境法规和可持续发展。化工企业通过构建回收技术，加强废物管理，并转向使用替代能源。例如，从石油原料向植物原料过渡，将生物质转化为燃料。另一个例子是绿色氢气，它将二氧化碳排放转化为碳氢化合物。此外，绿色化学解决方案还可替代焦炉煤气，实现炼钢过程的脱碳。

4. 化工领域的人工智能技术

在化学工业方面，通过人工智能和深度学习算法加强实验室实验和临床试验。此类解决方案可产生新的生化配方和材料组合。例如，具有治疗特性的新分子或危险或有害物质的替代品。此外，人工智能还能使化学过程自动化，并收集宝贵的数据以提高运营效率。人工智能解决方案还能及时发现异常、泄漏或污染，并实现早期预防。人工智能的这些广泛优势和应用使其成为化工行业最值得关注的趋势。

5. 工业生物技术

未来，通过基因编辑细菌的菌群将成为新的化学品工厂，定制生产大宗化学品、生物燃料、药品和保健品。代谢工程是生物化学领域发展的核心，可以通过不同的代谢路径或者搭载特定酶来设计不同的工艺及生产不同的产品。计算技术、蛋白质科学和基因编辑技术的发展使化学品的安全、高效和可持续生产成为可能。

参 考 文 献

[1] 刘雨虹，赵旭，杨艳，等. 2019 石油化工技术发展动向与展望 [J]. 世界石油工业，2020, 27（1）：46-52, 26.
[2] 王红秋. 如何走好现代化石化企业建设之路 [J]. 中国石化，2023, 449（2）：28-31.
[3] 朱昌海，李文翎. 2022 年石化行业发展将呈前低后高态势 [J]. 中国石油企业，2022 (3)：58-61.
[4] 徐海丰. 2022 年世界乙烯行业发展状况与趋势 [J]. 国际石油经济，2022, 28（5）：48-54.
[5] 李超，吕晓东. 2021 年世界和中国石化工业回顾及 2022 年展望 [J]. 当代石油石化，2022, 28（2）：16-21.
[6] 赵晓飞. 全球疫情叠加油价低位影响烯烃芳烃产业格局加快重塑 [J]. 中国石油和化工，2022 (6)：25.

[7] 祝昉. 中国石油和化工行业经济运行分析回顾与展望 [J]. 当代石油石化, 2022, 28 (3): 1-8.
[8] 武佳贺, 许冰, 程小良. 人工智能在石化企业的应用和展望 [J]. 中国管理信息化, 2021, 22 (21): 106-107.
[9] 袁晴棠. 石化工业发展概况与展望 [J]. 当代石油石化, 2022, 27 (7): 1-6, 12.
[10] 徐海丰, 于晗. 全球原油制化学品项目发展现状及石化产品前景分析 [J]. 国际石油经济, 2021, 27 (5): 23-30.
[11] 胡世明. 原油直接制化学品收率可高达80%？除了埃克森美孚，还有哪些新技术 [EB/OL]. (2020-05-19) [2020-11-18]. https://www.sohu.com/a/394072947_806277.
[12] TOURNIER V, TOPHAM C M, GILLES A, et al. An engineered PET depolymerase to break down and recycle plastic bottles [J]. Nature, 2022, 580 (7802): 216-219.
[13] 佚名. 巴斯夫联合埃克森美孚推出突破性气体处理技术 [EB/OL]. (2022-06-11) [2022-11-18]. http://www.ccin.com.cn/detail/53139d9d1d13be7242dd0e5a9eb5de63/news.
[14] 张伟清. 韩国科学家开发的新催化剂可使温室气体重新转化成燃料或氢气 [J]. 石油炼制与化工, 2022 (6): 41.
[15] 南近山. 在绿色环保大环境下的化工未来发展方向展望 [J]. 科学技术创新, 2018 (20): 40-41.

九、新能源技术发展报告

当前，全球经济复苏进程放缓，绿色投资全面增长成为重要亮点。随着全球气候变化问题日益严重，各国政府和企业纷纷加大对清洁能源的投入，以减少温室气体排放，推动可持续发展。成本、气候和能源安全目标以及工业战略共同推动了清洁能源技术投资的强劲增长。

（一）新能源领域发展新动向

2023年，多国相继提升可再生能源发展目标。IEA指出，政策支持的增强、化石燃料价格的上涨以及能源安全问题关注度的提升正在推动太阳能发电和风力发电的部署，全球可再生能源行业将在2023年加快发展，新增装机预计将同比增长近1/3，其中光伏和风电装机增长最多。2024年，全球可再生总装机或将增至4500GW，这种动态扩张正在全球各主要市场中进行，包括欧洲、美国、印度和中国。太阳能领域，2023年全球将有3800亿美元的投资流向该领域，投资额将首次超过石油领域的投资。预计到2024年，光伏产业制造能力将增加一倍以上。除了大型光伏电站在全球多个地区投建，小型光伏发电系统也呈快速增长态势。风能领域，随着新冠疫情期间曾推迟的风电项目陆续开始推进，2023年全球风力发电量大幅反弹，同比增长约70%。同时，太阳能和风能等可再生能源发电的成本越来越低，越来越多国家认识到，发展可再生能源不仅有利于应对气候变化，还能为解决能源安全问题提供重要方案。

1. 清洁能源技术投资强劲增长，太阳能投资将首次超过石油

2021年以来，清洁能源投资增长了24%。2022年，受经济复苏、能源危机以及化石能源市场剧烈波动等影响，全球能源投资和相关技术部署得到一定提振。根据IEA发布的《2023年全球能源投资报告》，2022年全球能源投资总额为2.6万亿美元，这一增长主要受到天然气投资的推动，因为各国纷纷寻求更清洁的能源替代煤炭作为发电燃料。而到2023年，国际能源署预计全球能源投资将达到约2.8万亿美元，其中清洁能源投资将超过1.7万亿美元，比2021年增长24%，包括可再生能源电力、核能、电网、储能、低排放燃料、能效提升以及终端可再生能源和电气化；剩余部分将用于化石能源供应和电力，其中约15%用于煤炭，其他为石油和天然气。

清洁能源与化石燃料投资之间的差距拉大。由于全球能源危机引发的可负担性和安全担忧，选择更可持续能源的趋势进一步加强，清洁能源技术的投资远远超过化石燃料支出，两者投资的差距正在扩大。IEA指出，2018年前，清洁能源与化石燃料的投资比为1∶1，如今这一比例已扩大至1.7∶1（图1）。一方面，太阳能和风能等清洁能源的成本越来越低；另一方面，许多国家都认为，发展清洁能源不仅可以应对气候变化，还是解决能源安全问题的持久方案。

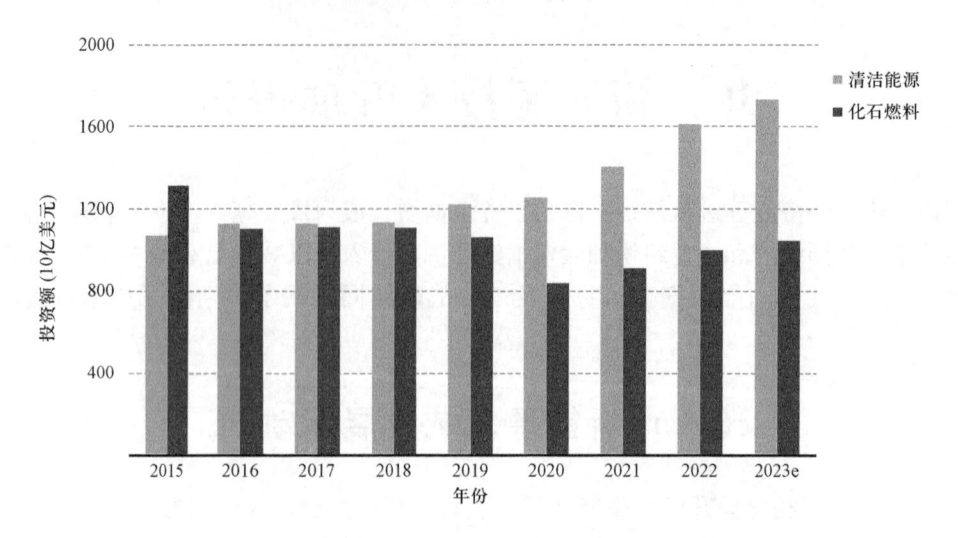

图1 2015—2023年全球对清洁能源和化石燃料的投资情况（IEA）

太阳能投资在2023年首次超过石油生产投资。全球清洁能源投资增长具体体现在以太阳能为主导的可再生能源和电动汽车两个方面，清洁能源投资增长由可再生能源和电动汽车引领，电池、热泵和核能等领域也做出了重要贡献。IEA预计，2023年，低排放电力投资将占发电总投资的近90%。其中，太阳能表现最佳，其投资将达到3800亿美元，首次超过石油上游投资。另外，消费者对电动汽车的需求正在快速增长，预计电动汽车销量在2022年创下历史新高后，2023年将增长1/3以上。对电动汽车的投资自2021年以来翻了一番多，2023年达到1300亿美元。此外，全球热泵销售额自2021年以来实现了10%以上的增长。

2. 全球清洁能源投资不均衡，区域较为集中

清洁能源投资虽然增长强劲，但极不平衡（图2）。2021年以来超过90%的清洁能源投资增长来自发达经济体和中国，其增长额超过了其他地区的投资总额。印度的太阳能投资、巴西和中东部分地区的可再生能源投资也有所增长，但这些国家和地区对太阳能投资增长的贡献很小。如果其他国家的清洁能源转型不加速进行，全球能源可能面临新的不平衡发展。清洁能源投资中最大的短板存在于新兴经济体和发展中国家，主要的制约因素包括政策框架和市场设计不明确、电网等基础设施薄弱、利率等资本成本高等。在这些地区，由于清洁能源投资回报率低，私人投资涉足意愿低，因此需要国际社会做更多的工作，特别是在推动私营资本一直不愿冒险的低收入经济体的投资方面。

3. 投资正流向关键矿产领域，由电动汽车和电池研发制造引领

电动汽车和电池是需求增长的主要驱动力。据统计，2022年，电动汽车销量增长60%，超过1000万辆，储能系统装机容量增加了一倍，太阳能光伏装机继续打破之前的纪录，风电装机在经历了两年的低迷后恢复上升势头。这导致对关键矿产的需求显著增加，根据IEA《关键矿产市场评估2023》报告，2017—2022年，能源行业的发展推动全球锂需求增长2倍，钴和镍的需求分别增长70%、40%。关键矿产中的清洁能源技术应用占比也在上升，

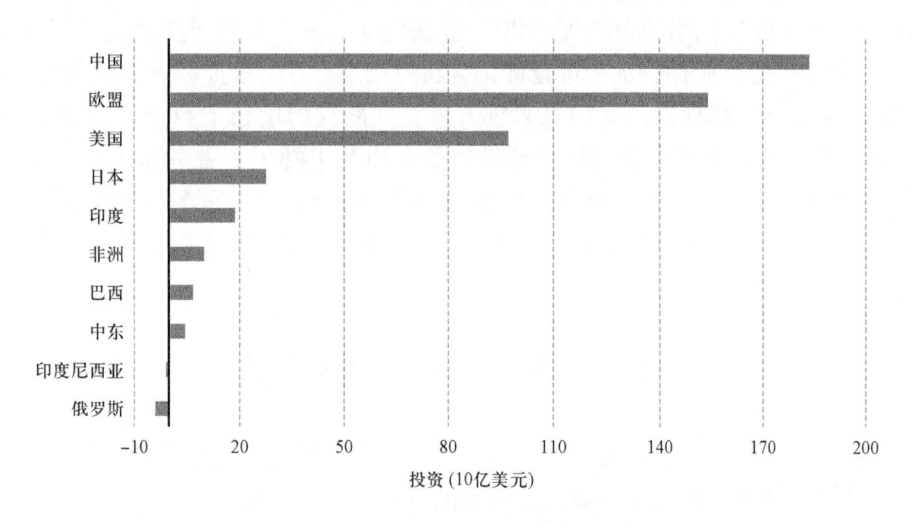

图 2 2019—2023 年主要国家和地区清洁能源投资情况（IEA）

到 2022 年，清洁能源应用占全部锂、镍、钴需求比例分别较 5 年前提升了 26%、10%、23%（图 3）。清洁能源技术关键矿产需求将迅速增加，IEA 预测，在 2050 年净零排放情景中，到 2030 年关键矿物需求将增长 3.5 倍，需求量超过 $3000×10^4$ t。电动汽车和电池是需求增长的主要驱动力，其次，低排放发电和电网也是重要驱动因素。

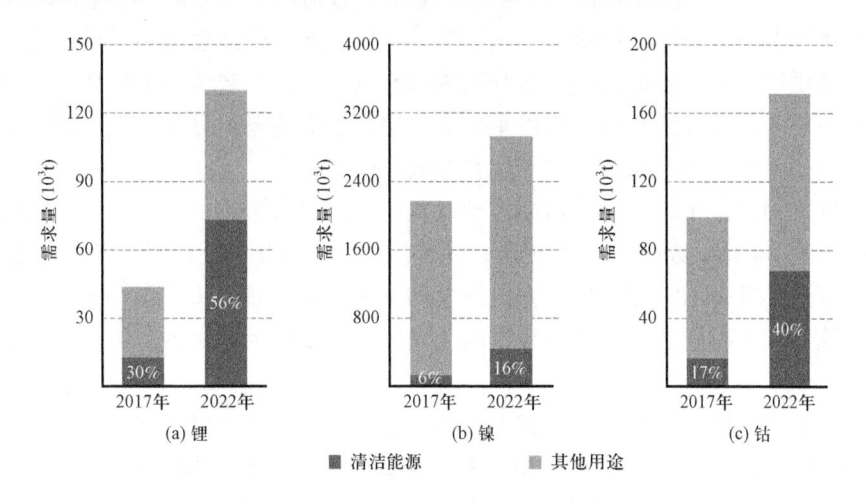

图 3 2017 年和 2022 年清洁能源应用占锂、镍、钴需求比重（IEA）

清洁能源制造、关键矿物和金属供应的竞争是确保弹性转型的关键。IEA 发布《2023 年世界能源展望》预测，2030 年，全球主要清洁能源技术市场价值将达到约 6500 亿美元，是当前水平的 3 倍多。清洁能源安全转型取决于弹性和多样化的清洁能源供应链，要实现全球气温上升控制在 1.5℃，IEA 认为，2030 年还需在清洁能源制造和关键矿产供应方面投资约 1.2 万亿美元。其中，电动汽车市场利好、储能电池的强劲投资以及本土供应链政策，将推动全球新的锂离子电池制造项目部署，到 2030 年有望达到 5.2TW·h 的新产能。但由于资源勘探到开采加工需要十年以上时间，关键矿产投资将成为清洁技术制造和部署的制约因素。矿产开发也需要大量的资金投入，包括采矿权许可费、勘探费用、设备购置费用、劳动力成本等。继2021年同比增长20%后，2022年关键矿产开发投资再次大幅增长30%。IEA通过对20家大型矿业企业投资水平进行详细分析后发现，在清洁能源部署强劲势头刺激下，关键矿产的资本支出大幅增加。专门从事锂开发企业的支出增长了50%，其次是专注于铜和镍的企业。2022年，中国企业的矿产开发投资支出几乎翻了一番。除矿产开采外，钠离子电池在2023年初实现了飞跃，计划产能超过100GW·h，且主要集中在中国。虽然绝大多数电池回收产能位于中国，但各国已宣布的制造计划将在一定程度上降低中国市场的占有率。

（二）新能源技术新进展

新能源技术在光伏发电、风力发电、新型储能、清洁绿氢、先进核电、碳减排等方面取得进步，相关技术路线和产业细分赛道发展不断得到拓展和应用。

1. 光伏发电技术

2023年，光伏行业发展跌宕起伏，从全球到国内环境、从市场到技术，都出现了不小的变化。光伏行业在过去几年中经历了快速发展，自2023年下半年开始，光伏行业出现了明显的产能过剩问题。据光伏协会预测，2023年全球光伏装机量预计为345~390GW，而截至2023年末，光伏主产业链各环节的名义产能都将达到近1000GW，行业整体出现产能过剩。这导致了产业链各个环节的价格大幅下降，光伏企业的业绩也持续承压。光伏原材料价格，受到全球供需关系、政策调整等多种因素的影响，经历了起伏不定的变化。随着光伏产能的扩张，原材料供应逐渐充裕，价格呈现出一定的下降趋势；另外，政策的变化也对光伏市场价格产生了重要影响，如政府对光伏补贴政策的调整等。

光伏组件方面，由于原材料价格的波动以及产能过剩的影响，光伏组件价格出现了一定程度的下降。据Infolink数据，2023年末，光伏组件价格较年初下降近50%，光伏装机成本大幅下降，据此推算全国大部分地区光伏发电的度电成本已低于0.2元/(kW·h)。这使得光伏电站的建设成本有所降低，进一步推动了光伏市场的普及和发展。然而，价格的降低也给光伏企业带来了挑战。

光伏产业技术更新迭代迅速，一旦旧产品无法提供更低的度电成本、更高的转化效率，就将被优秀产能替代。2023年，光伏电池技术升级加快，理论效率更高的N型电池正在渐渐取代P型电池。而在N型电池技术中，TOPCon（隧穿氧化层钝化接触太阳能电池技术）、HJT（异质结技术）和BC（背接触电池技术）三种类型也在激烈竞争。

2023年以来，国内已投产TOPCon产能达到433GW。据业内统计，2023年N型电池TOPCon出货量占市场总额的25%以上。HJT技术虽然还没有大规模投产，但在2023年中出现了技术突破，生产成本也进一步降低，未来有望提高规模。

BC技术由行业龙头隆基绿能力推。BC电池是一种平台型技术，可与P型、TOPCon、HJT等主流电池技术结合。BC电池技术理论转化效率为29.1%，在三种技术中转换效率上是最高的，但是面临着投资成本高昂、工艺难度高等多重挑战，产能还比不上TOPCon。不过在行业龙头的推动下，未来几年将会进一步发展。

2. 风力发电技术

2023年，风能行业绿叶舞风，在广袤的大地上繁茂生长，在浩渺的大海中破浪扬帆。"沙戈荒"大基地稳步推进，西部大开发有了新动能。漂浮式机组海上探路，深远海风电开发蓄势待发。零碳产业蔚然成风，低成本零碳风电成为基础支撑。产业集群崛起，上下游协同创新，产业链一体化紧密合作，风电进入高质量发展的新时代。国际化步伐日益坚实，中国风电点亮了全球能源转型之路，为全球应对气候变化、实现能源安全贡献中国力量。

回顾2023年，国内风电项目受限制性因素影响有所滞后，导致风电招标、装机不及预期。招标方面，2023年预计招标约65.89GW（陆风56.26GW，海风9.63GW），均同比有所下降。陆风招标价格预计逐渐企稳，海风并非最低价中标，但仍有降价空间。装机方面，2023年风电整体装机约75.9GW，预计陆风装机70GW左右，海风装机5~6GW。

2023年以来，受通货膨胀、利率上升、供应链成本高等因素影响，海风项目建设有所停滞。据不完全统计，受影响的海风项目合计约11.8GW，且主要集中在2025年之后并网。若从项目分布情况看，多数项目分布于美国（约7.5GW）。目前受影响的多数项目暂时中止，如果后期海外政策变动、供应链成本下降，项目仍有望重新启动，进而贡献装机增量。

1）风电新机型不断推陈出新

2023年1月，中国海装自主研制的H260-18MW海上风电机组在山东省东营经济开发区海上风电产业园研制成功（图4）。该机型采用中速集成方案，多项关键技术实现突破，走出了一条自主发展的技术道路，成功引领海上风电步入更"大"时代。

图4　中国海装自主研制的H260-18MW海上风电机组

2023年2月8日，远景能源在新疆发布大兆瓦风机EN-220/10MW。该机型专为新疆及"三北"（东北、华北北部和西北）中高风速区域和"沙戈荒"场景设计。针对"沙戈荒"大基地项目昼夜温差大、多沙、超极限风等严苛自然环境挑战，EN-220/10MW采用抗脏污与风沙高性能第4代翼型、多级自清洁过滤系统和高性能保护漆加强保护叶片前缘等定制化设计，依托伽利略平台对风沙状况实时监测预警，有效保障风机的运行效率。

2023年6月11日，在首届上海国际碳中和技术、产品与成果博览会上，上海电气风电集团发布了全新一代海神平台16+MW全海域平台机组（图5）。同期，该机组在电气风电汕头基地下线。

图5 上海电气风电集团海神平台16MW+全海域平台机组下线

2023年10月7日，首台100%国产化大风机——远景能源海上低风速样机（图6）在远景江苏射阳零碳产业园下线。该系列机型基于上一代低风速订单王者EN–226/8.5MW全面升级，以最大风轮直径252m领跑低风速海上产品，功率等级覆盖10.5~12MW。

图6 远景能源海上低风速样机

2023年10月17日，三一重能发布了全球最大陆上风电机组——15MW风电机组（图7），并发布了13/16MW海上风电机组。15MW风电机组配备的发电机和叶片自主设计，与整机设计高度协同，性能更优，沿用与919平台机组一致的国内首创双箱变上置机舱技术。

2）风电组件及建设新技术不断取得新突破

全球首台"导管架风机+网箱"一体化装备下线。2023年7月10日，由明阳智能自主研发设计的全球首台"导管架风机+网箱"风渔融合一体化装备MyAC–JS05在浙江舟山正式下线，并于7月下旬投运于全国首个"海上风电+海洋牧场+海水制氢"融合项目——明阳阳江青洲四海上风电场项目。11月10日，"明渔一号"首网收鱼近5000kg。

图 7 三一重能发布全球最大 15MW 陆上风电机组

金风科技刷新全球风电塔架高度纪录。2023 年 9 月，金风科技成功完成 185m 风电塔架吊装，该高度相当于近 60 层楼，创造全球陆上风电塔架高度新纪录。采用金风自主研发的钢混塔架技术路线，能够有效拓展"低风速、高切变"区域的可开发市场容量，使低至 4.6m/s 的风速区域同样具备风电项目开发的条件和更优的投资收益。

全球首台超高性能混凝土材料混塔机组完成吊装。2023 年 10 月，运达股份巨石江苏涟水项目首台 WD200-5000 机组完成现场吊装，这是全球范围内首台超高性能混凝土（UHPC150）塔筒首次投入使用，实现了我国风电行业在风机塔筒稳定性和安全性设计上的又一次飞跃。

国内首台三边形桁架塔风电机组成功并网。2023 年 11 月，由中车株洲电力机车研究所自主设计开发的国内首台三边形桁架塔风电机组在河南民权顺利并网成功，为国内高塔架产品增加了新的解决方案。

东方电气风电下线 126m 长海上风电叶片。2023 年 5 月 28 日，东方电气风电股份有限公司自主研制、拥有完全自主知识产权的 B1260A 型叶片，在江苏叶片制造基地顺利下线，该叶片长 126m，是配套Ⅰ~Ⅱ类风区 13~18MW 海上风电机组的超长叶片。

全球最长陆上叶片下线。2023 年 9 月 12 日，中国中车首支 230 陆上风电叶片成功下线（图 8），叶片长达 112m，是目前全球最长陆上叶片，实现了"中车造"陆上风电叶片从 98m 到 112m 的新飞跃。

图 8 中国中车首支 230 陆上风电叶片成功下线

中材叶片近百米可回收热塑性复合材料风电叶片下线。2023年11月，由中材叶片研制的近百米级热塑性复合材料风电叶片在中材叶片阜宁公司成功下线。该叶片采用阿科玛集团（Arkema）的热塑性可回收树脂Elium®制作而成，是国内目前较先进成熟的热塑性可回收叶片，刷新了全球热塑性复合材料风电叶片长度纪录。

金风科技再造"国之重器"——1600t自升式风电安装平台。2023年8月8日，金风科技与中天科技合作研制开发的金风海洋"中天31"1600t自升式风电安装平台（图9）在江苏南通正式完成交付，该风电安装平台适合超大型海上大兆瓦机组（20MW以上）的施工。

图9　金风科技1600t自升式风电安装平台

亚洲首制电气风电两艘深远海风电运维母船下水。2023年9月16日，亚洲首制海上风电SOV运维母船（图10）吉水仪式在启东隆重举行。此次吉水的两艘运维母船，由上海电气风电委托振华重工建造，这是亚洲风电整机商首次在海上风电运维领域引入专用SOV。

图10　亚洲首制海上风电SOV运维母船

3. 新型储能技术

2023年，中国储能政策支持力度加大；各种储能技术研究取得重要进展；储能装机规模快速发展；资本持续投入；产能快速增加。总体上，中国储能技术和产业经历了高速发展的一年。2023年，中国储能技术在基础研究、关键技术和集成示范方面均取得了重要进展，保持了全球基础研究、技术研发和集成示范最为活跃的国家地位，中国在储能领域发表SCI论文数、申请专利数、装机规模继续保持世界第一。

1）压缩空气储能

压缩空气储能（CAES）技术具有储能容量大、储能周期长、系统效率高、运行寿命长、比投资小等优点，被认为是最具有广阔发展前景的大规模储能技术之一。2023年，我国CAES技术总体上从单机100MW级向300MW级推进，在系统总体特性、核心部件关键技术、系统集成示范等方面均取得了重要进展。

2023年，我国CAES技术总体上从单机100MW级向300MW级推进。在系统总体设计技术、压缩机技术、蓄热（冷）换热器技术、膨胀机技术、系统集成与控制技术等方面均有重要进展。在总体设计方面，中国科学院工程热物理所攻克了300MW级先进压缩空气储能系统（图11）总体设计技术，提出了基于负荷—概率因子的系统全工况设计方法，完成了考虑环境参数和负荷特征的300MW系统全工况总体设计，系统额定设计效率达到70%以上。在压缩机和膨胀机方面，攻克了300MW级先进压缩空气储能系统宽工况轴流—离心组合式压缩机技术，研制出国际首套压缩机样机；攻克了300MW级先进压缩空气储能系统高负荷轴流膨胀机技术，研制出国际首台套膨胀机样机，并完成了集成测试，各项测试结果均达到或超过设计指标，具有集成度高、效率高、启停快、寿命长、易维护等优点，被《光明日报》评为2023年度重大科技创新成果；在蓄热换热器方面，突破了多流程小流道蓄热换热技术，攻克了低温差、小压损、变工况运行、阵列化调控等技术难题，研制出300MW级先进压缩空气储能系统阵列化高效紧凑式蓄热装置，单体容积达8000m^3，蓄热阵列总储热量达8.3TJ。在系统集成与控制方面，攻克了压缩空气储能系统总体集成与控制技术，解决了CAES非线性强耦合的并网调节特性问题，研制出了300MW储能与电力系统耦合控制系统等。

图11 中国科学院工程热物理所300MW级先进压缩空气储能系统

2）液流储能

液流储能技术具有安全性高、寿命长、功率和容量单元配置灵活等特点，在大规模长时储能领域极具优势。2023年，我国液流储能技术取得了快速发展，100MW/400MW·h全钒液流电池储能调峰电站稳定运行超过一年。液流储能产业快速发展，已公布的规划产能超过80GW·h。同时，我国学者在液流储能基础研究和关键技术等方面均取得了重要进展。

全钒电解液方面，2023年大连融科储能技术发展有限公司、中国科学院过程工程研究所、兴欣钒科技公司、新筑股份等企业相继布局全钒电解液短流程开发，并进行了试产。国内全钒电解液租赁模式已逐渐走向实际应用，大连融科与海螺融华推出的钒电池电解液租赁模式已在枞阳海螺6MW/36MW·h全钒液流电池储能项目中应用。

电堆设计方面，中国科学院大连化物所开发70kW级高功率密度全钒液流电池单体电堆。该单体电堆体积功率密度由70kW/m^{3}提高至130kW/m^3，在体积保持不变的条件下，功率由30kW提高至70kW，成本较30kW级电堆降低40%。四川天府储能推出128kW全钒液流电池电堆技术。

新体系方面，中国科学院大连化物所开发出面向用户侧的100kW·h锌溴液流电池系统。该系统由电解液循环系统、4个单堆容量为30kW·h级的电堆以及与其配套的电力控制模块组成，设计放电总能量为100kW·h。巨安储能发布首台250kW全铁液流储能系统，并进行3000h稳定性认证。宿迁时代开发出20kW水系有机液流电池电堆。

3）新型储能技术

除以上储能技术外，我国学者还开展了多种新型储能技术的研究，为储能技术的未来发展提供了创新方向。

（1）液态金属。

液态金属电池是基于液态金属和无机熔盐的新型电化学储能体系。电池材料和结构简单，充放电过程中避免了传统固态电极结构坍塌和隔膜失效等问题，具有容量易放大、储能成本低、循环寿命长、安全可靠性高等优点。近年来，液态金属电池重点研究方向为低成本电池材料体系设计与优化、大容量电池构筑与批量化制造、电池状态估计与成组管理等。在示范应用方面，由美国Ambri公司提供的液态金属电池模组已成功应用于美国微软公司数据库备用电源（UPS），运行情况良好。国内武汉吉兆储能科技有限公司于2023年成立，依托华中科技大学的液态金属电池技术，推进液态金属电池的产业化进程。同时，南方电网与华中科技大学开展合作，预计2025年建成国内首个兆瓦时级液态金属电池储能系统示范电站。

（2）重力储能。

重力储能具有选址灵活、环境友好、储能容量大、循环寿命长、放电深度高、响应快、效率高等优点。2023年，我国学者积极探索重力储能体系领域，推动了重力储能在基础研究、关键技术和集成示范方面的重要进展。2023年，重力储能系统在集成示范方面也取得了重要进展。中国天楹如东26MW/100MW·h重力储能主体工程（图12）于2023年9月封顶；甘肃省张掖市17MW/68MW·h重力储能项目、甘肃酒泉金塔50MW/200MW·h重力储能项目、河北怀来县25MW/100MW·h重力储能项目等正式开工。中国电力工程顾问集团华北电力设计院有限公司（简称中国能建华北院）在张家口启动了基于竖井（1000m 高差）的 50MW/300MW·h 级竖井式重力储能示范项目等。

图 12　中国天楹如东 26MW/100MW·h 重力储能主体工程

4. 清洁氢技术

2023 年以来，全球主要经济体加快氢能政策布局，推动氢能产业发展。美国发布首个《国家清洁氢能战略和路线图》，大力发展氢能，建立清洁能源体系；欧盟规定到 2030 年可再生氢在工业氢需求中所占比例要达到 42%，进一步激发绿氢需求；日本更新《氢能基本战略（草案）》，并将加强竞争力、发展全球市场纳入布局。中国出台首个氢能全产业链标准体系建设指南，系统构建了氢能制、储、输、用全产业链标准体系。

美国更加注重清洁氢能技术研发创新。2023 年 6 月，美国发布首份《国家清洁氢能战略和路线图》，提出到 2030 年美国每年生产 1000×10^4 t 清洁氢，2040 年达 2000×10^4 t，2050 年达 5000×10^4 t。美国拟 2027 年开始以氨的形式出口清洁氢，2030 年成为最大的氢能出口国之一。8 月，美国能源部宣布投入 3400 万美元，支持 19 个清洁氢能前沿技术研发项目。10 月，美国政府宣布将利用《两党基础设施法案》提供的 70 亿美元，在全美建立 7 个地区性清洁氢气中心，目标是每年生产 300 多万吨清洁氢气，达到 2030 年美国清洁氢气产量目标的近 1/3，这些中心的公共和私人投资总额达到近 500 亿美元。

欧洲多措并举推进氢能规模化供应。2023 年 2 月，欧盟重新定义了可再生氢的构成，要求生产氢气的电解槽必须与新的可再生电力生产相连，以确保可再生氢的生产能够激励可再生能源并网。3 月，欧盟规定到 2030 年可再生氢在工业氢需求中所占比例要达到 42%，为了满足这个配额，预计将需要 $(210\sim420)\times10^4$ t 的可再生氢总产量。同时，到 2030 年需要安装 22~43GW 的电解槽装机容量。除了欧盟，德国政府于 2023 年 7 月通过的新版《国家氢能战略》指出，预计到 2030 年，德国的氢能需求量将达到 130TW·h。法国政府重申了到 2030 年电解槽达到 6.5GW 的目标，到 2035 年电解槽将增至 10GW，以生产低碳氢气。

日本欲以"降本增需"普及氢能，汽车燃料电池等应用技术世界领先。按国家来看，日本排在氢能相关技术专利数量首位，把氢能用于汽车、住宅、工厂等，申请专利数量较多的燃料电池产业成为日本的优势。但近 10 年的相关专利申请件数却比以前减少 3 成。打造氢能供应链、以低成本推进实用化和普及化框架正成为日本氢能发展方向。日本政府于 2023 年 6 月对其 2017 年制定的《氢基本战略》进行修订，重点增加氢作为燃料的使用，计划 2040 年氢用量增长 6 倍至 1200×10^4 t；同时，公共部门和私营企业也将在未来 15 年共同投资 15 万亿日元推广氢能应用。修订后的计划将战略领域的 9 项技术列为优先事项，包括开发水电解设备、燃料电池、脱碳化学制品、运输氢气的大型油轮、燃料氨和清洁能源炼钢等。值得注意的是，新版《氢基本战略》还提出了氢能安全战略的基本框架，作为未来 5~10 年的行动指南，目的是建立覆盖整个氢能供应链的安全监管体系，包括建立科学数据基础、验证和优化阶段性实施规则、发展适合氢能应用的环境等方面。日本政府还计划颁布新立法，为参与氢和氨供应链生产、建立以及相关基础设施开发的企业提供财政支持。需要注意的是，日本缺乏太阳能和风力等自然资源，难以利用源自可再生能源的电力大量制造环保的"绿氢"，同时该国的可再生能源价格偏高，要实现氢能社会，进口廉价氢的国际框架不可或缺。因此，日本正在寻求建立国际供应链，通过海运进口脱碳能源。

中国持续强化氢能标准体系建设，在电解制氢领域不断取得突破。IEA 发布的《2023 全球氢能评估》显示，中国在制氢电解槽部署方面经历了快速增长，目前处于全球领先地位。2020 年，中国制氢电解槽装机容量还不到全球的 10%，且主要是小型示范项目。到 2022 年，中国制氢电解槽装机容量已经增长到 200MW 以上，占全球装机容量的 30%。到 2023 年底，中国制氢电解槽装机容量估计达到 1.2GW，占全球产能的一半。多个大型制氢电解槽项目也在推进。其中，中国首个万吨级光伏发电直接制绿氢项目——新疆库车绿氢示范项目于 2023 年 8 月全面建成投产，这标志着中国绿氢规模化工业应用实现零的突破。

1）太阳能热化学氢

太阳能热化学氢（solar thermochemical hydrogen，STCH）是通过阳光热能直接分解水产生氢气，完全依靠可再生太阳能驱动氢气生产，得到的是没有二氧化碳排放的"绿氢"。

据 2023 年 10 月 16 日发表在 *Solar Energy* 杂志上的一项研究，美国麻省理工学院设计出了更高效的 STCH 系统，可利用 40% 的太阳热量，直接分解水并产生氢气，为长途卡车、轮船和飞机提供动力，同时在此过程中不排放温室气体。与其他提出的设计类似，麻省理工学院的系统将与现有的太阳能热源相结合，如聚光太阳能发电厂（CSP）——一个由数百面镜子组成的圆形阵列，收集阳光并将其反射到中央接收塔。然后，STCH 系统吸收接收器的热量并引导其分解水产生氢气。这个过程与电解不同，电解使用电而不是热来分解水。这种制氢法虽然可以完全依赖再生能源，但效率相当低，基本上只有约 7% 的入射光用于制造氢气，是一种低收益、高成本制氢技术，还需要再进一步研究。麻省理工学院研究团队预计将在 2024 年打造系统原型，计划在美国能源部实验室的聚光太阳能设施中进行测试，已获得能源部资助。

2）海水制氢

海水制氢一直是氢能产业的瓶颈之一。德国 AquaPrimus 项目将风电场风机制造的氢气汇总后输送到海底，储存在专用的高压储罐中，通过海底管道输送至陆地终端。该项目计划 2025 年在黑尔戈兰岛外海两台 14MW 的风机平台上各安装一个电解槽。长期以来，电解水制氢一直依赖于淡水资源，全球淡水资源总体短缺，给其规模化应用带来了诸多限制和挑战。国内外知名研究团队进行了大量研究与攻关，均未取得突破性进展。

2023 年 5 月，在中国福建兴化湾海上风电场开展的全球首次海上风电无淡化海水原位直接电解制氢技术海上中试获得成功（图 13）。该项目第二步计划是实现规模化，研制大容量商业化电解槽，第三步是实现产业化。日本利用海上风电+新建海上平台+电解设备的集中制氢模式，将风电场电能汇总至半潜制氢平台，生产的氢气压缩储存在半潜平台储气罐系统，通过穿梭油轮进行外输，该项目位于北海道海岸，计划 2030 年前实现商业化。该模式适用于离岸较远的风电场以及分散式制氢不经济的风电场，通过新建海上集中式制氢平台，减少电力传输损耗，集中制氢。澳大利亚科学家还研发出一种可以将海水中的水分解为氢气和氧气的催化剂。这种催化剂被称为液态金属纳米颗粒催化剂，其中的金属纳米颗粒能够将海水中的氯离子与水分子分离，产生高浓度的氢气。这种催化剂制备简单、成本低廉，每 1kg 制氢成本仅需要 2 澳元。在实际应用中，利用这种催化剂制氢，产生的氢气质量非常高，可以用于各种需要高纯度氢气的行业，如电池制造、燃料电池等。

图 13　中国福建兴化湾海水制氢现场施工图

3）纯氢燃气轮机

2023 年 12 月 26 日，由明阳智能子公司明阳氢燃动力科技有限公司自主研制推出的 30MW 级纯氢燃气轮机正式下线（图 14）。该款燃气轮机是全球首款 30MW 级纯氢燃气轮机，搭载明阳氢燃自主研发的"木星一号"纯氢燃烧室，可实现百分之百的纯氢燃烧和真正意义的"零碳排放"。产品为"沙戈荒"地区、"大基地"项目而生，配置 10 组独立的"木星一号"纯氢燃烧室，年发电调峰近 2×10^8 kW·h。

图 14 全球首台明阳"木星一号"30MW 级纯氢燃气轮机下线

5. 先进核能技术

在地缘冲突引发能源供给危机与能源结构加速绿色低碳转型交会影响下，各国纷纷调整政策，核能在全球进入新一轮加速发展期，以先进核能技术、可控核聚变等为代表的新技术新方向受到前所未有的广泛关注。

重视先进核能技术研发和部署。美国政府根据《通胀削减法案》向美国能源部爱达荷国家实验室投入 1.5 亿美元，升级其核能基础设施，加强核能研发。英国《绿色工业革命十点计划》宣布设立最高 3.85 亿英镑的"先进核基金"，用于投资下一代核技术。这包括最高 2.15 亿英镑用于开发国内小型模块化反应堆技术设计以及最高 1.7 亿英镑用于在 21 世纪 30 年代初期完成先进模块化反应堆（AMR）示范研发。为了推动新核能项目的交付，政府对原设立的英国核燃料有限公司（BNFL）进行了重组，设置了"大不列颠核能"独立机构（GBN），依据英国到 2050 年的核能长期发展计划，负责小型模块化反应堆的竞优工作，为政府核能项目的最终投资决策提供支持。英国还将在已投入 8.7 亿英镑基础上，向 Sizewell C 核电项目追加 3.41 亿英镑投资，用于施工场地建设、关键设备/部件采购和人力资源补充，加速核电项目的推进。

推进小型模块化反应堆（SMR）的研制与应用。美、英、法、德、日、韩等 9 国组成的国际核监管机构协会发表联合声明，推动小型模块化反应堆技术的通用设计评估和许可方面的国际合作，确保小堆技术在各国部署符合安全、可靠、防扩散要求。美国多家核能公司与加拿大、韩国、波兰、罗马尼亚等国企业签署协议，推进小堆技术开发和部署。此外，加拿大启动了"小型模块化反应堆支持计划"，加速小堆技术发展。

在核燃料生产方面，高丰度低浓铀成为多国开发和部署先进反应堆所需的关键材料。美国准备启动本土首个高丰度低浓铀生产示范项目，该示范项目是目前美国唯一获得高达

20%浓缩铀水平许可证的工厂，计划在2023年底前生产20kg高丰度低浓铀，到2024年年产量可达到900kg，以满足两个先进反应堆示范项目的最初核燃料需求，支持燃料认证和测试新的反应堆设计。英国投入2230万英镑支持发展新的核燃料生产和制造能力，"核燃料基金"（NFF）旨在支持建立生产或处理铀及相关核燃料产品的能力，克服英国在燃料循环前端供应链的投资障碍。NFF之前已向8个项目提供了2030万英镑的资助，此次将额外提供2230万英镑用于发展新的核燃料生产和制造能力。其中有950万英镑用于英国铀浓缩公司开展先进低浓铀（LEU+）和高丰度低浓铀（HALEU）的研发。英法将基于两国在核电领域的数十年合作关系，并与其他七国集团成员国共同努力，减少对俄罗斯民用核能和相关物资的依赖，实现铀供应和核燃料生产的多样化。

在乏燃料后处理方面，美国、俄罗斯结合先进核能的部署规划，加快先进后处理技术的商业化进程。芬兰深地质处置库已进入建设阶段，成为当今世界上开拓高水平放射性废物处置的先驱者。日本即将拥有大规模后处理工业能力。

在核聚变方面，近年来，全球商业资本正加速涌入可控核聚变领域。一批初创企业涌现使得核聚变研究的途径更加多元化。美国能源部通过"聚变能发展里程碑"计划向8家公司提供4600万美元的资金，解决聚变能商业化面临的关键挑战。在脱欧的大背景下，2023年英国政府决定不加入欧洲原子能共同体研究和培训计划（Euratom R&T）以及聚变能计划，立足建立自主核聚变研究能力，弥补欧洲联合环（JET）退役所造成的研发能力缺失。为此，英国计划投入7.76亿英镑的经费，落实核聚变战略，新建设用于发展核聚变燃料循环能力和创新的设施，发展新的核聚变科学和人力资源开发，加强国际合作项目，加速球形托卡马克等新技术研发和商业化发展。

随着时间的推移，核聚变技术逐渐成为全球焦点，引发了广泛的研究和关注。全球最新、规模最大的核聚变反应堆——JT-60SA成功点火，标志着人类实用核聚变能源发展进程中的一大里程碑。这一重大突破，预示着核聚变商业化进程有望加速。JT-60SA是由日本和欧洲联合开发的一项国际核聚变实验，其成功点火不仅证明了装置的基本功能，更为核聚变反应堆的商业化运行提供了扎实的实验基础。然而，项目负责人表示，JT-60SA还需两年时间进行更持久的运行，以满足物理实验的需求。预计到2050年，日本将建造一座核聚变示范电厂（DEMO），这将为JT-60SA和ITER的商业化运行奠定基础。

与其他能源相比，核聚变具有原料丰富、释放能量大、放射危害小、安全性高等优势。海水中含有大量的核聚变燃料，如果能有效利用，其能量释放足以满足人类数百亿年的能源需求。同时，核聚变的自限性使得其安全性得到极大提升，基于链式反应的裂变型事故或核熔毁不可能发生。

中国在可控核聚变技术方面也取得多项科研进展。2023年8月，新一代人造太阳"中国环流三号"（图15）首次实现高约束模式运行，标志着中国可控核聚变技术的关键进展。另外，多个核聚变装置获批开工建设，总开工规模已突破百亿美元。11月，全球最大"人造太阳"项目磁体支撑产品在广州交付。至此，中国已完成最后一批磁体支撑产品，按时兑现国际承诺，为国际热核聚变实验堆（ITER）项目第一次等离子体放电的重大工程节点奠定了基础。

图15　新一代人造太阳"中国环流三号"

6. 碳减排技术

采用创新的脱碳技术可以帮助重工业减少碳排放，如碳捕集和利用（CCU）、碳捕集和储存（CCS）、燃料转换、电气化、氢气和材料效率/循环经济。

在美国，2023年以来美国启动多个碳管理项目，美国能源部宣布为33个研究和开发项目提供1.31亿美元，以推进碳管理技术的广泛部署，减少二氧化碳污染。为碳安全（Carbon SAFE）第二阶段储存综合体可行性（Storage Complex Feasibility）资助计划提供9300万美元，为后续开发能够储存$5000×10^4$t以上二氧化碳的储存设施提供支持；为碳管理（Carbon Management）资助计划下22个项目提供3800万美元，加速实现"以低于每吨100美元的价格将碳捕集并储存"的目标。7月，美国能源部宣布投入2340万美元支持16个碳管理项目，以推动CCUS技术在美国的商业部署，其中在大型碳封存设施或区域碳管理中心二氧化碳地质封存和运输领域投资1284.4万美元，在地质数据收集、分析和共享领域投资963.5万美元。

在欧洲，多个国家和地区目前正致力于在脱碳方面在全球范围内发挥领导作用，从而实现无须或更少碳捕集措施的创新无碳生产工艺。欧盟宣布将从创新基金中拨款18亿欧元，投资16个大规模创新项目，涵盖CCUS、绿氢及其衍生物、储能、合成可持续燃料等技术，以实现在未来十年内将二氧化碳排放量减少$1.25×10^8$t。其中CCUS技术具体资助项目包括：将碳捕集装置与化工、水泥、石灰生产装置相集成，并将捕集的二氧化碳输送到沿海枢纽进行地质封存；创新CCUS价值链，将建造东欧首个CCUS集群；建造世界首个二氧化碳矿化封存基地。法国还准备进行碳捕集项目的招标，作为其帮助大型制造商减少排放计划的一部分。

除了欧美国家，日本新能源产业技术综合开发机构多次资助开发二氧化碳循环转化利用技术，包括在碳循环利用、下一代火力发电等技术开发项目中投入25亿日元（约合1924万美元），发展利用常压等离子体开发新的二氧化碳分解/还原工艺、能够高效利用二氧化碳的藻类生物质生产和利用技术等6个项目；在绿色创新基金框架下投入1145亿日元（约合8.8亿美元）启动以二氧化碳为原料的燃料制造技术开发项目，开发可持续航空燃料、不使用化石燃料的液化石油气绿色合成等技术。

业内正在寻求更灵活的碳捕集和封存方式，将碳转移到海上封存设施或海底成为新方向，"海洋储碳"示范项目在全球涌现。2023年6月，中国首个百万吨级海上碳封存示范工程——中国海油恩平15-1油田碳封存示范工程（图16）正式投用。欧洲以北海为中心诞生多个海上碳封存项目，海外市场"海洋储碳"风潮主要集中在欧洲北海地区，其中最受关注的挪威北极光项目（Northern Lights）和丹麦绿沙项目（Greensand）有望分别于2024年和2025年投产。挪威政府指出，北海地区有潜力储存超过800×10^8 t二氧化碳，相当于挪威1000年排放量。2022年，北极光项目签署了全球第一份跨境二氧化碳运输和储存商业协议，2023年3月又有5家大型能源公司向挪威政府提交了储碳合作申请。英国计划在北海大陆架封存超过780×10^8 t二氧化碳，有望形成数十亿英镑产业。显然，北海作为老牌油气产区，有望成为碳运输枢纽和储存中心。睿咨得能源咨询公司汇编官宣项目和合作谅解备忘录预计，到2030年，挪威二氧化碳运输量将达到2600×10^4 t/a，占全球二氧化碳运输量30%左右；荷兰紧随其后，运输量达2300×10^4 t/a；英国运输量约2000×10^4 t/a；法国运输量约1700×10^4 t/a；比利时运输量为1300×10^4 t/a。

图16 中国海油恩平15-1油田碳封存示范工程

（三）新能源技术展望

2023年以来，为了争夺清洁技术的领导地位，中国、欧洲、美国密集部署了一系列清洁技术研发与应用相关政策、规划与计划。全球清洁技术竞争将加速创新，助力扫清可再生能源革命的障碍。各国对能源安全和地缘政治影响力的渴望将助力在政治分歧中达成清洁技术研发合作的共识。展望未来，一个更清洁、更便捷的清洁技术体系即将诞生。

1. 美西方国家加快清洁能源转型步伐，更加关注清洁能源供应链安全

美国在《通胀削减法案》《两党基础设施法案》等框架下大力支持本土清洁能源发展，构建有弹性的清洁能源供应链，目标是在2030年前新部署475GW光伏、250GW风电，以及制造1400万辆轻型电动汽车。欧盟在《净零工业法案》中提出大幅提高清洁技术本土制造，到2030年实现40%的光伏、50%的绿氢电解槽、60%的热泵、85%的风力涡轮机和电池由欧盟本土制造，即光伏制造能力至少达到30GW，风机制造能力达到36GW，电池制造能力达到550GW·h。同时，美西方国家以"影响国家安全""政府补贴扭曲市场""供应链不绿色""碳排放强度超标"等为由，对中国电动汽车、动力电池、光伏等领域采取措施，通过贸易保护主义，遏制中国清洁能源发展。七国集团启动《清洁能源经济行动计划》，以建立弹性清洁能源供应链，减少清洁能源对华依赖。欧盟对中国电动汽车、风电启动反补贴调查；欧盟推出《欧洲风电行动计划》，助力欧洲风电行业发展，并应对中国风电的挑战。法国政府计划实施新的电动汽车补贴政策，支持法国和欧洲的电动汽车企业与中国竞争。预计美西方国家将更加关注清洁能源供应链安全，对华清洁能源遏制范围或进一步扩大。

2. 主要国家对清洁氢能支持力度不断增加，氢能发展将进一步加快

美国政府发布首份《国家清洁氢能战略和路线图》，明确了清洁氢能的战略性地位，提出了加速清洁氢能生产、加工、交付、储存和使用的综合发展框架；美国政府向7个地区性清洁氢能中心提供70亿美元支持资金，并预计吸引400亿美元私人投资，这些清洁氢能中心每年将生产300×10^4t以上的清洁氢气，约占美国2030年生产1000×10^4t目标的1/3。欧盟确定了绿氢及其衍生物的定义，并启动欧盟氢能银行试点项目，为绿氢生产商提供高额补贴。德国与丹麦和挪威等国合作，包括共建海上风电制氢设施和海底氢气管道等；德国与哈萨克斯坦合作建设年产绿氢200×10^4t的绿氢工厂。意大利、德国、奥地利三国能源部长共同签署了"南部氢能走廊"项目的合作开发协议，拟建连接北非和欧洲大陆的氢气管道，到2030年每年从北非向欧洲输送至少400×10^4t氢气。丹麦、英国分别完成首次国家清洁氢补贴项目竞标，丹麦向6个总计280MW的项目提供12.5亿丹麦克朗（约合1.84亿美元）补贴，英国也向11个总计125MW的项目提供20亿英镑补贴。澳大利亚可再生能源署宣布通过Hydrogen Headstart计划向6个总计3.5GW的氢能项目提供20亿澳元（约合13.5亿美元）补贴，该计划旨在确保澳大利亚成为全球氢能领导者。韩国、日本也计划在2024年推出氢能相关的补贴。预计随着各国的补贴流向企业，全球氢能发展将进入新阶段。

3. 多国将发展聚变能提升至战略高度，预计全球聚变能竞赛将加速

美国能源部通过"聚变能科学"专题为聚变能发展提供大量支持；美国核管理委员会正在制定聚变能监管框架，降低监管不确定性，支持聚变能的开发和商业化；美国能源部与英国能源安全和净零排放部建立聚变能战略合作伙伴关系，扩大美英两国在聚变能领域的领先优势；美国在第28届联合国气候变化大会（COP28）上宣布推出一项推动聚变能发展的国际合作计划，该计划将涉及35个国家，这是美国首次提出类似的推动聚变能发电商业化的国际战略合作计划。英国能源安全和净零排放部对2022年通过的1.26亿英镑聚变能资金进行补充，宣布在2027年前再投入6.5亿英镑；英国原子能管理局启动一系列项目推动聚变能相关技术研发和商业化发展。德国联邦教育和研究部宣布在目前每年1.49亿欧元聚变能研究资金的基础上，未来5年再投入3.7亿欧元，支持所有有发展前途的聚变能技术路线。日本政府发布《聚变能源创新战略》，旨在利用本国技术优势实现聚变能产业化发展，在未来商业化利用聚变能中占据主导地位。企业层面，全球聚变能公司数量持续增加、融资额快速增长、新技术不断出现，如Helion Energy公司推出"磁压缩场反位形聚变设施"概念，即直接利用聚变反应进行发电，并与微软公司签署购电协议，承诺2028年向微软提供聚变能电力。预计，全球科技强国将进一步加强对聚变能的关注度，出台聚变能顶层政策与关键技术的研发计划，推动聚变能发展。

4. 战略性关键矿产资源安全性日渐重要，各国加快新能源产业链自主可控水平

新能源技术的不断迭代和突破，造成了各国对钴、镍、锂等关键矿产资源需求的暴涨。美欧等主要经济体已将关键矿产资源上升至国家战略高度，重点布局构建本土化、多样化关键原材料供应链，以掌控未来全球能源市场的领导地位。关键矿产资源稳定供给同样是我国完成能源产业转型、实现"双碳"目标的重要支撑。然而，我国清洁能源产业链上游所需的多种矿产资源储量不足，需要统筹国内国际两个市场、两种资源，通过创新开放、延链补链实现稳定保障。一是建立适合中国国情的战略性矿产资源储备体系。借鉴美欧日等国经验，建立关键矿产的国家储备机制，加强对钨、稀土、晶质石墨等战略性矿产重要矿产地的储备，探索采储结合新机制。二是加强关键矿产资源国内勘探开发，提高供应保障能力。把立足国内作为战略性矿产保供的逻辑起点，加强国内资源勘探开发，提高地质调查和勘探能力；建立关键矿产供应链的跟踪监测，分析各类衍生风险叠加对关键矿产供应安全和保障能力的潜在影响，并建立预警应对机制。三是进一步深化关键矿产国际合作，形成产业结构内外互补、生产要素全球配置的发展格局。与此同时，畅通资源运输通道，做好勘查、开发、贸易、运输等产业合作和全链条建设，全面提升资源开发、供给的韧性和安全保障水平。

目前，新能源产业已成为大国博弈的重要领域，各国围绕新能源产业链展开了激烈竞争。欧美等国一方面在产业研发、应用等方面出台一系列激励政策，加强风电、光伏等新能源技术研发与市场开发，助推产业发展升级；另一方面加大了对本国新能源产业的保护力度，提高了市场准入门槛。我国能源技术装备长板优势不明显且尚存短板，关键零部件、核心材料等方面需要进口，原创性、引领性、颠覆性技术偏少。因此，有必要在多方面重点发力，加快推进能源领域科技创新，加快关键核心技术装备补短锻长。从能源产业链紧迫需求出发，聚焦"卡脖子"技术和"掉链子"环节，突破基本原理、基础软硬件、关键零部件和装备、关键基础材料、关键仪器设备等制约。持续增强电力装备、新能源等领域全产业链竞争优势，并在这些优势领域中打造先进产业群。加快研究快速兴起的前瞻性、颠覆性技术，以及新业态、新模式，形成一批能源长板技术新优势，掌握产业发展主动权。多元化能源产品种类和供给渠道，以分散市场风险、减少地区依赖。加强"一带一路"新能源产业合作，开辟新的新能源应用市场，通过市场多元化降低欧美市场波动的影响。

参 考 文 献

[1] IEA. World energy investment 2023 [R]. 2023.
[2] IEA. The state of clean technology manufacturing [R]. 2023.

［3］ IEA. Critical minerals market review 2023［R］. 2023.
［4］ IEA. Energy technology perspectives 2023［R］. 2023.
［5］ CAS Energy. 国际能源署发布《2023 年世界能源投资》报告［R］. 先进能源科技战略情报研究中心，2023 – 07 – 03.
［6］ RMI. X – Change：The race to the top. cleantech competition between China, Europe, and the United States［EB/OL］. https：//rmi. org/wp – content/uploads/dlm_ uploads/2024/03/X_ change_ the_ race_ to_ the_ top. pdf.
［7］ EPO&EIB. Financing and commercialisation of cleantech innovation［EB/OL］. https：//link. epo. org/web/publications/studies/en – financing – and – commercialisation – of – cleantech – innovation – study. pdf.
［8］ World Economic Forum. Why we must balance cooperation and competitiveness in cleantech［EB/OL］. https：//www. weforum. org/agenda/2024/05/why – we – must – balance – cooperation – and – competitiveness – in – cleantech/.
［9］ IEA. Advancing clean technology manufacturing［EB/OL］. https：//www. iea. org/reports/advancing – clean – technology – manufacturing.
［10］ Bloomberg NEF. Energy transition investment trends 2024［EB/OL］. https：//about. bnef. com/energy – transition – investment/.
［11］ IEA. Clean energy market monitor［EB/OL］. https：//www. iea. org/reports/clean – energy – market – monitor – march – 2024.
［12］ 中国石油报. 中国绿色发展引领全球能源转型［N/OL］. 2024 – 03 – 17. https：//mp. weixin. qq. com/s/S – 7rUfxw6tHbrZZAN1DDHg.
［13］ 中能传媒研究院. 能源发展回顾与展望（2023）——能源篇［EB/OL］. https：//cpnn. com. cn/news/baogao2023/202401/t20240108_ 1667140. html.
［14］ European Commission. A green deal industrial plan for the net – zero age［EB/OL］. https：//ec. europa. eu/commission/presscorner/detail/en/ip_ 23_ 510.
［15］ European Commission. Net zero industry act［EB/OL］. https：//single – market – economy. ec. europa. eu/publications/net – zero – industry – act_ en.
［16］ European Commission. Critical raw materials act［EB/OL］. https：//single – market – economy. ec. europa. eu/sectors/raw – materials/areas – specific – in.
［17］ European Commission. Renewable energy – Recast to 2030（RED II）［EB/OL］. https：//joint – research – centre. ec. europa. eu/welcome – jec – website/reference – regulatory – framework/renewable – energy – recast – 2030 – red – ii_ en.
［18］ European Commission. Commission welcomes completion of key 'Fit for 55' legislation, putting EU on track to exceed 2030 targets［EB/OL］. https：//ec. europa. eu/commission/presscorner/detail/en/IP_ 23_ 4754.
［19］ European Commission. Updated strategic energy technology plan for Europe's clean, secure and competitive energy future［EB/OL］. https：//ec. europa. eu/commission/presscorner/detail/en/ip_ 23_ 5146.
［20］ European Commission. European wind power action plan［EB/OL］. https：//eur – lex. europa. eu/legal – content/EN/TXT/?uri = CELEX% 3A52023DC0669&qid = 1702455143415.
［21］ European Commission. Standardization ready to support the EU's wind power action plan［EB/OL］. https：//www. cencenelec. eu/news – and – events/news/2023/brief – news/2023 – 10 – 24 – eu – wind – strategy/.
［22］ European Commission. Towards an ambitious industrial carbon management for the EU［EB/OL］. https：//eur – lex. europa. eu/legal – content/EN/TXT/?uri = COM% 3A2024% 3A62% 3AFIN&qid = 1707312980822.
［23］ European Commission. BATT4EU. Publishes Europe's new strategy on battery innovation［EB/OL］. https：//bepassociation. eu/batt4eu – publishes – europes – new – strategy – on – battery – innovation/.
［24］ European Commission. Horizon Europe strategic plan 2025 – 2027 for research and innovation to underpin

journey to a green, digital and resilient future [EB/OL]. https://ec.europa.eu/commission/presscorner/detail/en/ip_24_1572.

[25] European Commission. Energy performance of buildings directive [EB/OL]. https://energy.ec.europa.eu/topics/energy-efficiency/energy-efficient-buildings/energy-performance-buildings-directive_en.

[26] European Council. Towards zero-emission buildings by 2050: Council adopts rules to improve energy performance [EB/OL]. https://www.consilium.europa.eu/en/press/press-releases/2024/04/12/towards-zero-emission-buildings-by-2050-council-adopts-rules-to-improve-energy-performance/.

[27] Department of Energy. Pathways to commercial liftoff: Next-generation geothermal power [EB/OL]. https://liftoff.energy.gov/wp-content/uploads/2024/03/LIFTOFF_DOE_NextGen_Geothermal_v14.pdf.

[28] Department of Energy. DOE releases first-ever roadmap to accelerate connecting more clean energy projects to the nation's electric grid [EB/OL]. https://www.energy.gov/articles/doe-releases-first-ever-roadmap-accelerate-connecting-more-clean-energy-projects-nations.

[29] Department of Energy. DOE launches new energy earthshot to decarbonize transportation and industrial sectors [EB/OL]. https://www.energy.gov/articles/doe-launches-new-energy-earthshot-decarbonize-transportation.

[30] Department of Energy. The U.S. national blueprint for transportation decarbonization [EB/OL]. https://www.energy.gov/sites/default/files/2023-01/the-us-national-blueprint-for-transportation-decarbonization.pdf.

[31] Department of Energy. Biden-Harris administration releases first-ever national strategy to accelerate deployment of zero-emission infrastructure for freight trucks [EB/OL]. https://www.energy.gov/articles/biden-harris-administration-releases-first-ever-national-strategy-accelerate-deployment.

[32] Department of Energy. Decarbonizing the U.S. economy by 2050 [EB/OL]. https://www.energy.gov/articles/doe-releases-first-ever-federal-blueprint-decarbonize-americas-buildings-sector.

[33] Department of Energy. Biden-Harris administration announces up to $3.9 billion to modernize and expand America's power grid [EB/OL]. https://www.energy.gov/gdo/articles/biden-harris-administration-announces-39-billion-modernize-and-expand-americas-power#:~:text=%E2%80%94As%20part%20of%20President%20Biden%E2%80%99s%20Investing%20in%20America,%28DOE%29%20Grid%20Resilience%20and%20Innovation%20Partnerships%20%28GRIP%29%20Program.

[34] Department of Energy. Biden-Harris administration announces $4 billion in tax credits to build clean energy supply chain, drive investments, and lower costs in energy communities [EB/OL]. https://www.energy.gov/articles/biden-harris-administration-announces-4-billion-tax-credits-build-clean-energy-supply.

专题研究报告

一、关于超前谋划天然氢开发利用的思考与建议

在能源转型的大背景下，氢作为清洁高效、资源丰富的新型能源被寄予厚望，其中被称为"金氢"的天然氢的勘探开发已经悄然兴起，引发了全球关注。一些国家已经制订了天然氢开发利用计划，并取得较大进展。我国天然氢研究尚处于探索阶段，开展天然氢的普查、弄清其资源潜力及开发利用前景迫在眉睫。我国完全具备寻找天然氢资源的地质条件，建议积极开展天然氢普查，用"超级盆地"理念勘探开发天然氢，加强天然氢成藏过程研究和潜力评价，研发有关勘探技术、开采分离技术和储运技术，超前谋划氢能产业。

（一）天然氢是被忽视的一次能源

随着新一轮能源革命蓬勃兴起，全球正经历从化石能源向非化石能源（新能源）过渡的重要阶段。氢作为宇宙中最丰富的元素，是一种来源广泛、清洁低碳、安全高效的燃料，在能源清洁替代中具有重要的战略地位，是实现能源脱碳的重要途径。目前，制取氢气的方式主要有化石能源制氢和电解水制氢，前者会排放温室气体，后者制氢成本较高。

地质学家长期关注碳、氧、氮、氢等元素组成的化合物，而忽视了单一组分的天然氢的存在。近年来，随着世界范围内对氢能的关注以及技术不断进步，人们逐步认识到，氢能够在地壳中特定的地质条件下独立成藏。自 2002 年英国地质调查局提出勘探天然氢以来，全球多个地区发现了含有氢、二氧化碳、碳氢化合物和水的"混合气体"，不仅证实了天然氢在全球范围内的普遍存在，也为其勘探开发提供了重要的线索和方向。2018 年，马里发现浅层氢，并得以成功开发为当地提供电力。2021—2022 年，一系列天然氢专题国际会议上（HNAT2021、HNAT2022、AAPG 2022）开展天然氢的成因、分布和勘探开发潜力的讨论。2023 年 12 月，《科学》杂志将"寻找天然氢源的热潮"列为 2023 年度十大科学突破之一，成为重大科学发现和未来趋势之一。

据金之钧院士团队最新研究成果，我国松辽盆地松科 2 井天然气中氢气含量达 5.5%，渤海湾盆地即墨地区氢气含量达 13%，四川盆地昭 5 井氢气含量达 5%。柴达木盆地三湖地区涩南 2 井的岩屑罐顶气中，检测到了含量最高可达 33% 的氢气。北京大学刘全有的研究表明，沿郯庐断裂带附近的济阳坳陷，仅夏 38 井区一个侵入岩体即可带来 $8600 \times 10^8 m^3$ 氢气。我国目前针对氢气的研究大多集中在监测自然环境和油气资源方面，把天然氢作为独立能源而进行的调查研究工作较少，尚停留在实验室和文献分析阶段。开展天然氢勘探开发意义重大，不仅能够推动能源转型和应对气候变化，加速氢能产业发展，而且对我国降低新能源成本提高经济性、增强能源安全保障能力、促进技术创新和产业升级、提升国际能源竞争力和影响力具有重要战略意义。

（二）天然氢的成因与资源潜力

1. 天然氢的地质环境和富集条件

高含量天然氢主要发育于蛇绿岩带、裂谷和前寒武系富铁地层3种地质环境。蛇绿岩带：古代会聚板块边缘的重要组成部分，由火成岩（地幔橄榄岩、堆晶岩、辉长岩、辉绿岩、玄武岩等）和沉积岩（深海沉积）两部分组成，与蛇绿岩带相关的天然氢都具有较高的含量，如土耳其和菲律宾的高含量氢气，阿曼是蛇绿岩分布最多的国家，样品中氢含量较高。裂谷环境：主要集中于洋中脊区域，在大西洋中脊区域的彩虹热液田中的氢含量较高，大陆裂谷环境同样具备富氢流体发育的地质条件。前寒武系富铁地层：地质和地球化学证据表明，前寒武系克拉通普遍代表一种缺氧富铁的环境，占全球铁矿产量的90%以上，无机成因氢气通常都与前寒武系富铁地层有关。

与油气成藏系统类似，天然氢藏也同样存在"生、储、盖、圈、运、保"等成藏要素，但其成藏模式独具特色。相比于漫长的生烃过程，天然氢在人类时间尺度内是可再生的；氢的生成和消耗作用在地下同时发生，天然氢的丰富源岩保证了氢的生成量大于氢的消耗量；一旦氢气形成气藏可开发，其在当下时刻的氢气储量和体积是增加或减少，具体资源总量取决于该地区氢气源的资源量。氢源主要为富铁岩石、水以及地球深部储存的原始氢，深层活动断层和火山活动提供了氢气向上运移的通道，而盖层的封盖能力是天然氢能否成藏的关键要素。

2. 天然氢形成机理未有定论

地质学家根据地区实例研究提出的形成机理包括但不限于：深层岩浆、地幔深部脱气、岩石破裂、蛇纹石化、水的辐解、有机物分解等（表1）。主体分为无机成因与有机成因，有机成因的天然氢主要是通过热作用和微生物作用产生，如有机质分解、发酵及固氮过程等，无机成因主要发育于蛇绿岩带、裂谷和前寒武系富铁地层中，且以富铁矿物的蛇纹石化过程为天然氢最主要的成因来源，其次为地幔深部脱气和水的辐解。

表1 天然氢生成机理

成因	机制	生成机理
非生物成因	深层岩浆	（1）裂谷、大洋中脊、火山和地热带，以及蛇绿石相关的气体、土壤、热液流体和火山气体高浓度氢； （2）地幔衍生矿物和前寒武系基底岩石的包裹体内
	地幔深部脱气	（1）深井和断层氢浓度随深度增加； （2）天然金属氢化物存在于地幔和地核中
	岩石破裂	（1）破碎岩石中硅酸盐矿物裂解释放氢气和水； （2）岩石破裂，可独立或依附于地幔脱气发生
	蛇纹石化	水中Fe离子氧化生成氢气，如海洋地壳、蛇绿石、洋中脊的蛇纹石化和玄武岩氧化；富Fe离子克拉通盆地和沉积物氧化
	水的辐解	地下水在富K/U/Th岩石放射性能量分解产生游离氢和氧
生物成因	有机物分解	有机物在厌氧细菌、固氮细菌作用下腐烂、发酵产生氢气

3. 天然氢生成量和资源总量被严重低估

全球已发现的天然氢具有分布范围广泛、含量差异显著、赋存环境复杂的特点。美国地质调查局（USGS）正在制作全球天然氢分布图，认为地球可能蕴藏 1×10^{12} t 天然氢。天然氢估算生成量持续增长，1983 年估算总生成量约为 2.7×10^{4} t/a，2000 年估算总生成量约为 54×10^{4} t/a，2005 年为 600×10^{4} t/a，据《地球科学》2020 年估算，天然氢生成量为 $(2540\pm91)\times10^{8}$ m³/a。天然氢总量每隔 10 年就增加一个数量级，而这个数量仍可能被低估。目前，天然氢总量仍无法准确估算，氢不同于化石燃料，其形成深度和温度范围更大，氢源持续生产可能会提供"无穷的氢"，结合地球形成以来的巨大氢消耗和产生量，地下存在大型氢气储层与氢源的可能性很高，据英国《金融时报》报道，美国地质调查局一项未公布的研究显示，全球地下储存 5×10^{12} t 氢，天然氢具有非常大的资源潜力与研究价值。

（三）国内外天然氢的开发利用实践

马里天然氢的成功开发促进了许多国家陆续开展研究与勘探开发（表 2），美国、澳大利亚、欧盟、俄罗斯和巴西纷纷启动天然氢的资源调查工作，部分国家已经取得实质性进展。我国的天然氢研究起步较晚，只初步圈定了 3 个天然氢大规模成藏有利带。

表 2　部分国家勘探开发天然氢项目

国家	相关主体	时间	进展
马里	Hydroma 公司	2012 年	Bourakebougou 氢能井开始运营，用于当地供电
澳大利亚	澳大利亚 Gold Hydrogen 公司	2023 年	在南澳大利亚州首口探井发现浓度高达 73.3% 的天然氢
美国	美国 CFA 石油公司	1982 年	在北美的斯科特（Scott）油气井中发现了含量约为 50% 的氢气
美国	美国 NH2E	2019 年	在堪萨斯州开钻了美国第一口天然氢井
美国	美国能源部 ARPA-E	2023 年	拨款 2000 万美元用于深岩中清洁燃烧氢气技术的研发
美国	澳大利亚海泰	2023 年	计划在美国内布拉斯加州日内瓦项目开发世界第一口商业化天然氢井
法国	法国人埃尔内格里（FDE）	2023 年	在法国洛林废弃矿山发现天然氢矿床，预计有 4600×10^{4} t 天然氢储量
法国	45-8 能源公司	2023 年	确定了欧洲天然氢高潜力区域
西班牙	Helios 阿拉贡	2024 年	计划 2024 年在西班牙旧油井开采天然氢
巴西	巴西政府	2018 年	对圣弗朗西斯盆地的天然氢逸出洼地进行资源评估，并同牛津大学建立了联合研究计划
韩国	韩国国家石油公司	2023 年	宣布已在韩国五个潜在地点发现了天然氢

1. 一些国家大力推进天然氢的开发利用

马里：Hydroma 公司在马里建成首个商业天然氢发电站。2011 年，加拿大 Hydroma 公司在马里 Taoudeni 盆地南部勘探天然气，发现 Bourakébougou 埋深不到 1000m、直径 8000m 范围内氢含量较高，于是转换勘探思路，对氢进行勘探。2017—2019 年，完钻 24 口井，发现 5 个氢气储层，氢含量达到 98%。Hydroma 公司在马里建成了首座商业天然氢发电站，从 2012 年开始利用氢发电，其盈亏平衡成本为 0.5~0.7 美元/kg，远低于 5 美元/kg 的绿氢成本。

澳大利亚：天然氢探井 Ramsay 1 和 Ramsay 2 完钻。澳大利亚地球科学局估算澳大利亚陆上 1000m 深度内的氢通量为 $(160~5800) \times 10^4 m^3/a$，成因主要与前寒武系富铁地层有关。澳大利亚南部的高勒克拉通盆地内，处在 Delamerian 造山带岩石圈边界，该区域断裂系统发育，盖层则为块状断裂基底上方的寒武系及上覆地层。2023 年，澳大利亚政府颁发了 35 个天然氢勘探许可证。2023 年 11 月底，南澳大利亚州阿德莱德约克半岛的氢气探井 Ramsay 1 完钻，氢含量 73.3%，氦含量 3.6%，潜在氢气量 $(21~880) \times 10^4 t$。

美国：天然氢科研与钻探活动积极推进。1920—2022 年，美国 35 个州共报告 1000 多处天然氢发现点。2022 年，美国能源部高级能源研究计划署（ARAP-E）宣布，向天然氢资源调查和技术研发提供资金。2023 年 9 月，美国地质调查局联合科罗拉多矿业学院创建了天然氢联盟，吸引了雪佛龙、埃克森美孚和 bp 等大型能源公司加入，并启动 2000 万美元的天然氢研发计划；同时，美国地质调查局在研究天然氢开发的系统预测模型，计划发布全球天然氢资源潜力和资源分布图。2019 年，Natural Hydrogen Energy 公司和澳大利亚 HyTerra 公司合作在加利福尼亚州钻探了第一口天然氢勘探井并成功获取氢气流。NH2E 和 HyTerra 两家企业完成多口试探性钻井，确定北美中部裂谷系为天然氢富含地，最高含量 91%，已开始天然氢商业化开发部署。

欧盟：各国纷纷启动天然氢勘探计划。法国国家科学研究中心在法国东北部洛林盆地发现了天然氢的存在，且氢的含量随深度逐渐升高，氢含量从 1100m 处的 14% 增高至 1250m 处的 20%。据估算，该矿藏地下天然氢储量为 $(0.06~0.5) \times 10^8 t$。法国 45-8 能源公司 2020 年确定了欧洲的天然氢高潜力区域。德国联邦教育与研究部 2019 年投资 3000 万欧元在西非调查，认为西非的氢气有可能解决未来部分能源供应需求。此外，在阿尔巴尼亚与科索沃地区的泉水中也发现了与蛇绿岩体相关的天然氢，氢含量为 16%。西班牙对阿拉贡的蒙松油田再次进行关于天然氢的地球化学普查，并在英国北海地区、荷兰格罗宁根气田、德国北部地区、瑞典西海岸地区积极开展天然氢的研究工作。

俄罗斯：出台一系列政策、计划，支持天然氢勘探。俄罗斯在 21 世纪初发现第一个天然氢矿藏，于 2005 年开始监测有氢气逸出地表洼地约 562 个，并逐步开展普查工作。俄罗斯科学院西伯利亚分院无机化学研究所等机构组成的科研团队，在西伯利亚西部发现了储量巨大的天然氢矿藏，为俄罗斯的天然氢勘探提供了潜力支撑。俄罗斯还在积极研发氢能技术，包括氢生产、储存和利用等，以推动氢能产业的发展，并正在制定政策和计划为俄罗斯的天然氢勘探开发提供支持和保障。

巴西：积极投资天然氢研究，努力成为氢源国。巴西将天然氢研究重点放在天然氢发电和提取天然氢的技术上。对巴西里约热内卢州新元古代变质岩的勘探表明，土壤中的气体浓度和模拟的气体通量强烈，显示了氢气和氦气通过断层排放到地面，开辟了天然氢研究的新领域。

2. 我国天然氢的研究尚处于探索阶段

我国目前针对天然氢仅是一些零星和分散的研究。2024 年 5 月，中国地质调查局油气调查中心在北京组织召开全国天然氢资源调查评价专题研讨会，认为天然氢是一种新兴的可再生清洁能源，兼具绿色零碳和低成本的双重优势，具有广阔的勘探开发前景，开展全国天然氢资源调查评价工作具有重大的战略意义。对照世界各地的天然氢探测标志、特征，我国同样具备发育高含量天然氢的地质条件。我国地质条件更为复杂，由多个板块拼合而成，经历了多期俯冲与碰撞构造运动，板块缝合带处发育多期蛇绿岩带，是天然氢的重要聚集区。同时，我国发育有多条规模巨大、向深层深切且长期活跃的区域性大断裂，为深源氢气的运移提供了良好的通道。此外，我国部分裂谷系与北美裂谷系具有相似的地质背景，是天然氢勘探的潜力区之一。柴达木、松辽、鄂尔多斯、渤海湾、腾冲、楚雄盆地以及川东、黔北地区都有形成含量较高天然氢的地质条件。我国可初步圈定 3 个天然氢成藏有利带，分别为郯庐断裂带及周缘裂陷盆地区、阿尔金断裂带及两侧盆地区、三江构造带（怒江、澜沧江、金沙江）—龙门山断裂带及周缘盆地区。

（四）有关建议

目前，全球天然氢认识整体上处于早期阶段，在勘探开发与利用等方面还存在大量亟待解决的问题，包括天然氢的生成机理、运移机理有待深入研究，资源评价难度大；天然氢样品检测和分析技术还不完善；还没有成熟的开采分离以及安全生产技术等。我国具备天然氢生成、成藏的有利地质条件，亟须加强天然氢勘探开发利用相关研究工作，建议如下。

1. 积极开展全国范围天然氢资源普查

开展天然氢的普查工作，摸清天然氢的资源潜力及开发利用前景。注重技术、方法和装备创新，利用先进的地球物理探测技术、地球化学分析技术和数值模拟技术等手段，提高天然氢普查的精度和效率。

2. 用"超级盆地"理念指导天然氢勘探开发

我国已发现的高含量氢气点与富氢地质条件匹配度高，天然氢的勘探前景广阔。在勘探开发天然氢时，用"超级盆地"理念，兼顾 CCUS 等新能源种类，实现能源多元共同开发，推动科技创新、能源转型、经济发展，提升能源安全。

3. 超前部署天然氢检测、勘探、钻采、储运等关键技术研发

创新开展氢源的生成机理、运移机理、资源分布、开采门限等基础性研究，研发天然氢检测、勘探、钻采、储运等适用技术和装备；及早谋划勘探、开采技术规范和标准，抢占天然氢勘探开发技术制高点。

4. 加强天然氢研究全球合作，打造天然氢开发利用创新生态

密切跟踪全球天然氢的发展动向，加强国内外交流与合作，建立天然氢开发利用创新生态。国际上可与美国地质调查局、法国国家科学研究中心、俄罗斯科学院西伯利亚分院无机化学研究所等科研机构建立交流与合作机制。国内可组建由中国地质调查局、中国石油、中

国石化、国家能源集团、北京大学等单位共同参与的天然氢创新联盟，开展基础研究，推动相关标准和规范的制定，探索不同场景的天然氢勘探开发产业联动。

5. 加强顶层设计，战略布局天然氢产业发展

战略上高度重视天然氢产业发展，将天然氢纳入战略性新兴产业、未来产业布局范畴，超前、系统谋划其技术研发与产业发展；策略上及早布局天然氢的资源调查，将天然氢纳入油气田的常态化气体检测，开展天然氢资源潜力评价。在氢含量较高区域部署氢探井，条件成熟后建立示范性开发利用基地。加强科研投入，设立专项基金，支持相关科研项目和团队建设，建立产学研合作机制。完善相关政策和标准，为氢能产业健康发展提供支持保障。

二、我国煤层气开发面临的机遇与挑战

我国煤层气地质资源总量丰富，开发潜力巨大，开发煤层气兼具保障煤矿生产安全、提升天然气自主供应能力、降低碳排放总量"三重"效益。但煤层气产业总体发展缓慢，表现为"三低一小"，即勘探开发程度低、技术适应性低、投资回报率低、发展规模小，发展规模速度与丰富资源极不匹配。目前，煤层气产业正处于上产爬坡期和战略机遇期。建议以深层煤层气勘探开发的重大突破为契机，坚定信心，加强煤层气资源勘探力度，加快布局深煤技术攻关，健全完善煤层气开发扶持政策，推动煤层气产业高质量快速发展。

（一）我国煤层气开发迎来重大机遇期

煤层气开发具有"一举三得"多维价值：一是有利于煤矿安全生产，减少煤矿瓦斯事故；二是有利于碳减排，有效减少温室效应；三是有利于能源结构优化，补充清洁能源。国家"双碳"目标为天然气产业发展提供了重要机遇，也为煤层气产业发展提供了难得机遇。

1. 煤层气开发具有保障煤矿生产安全、提升天然气自主供应能力、降低碳排放总量"三重"效益

（1）安全效益。煤层气又称煤矿瓦斯，瓦斯事故在煤矿特别重大事故中占比超过70%。近年来，我国加大煤矿瓦斯抽采力度，2022年在煤炭产量再创新高的情况下，煤炭安全事故数量比2012年下降75.8%（聚焦到瓦斯事故）。

（2）经济效益。煤层气主要成分为甲烷，热值是通用煤的2~5倍，可以同天然气混输，抽采利用可增加我国天然气自主供应能力，降低天然气对外依存度，具有良好经济效益。

（3）环境效益。甲烷既是强温室效应气体，又是短寿命温室气体，减少甲烷排放是最快、最具成本效益的降碳措施。我国是全球最大的甲烷排放国，约42%的甲烷排放来自煤炭生产，煤层气抽采利用已成为甲烷控排的重要举措。

2. 我国煤层气资源潜力巨大，产业发展资源基础雄厚

（1）开发潜力大。我国煤层气地质资源总量约$80 \times 10^{12} m^3$，其中陆地埋深2000m以内的资源量为$30.05 \times 10^{12} m^3$，埋深超过2000m的资源量为$40.47 \times 10^{12} m^3$，近海海域资源量为$(7.0 \sim 11.5) \times 10^{12} m^3$。

（2）产业基础实。近年来，我国煤层气勘探在新领域新层系取得重要突破，鄂尔多斯盆地东缘大宁—吉县、石楼西、临兴等区块综合探明煤系地层多种气源，新疆准噶尔东南缘、内蒙古二连、海拉尔等新区勘探发现多处千亿立方米资源量的大型区带；煤层气开发利用规模实现快速增长，成为补充天然气供应的区域性气源；建成沁水盆地、鄂尔多斯盆地东缘两个煤层气产业基地，资源勘查和开发试验拓展到川南黔西、新疆准南、安徽两淮等地区。

3. 深层煤层气勘探开发的重大突破将推动煤层气产业技术变革

长期以来,业内普遍将1500m以深的煤岩仅视为烃源岩,以为是非有利储层。近年来,河北大城、山西延川南和大宁—吉县、新疆五彩湾等地区先后开展了1500m以深煤层气勘探评价试验,直井单井日产量突破$3×10^4m^3$,水平井测试单井日产量超过$10×10^4m^3$。2022年,中石油煤层气公司在鄂尔多斯盆地东缘大吉区块投产的两口深层煤层气水平井进尺均超过3600m,在控压限产条件下,单井日产量超$10×10^4m^3$,达到国内中浅层煤层气直井平均单井日产量的60~100倍,标志着我国2000m以深煤层气开发试验率先取得重大突破。据自然资源部对全国煤层气资源评价,我国1500~3000m深层煤层气资源量约$30.4×10^{12}m^3$,开发潜力巨大。深层煤层气勘探开发的重大突破将大力推动煤层气产业技术变革,有力促进煤层气成为天然气增储上产的重要接替领域,为保障国家能源安全提供重要支撑。

(二)我国煤层气开发面临多重挑战

在过去20多年的发展中,我国煤层气勘探开发进度不及预期,虽然已逐步实现产业化发展,但煤层气产量连续3次未能完成国家制定的五年计划目标,分别仅完成"十一五""十二五"和"十三五"计划目标的31%、28%和58%。与起步仅10年的页岩气产业相比,煤层气产业发展也相对落后。

(1)我国煤层气勘探开发存在许多"先天问题",起步过早消耗了产业投资信心与意志。

① 资源难开采。与美国、加拿大、澳大利亚等煤层气开发条件较好的国家相比,我国经历过多期次地质构造运动,煤层受到严重挤压破坏,70%的煤层气资源属于难采资源。

② 投资信心不足。相对于页岩气,煤层气产业起步过早,伴随国内常规天然气一同发展,消耗了产业投资的信心与意志。

(2)产能转化率、资源动用率、单井产量"三低",是我国煤层气产业长期面临的困扰。

我国煤层气资源赋存条件复杂、开发技术难度大、项目经济效益不佳,是煤层气产业发展面临的主要困难和问题。煤层气属于吸附气,勘探开发工艺技术复杂,钻井压裂后需要半年左右的排水降压、解吸扩散才能产气;不同地质条件下煤层气开发技术通用性差,部分地区成功应用的技术难以广泛推广;已施工完成的煤层气井中相当一部分日产气量不足$500m^3$,煤层气开发项目普遍处于微利甚至亏损状态,企业扩大投资意愿不强,开发利润低、投资回报慢,让煤层气多年来"叫好难叫座"。

(3)审批手续复杂效率低、下游市场不健全,制约了煤层气产业发展。

目前,我国煤矿瓦斯利用项目需要土地、环评、电价等一系列手续和多部门协调配合,从而导致审批周期长、程序复杂、效率低等问题,极大影响项目进度,造成大量瓦斯气体无法得到及时利用。与此同时,因煤层气下游市场不健全、煤层气利用企业竞争力弱(资源条件不好)、用气企业价格承受力弱,大量煤层气只能通过管道输送至邻近省份低价出售,从而制约了煤层气产业发展。

(4) 实现深层煤层气规模效益建产仍面临诸多挑战。

① 深层煤层气资源有待落实。我国历次煤层气资源评价主要针对埋深2000m以浅煤层，基本未开展2000m以深煤层气的资源评价工作，深层煤层气的赋存状态与气液两相流动机理不清，有利目标评价与优选标准尚未建立。

② 深层煤储层工程改造适配性技术还需进一步攻关。由于不同煤阶不同深度煤岩所处围岩环境差异较大，且深层煤岩的煤体结构和强塑性等特性，无法成功复制已形成的有效储层改造技术。

③ 深层煤层气效益开发面临挑战。已开发气田实践表明，我国煤层气开发属于边际效益矿种，受成本和气价影响较大，目前仅有国有大公司和煤炭开采企业开展煤层气勘探开发业务。

④ 深层煤层气矿权管理面临问题。目前，我国大部分含油气盆地均有发育煤层，现有煤层气矿权煤层埋深一般小于1500m，与油气矿权重叠较少，且现有煤层气矿权登记权限由省级自然资源厅管理，深层煤层气的矿权势必将与现有油气矿权重叠而带来煤层气矿权登记或增列的困难。

⑤ 管理理念需要转变。国内外非常规油气勘探开发实践证明，深层煤层气更适合勘探开发一体化、地质工程一体化管理模式，目前沿用的常规油气勘探开发阶段划分、单一油气藏开发方案编制理念和组织实施，以及实施过程各参建单位各司其职、各扫门前雪，未能更好地体现一体化发展，未能实现系统工程学强调的"保证最少的人力、物力和财力，在最短的时间内达到系统目的"的终极目标。

（三）认识与启示

当前深部煤层气勘探开发的重大突破，将推进煤层气资源的重新评价，有望实现可采资源量的成倍增长，推动产业发展迈入新阶段。我国煤层气开发应借此契机，加大煤层气勘探开发力度，推动煤层气业务高质量快速发展。

1. 加强煤层气资源勘探开发力度

（1）坚定资源信心。煤层气开发遇到的技术问题在页岩气领域同样存在，页岩气开发难度大于煤层气，但页岩气的投资信心比较坚定，带来了页岩气的快速发展。新时期国家能源安全问题凸显，对煤层气的重要性应重新认识，对煤层气的前景可以充满信心。

（2）夯实资源家底。开展大型含油气盆地煤层气资源评价，尤其是1500~3000m深层煤层气资源分区分类精细评价工作，摸清资源分布特征，建立深层煤层气资源—储量序列，圈定重点勘查有利靶区，推进煤层气储量增长。

（3）加大技术攻关力度。目前，延川南、大宁—吉县等地区深层煤层气开发技术探索取得较好效果，产业化发展见到曙光。未来需进一步加大深层、超低渗透、高陡构造等难采煤层气资源效益勘探开发技术攻关，以提高单井产能为目标，充分利用大数据、人工智能等，并实现技术的快速迭代升级，推动钻井、压裂、排采技术工艺持续改进与推广利用，加强老井、低产井增产改造技术体系创新，依托重大项目建设高水平研发平台，联合产、学、研力量攻克关键核心技术问题，发展适应性低成本高效勘探开发技术，提升煤层气单井产量和开发效率，打造深层、低煤阶等煤层气勘探开发示范基地。

2. 健全完善煤层气开发扶持政策

（1）持续加大煤层气开发财政政策支持力度，对符合条件的煤矿区煤层气项目安排中央预算内投资支持。参照页岩气政策，将煤层气企业销售煤层气产品补贴由 0.3 元/m^3 上调到 0.4~0.6 元/m^3 以上。

（2）引导金融机构积极运用支持煤炭清洁高效利用再贷款工具，加大煤层气项目融资支持。在国家层面成立并发行 500 亿元规模以上的"非常规油气专项投资基金"，以股权投资形式面向非常规油气开发项目开展前期风险投资，而不是以股权基金的形式开展"明股实债"的债权投资，促进产业发展。

（3）加强油气管网公平开放监管，落实煤层气市场定价机制。督促有关地方和电网企业落实完善瓦斯发电价格政策，发展煤层气分布式利用和消费替代。煤层气发电多余电量由电网企业优先安排上网销售，将 0.25 元/(kW·h) 电价补贴提至 0.3 元/(kW·h)，并将由各省电网公司承担改为由国家财政承担。

（4）指导协调地方各级有关部门为煤层气项目用地用林、环评、争议协调等提供优质服务，营造良好的营商环境。

（5）增加煤层气优质区块供给规模，深化煤层气矿权管理改革。加快煤层气矿权推出速度，推动各省、区、市制定实施 3000m 以浅煤层气空白区的出让规划。

（6）鼓励煤层气矿权增列、三气合采，加大协调力度，推动与煤炭、油气企业合作，创新合作模式。依据自然资源部《关于推进矿产资源管理改革若干事项的意见（试行）》（自然资规〔2019〕7 号）文件精神，保持煤层气与油气矿权管理制度的一致性。

3. 对煤层气产业进行结构性改革

页岩气开发的经验充分说明有效市场、有为政府、优秀企业对新兴产业发展缺一不可。中国煤层气产业快速发展，需要借鉴我国页岩气产业发展经验，进行结构性改革，让优秀企业发挥更大作用。

（1）在需求侧形成规模优势。将分散的探矿权集中到有历史传承、技术优势、人才储备、资金实力的企业手中，在需求侧形成规模优势，增加投资企业的开发信心，稳定投资收益预期，加大投资密度。

（2）在供给侧形成产业链上下游一体化优势。由于油服企业的技术专业性强、资产专用性高、行业门槛较高，少量或短期需求增加不会带来供给增加。持续降低行业成本需要进行行业结构改革，开展上下游一体化经营，降低交易成本，形成产业链上下游一体化优势，有效抵御供给冲击及需求收缩，切实增强预期。

（3）鼓励产业公司集团化发展。开展常规油气、非常规油气、新能源混业经营，增强公司实力，抵御产业波动风险，形成投资风险对冲机制。通过行业整合，将矿权主要集中到石油央企手中，加快推动我国煤层气产业高质量发展。

三、存储式测井技术发展现状与展望

随着国内外能源转型及石油行业的发展，聚焦深层超深层、海域深水、非常规等"两深一非"开发是提升油气高质量发展的现实需求。面对超深、高温、高压的大斜度井、水平井、小井眼多分支井等各种复杂井，钻遇放空漏失或溢流、井壁严重失稳等复杂情况，常规电缆测井对井眼要求高、耗时长，往往无能为力，甚至出现仪器损坏、工程事故等问题，电缆测井技术发展和市场需求逐渐减小，而存储式测井能够精确采集测井资料，降低测井风险，面临着极大的发展机遇，正逐渐取代电缆测井成为水平井、定向井、大斜度井、超深井等复杂结构井测井服务市场的主体技术，当然也面临着极大的挑战。

（一）存储式测井技术概述

根据数据采集方式的不同，测井主要分为电缆测井和无电缆测井。无电缆测井包括存储式测井、随钻测井等，其中存储式测井指利用钻具将测井仪器输送到目的层段，在井下仪器中记录测井数据并存储于井下仪器中，其主要有泵出存储式测井和直推存储式测井（表1）。泵出存储式测井指利用钻井泵压力，使测井仪器串从保护套或钻杆水眼进入裸眼井段，并悬挂在保护套或钻杆下面，在起钻的同时进行测井数据采集，并将测井数据存储在仪器内部的测井作业方式，其根据测井仪器串从保护套或钻杆水眼泵出不同，主要分为钻杆输送泵出存储式测井（或称钻杆保护套存储式测井）和电缆输送泵出存储式测井（或称过钻具存储式测井、过钻具测井、过钻杆测井、过钻头测井等）。直推存储式测井主要在常规泵出存储式测井基础上发展而来，其在钻具底部连接组装测井仪器，依靠钻具移动带动仪器串完成测井，并通过电磁波将井下部分测井数据发送至地面以监控井下仪器的工作状态，同时将主要的测井数据存储在井下仪器的存储器中（表2）。

表1 不同测井工艺对比

测井工艺	优点	缺点
湿接头水平井测井	（1）使用测井仪器和电缆，费用较低； （2）曲线质量较高； （3）施工工艺成熟	（1）井况要求高； （2）钻具不能转动，钻具遇卡后处理困难； （3）易伤电缆
随钻测井	（1）对井况要求低，测井资料获取成功率较高； （2）测井仪器与钻具为一个整体，抗拉、抗扭、循环钻井液等与钻具相同，安全性高	（1）国际服务公司服务价格昂贵； （2）电磁波电阻率测量范围小（0.2～2000Ω·m），不适合高阻地层； （3）垂向分辨率低
泵出存储式测井	（1）无电缆，配套工具简单； （2）仪器安装在钻具或保护套内，具有抗震动和钻井液冲刷的能力，可有效保护仪器； （3）处理复杂井况可转动钻具，可随时根据需要开泵循环； （4）钻具遇卡时可用电缆或连续油管进行打捞，避免仪器损失和放射性源落井事故	（1）国际服务公司服务价格昂贵； （2）地面不能监控仪器的工作状态； （3）声波资料受井眼质量影响较大； （4）设备耐温120～150℃、耐压100MPa，无法满足超深井高温高压测井要求

续表

测井工艺	优点	缺点
直推存储式测井	(1) 无电缆,测井施工简单; (2) 仪器外径与常规仪器相同; (3) 可上提、下放测井,提升测井时效; (4) 高强度设计,处理复杂情况能力强,可循环; (5) 仪器耐温耐压指标高,抗拉、抗压强度大; (6) 电缆及存储双模工作模式,提升测井时效	(1) 仪器下放、上提时不能监控仪器状态; (2) 未达到"一趟钻"测井效果; (3) 电成像及二维核磁共振测井特殊测井项目不全

表2　×工区超深井不同测井工艺成功率及时效对比

| 施工工艺 | 一次成功率(%) | 各阶段用时(h) ||||||| 测井总用时(h) |
		仪器组装	下钻	起钻	循环顶通	投球释放	对接及导向	裸眼测井	
电缆输送泵出存储式测井	≥90	≥2.0	≥26.0	≥20.0	≥4.0	0	≥4.0	≥4.0	≥60.0
钻杆输送泵出存储式测井	≥93	≥4.0	≥20.0	≥20.0	≥4.0	≥1.5	0	≥3.5	≥53.0
直推存储式测井	≥95	≥2.0	≥20.0	≥20.0	正常灌浆	0	0	≥4.0	≥46.0

（二）存储式测井技术发展现状

1. 国外发展现状

电缆输送泵出存储式测井（TBL或LWT）是指测井仪器穿过钻头而进入测量井段进行测井数据采集的作业方式。测井作业时，利用钻具和钻头作为导管将测井仪器下入裸眼井段进行测量（图1）。TBL钻头是一种常规的聚晶金刚石复合PDC钻头，只是对其进行了一些改造，将钻头中间改为一个可以去掉的插件，形成一个2.5in移动通道，插件和钻头孔眼内的套筒相连。正常钻井操作过程中，钻头的中央磨片（硬合金齿）被锁入钻头内。如有需要，用固定在测井仪器串底部的输送工具把硬合金齿释放到钻头外部，然后运送到钻头下面的裸露井孔内。钻头开口的直径为 $2\frac{1}{8}$ in。TBL钻头性能与标准PDC钻头的类似，因为其外部结构与改进前的钻头一样，内部锁紧机构也不影响钻头的基本功能。

1998年，加拿大卡尔加里LWT公司研发了过钻头存储式测井技术，其仪器外径为 $1\frac{11}{16}$ in，最高耐温300℉，最高耐压12000psi，测速5~10m/min；可测量补偿中子、伽马等测井参数。2008年，壳牌公司研发的过钻头测井在得克萨斯州Deep Bossier完成首次商业应用，在目的层段采集了阵列感应、补偿中子、补偿密度和自然伽马测井数据。过钻头有限责任公司（ThruBit LLC.，2011年12月被斯伦贝谢公司收购）开发的54mm超小直径四组合过钻头测井系列 ThruBit SureLog™ 也于2008年进行了现场试验，2009年投入商业化应用。ThruBit SureLog™ 系列井下仪器主要包括遥测—存储—伽马组合短节TMG（ThruBit Memory/GR）、补偿中子测井仪TBN（ThruBit Neutron）、岩性密度测井仪TBD（ThruBit Density）、补偿声波测井仪TBS（ThruBit Sonic）和阵列感应测井仪TBI（ThruBit Array Induction），耐温耐压指标分别达到148℃和103MPa。目前，斯伦贝谢公司已发展到 $2\frac{1}{8}$ in外径ThruBit™ 过钻头测井（图2、表3），可提供从经典的三组合测井到高分辨率侧向测井 ThruBit HRLA™（垂直分辨率30.48cm，探测深度127cm）、伽马能谱测井、过钻头偶极横波测井 ThruBit Dipole™、过钻头微电阻率成像 ThruBit FMI（垂直分辨率0.51cm，探测深度2.54cm，6in井眼80%覆盖率）和元素能谱等测井。相似技术还有2018年GeoVista公司推出的 Geovista ThruBit Logging（TBL）存储式过钻头测井技术。2016年，Cordax公司收购了加拿大Datalog公司的所有过钻具测井知识产权，过钻具测井可采集地层伽马射线GR、伽马能谱射线SGR、补偿密度DEN、补偿中子CN、双感应DUIN、电磁波传播电阻率PRT；仪器最高耐温150℃（300℉），耐压124MPa（18000psi）；仪器外径52mm（2.0in）。

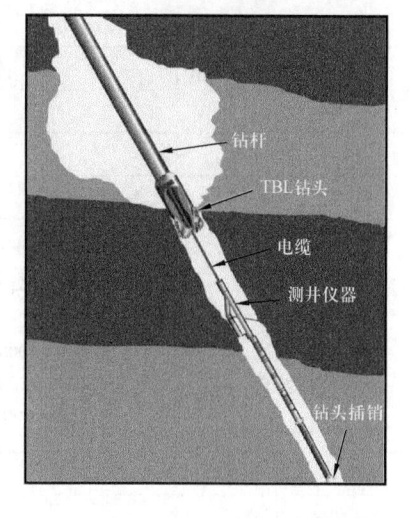

图1 过钻具测井仪器组成结构图

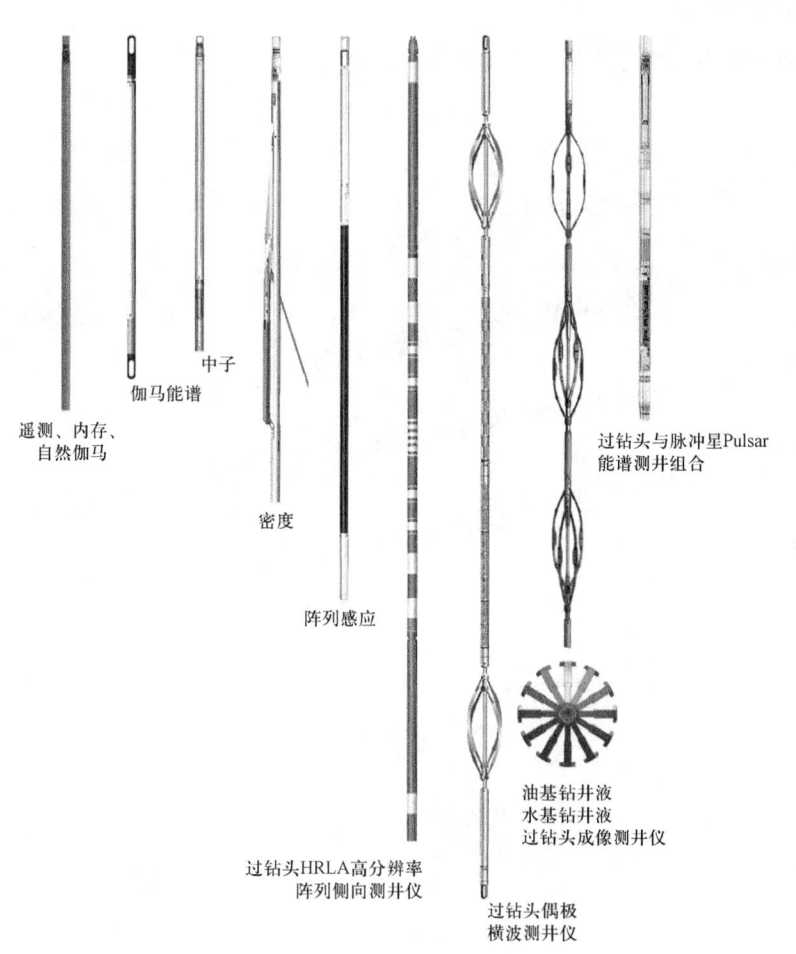

图2 SLB过钻头测井系列

表3 ThruBit仪器指标

指标项目	阵列侧向	偶极横波	FMI
外径（cm）	5.4	5.4	5.4
仪器长度（m）	7.34	8.87	9.49
测井速度（m/h）	1097	549	549
测量范围	$0.2 \sim 100000\Omega \cdot m$：$R_m = 1\Omega \cdot m$ $0.2 \sim 20000\Omega \cdot m$：$R_m = 0.02\Omega \cdot m$	纵波时差 <170μs/ft 横波时差 <200μs/ft	
测量误差	$1 \sim 2000\Omega \cdot m$：±5% $2000 \sim 5000\Omega \cdot m$：±10% $5000 \sim 10000\Omega \cdot m$：±20%	8.75in 井眼 ±2μs/ft 或 ±2%	井径 ±0.51cm， 井斜在5°~85° 范围：±0.2°
最高耐温（℃）	150	177	177
最高耐压（MPa）	103	120	121

注：R_m 为钻井液电阻率。

过钻头测井流程主要分为如下7个步骤（图3）：

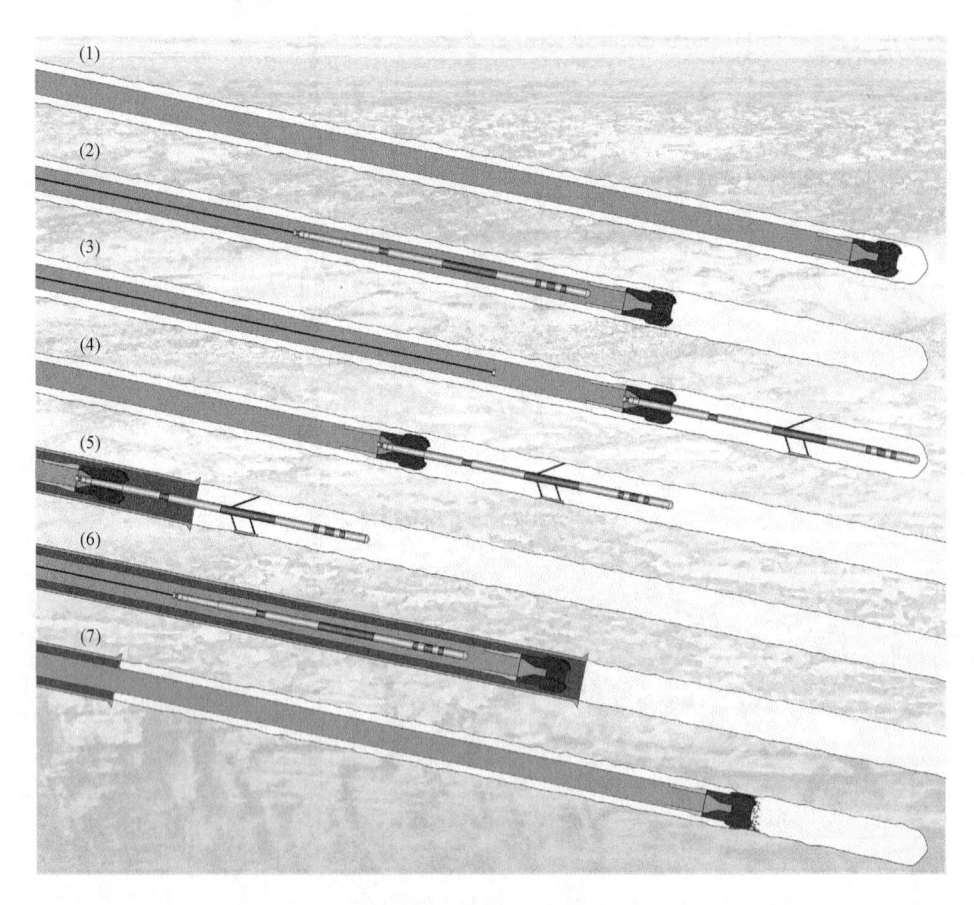

图3 斯伦贝谢公司过钻头测井流程

（1）钻至测井所需深度；
（2）提起钻头，为测井仪器串预留空间，将仪器串泵入钻杆；
（3）将仪器串推入井眼，断开电缆，并从钻杆移除；
（4）起钻时，进行存储式测井；
（5）测井完成，钻杆和仪器串起钻至套管内；
（6）将回收工具通过电缆下放，将工具串回收至地面；
（7）从钻杆中回收测井工具串后，对测井数据进行质控，同时恢复钻井或其他操作。

2. 国内发展现状

FITS过钻具测井系统是中国石油集团测井有限公司自主研制的CPLog统一品牌下的过钻具测井装备，既可以存储井下测井数据，又可以实时监控仪器状态。FITS由一套能够通过钻具水眼、直径为57mm的完井测井系列仪器和一套过钻具特殊工具组合而成（图4）。其两种测量模式为电缆测井和无缆存储测井；三种测井施工工艺分别是电缆测井、电缆输送泵出存储式测井和钻杆输送泵出存储式测井，适用于疑难井、长水平井等复杂井况下的测井资料采集。FITS常规组合井下仪器由高速遥传、无线通信捕捉仪、伽马连斜、自然电位、四臂井径、双侧向、补偿中子、岩性密度组成。一次组合测井作业可以测量自然伽马、井斜、补偿声波、电阻率、补偿中子、岩性密度、井径等9项参数。最高耐温电缆测井175℃/30h、存储式测井150℃/30h；最大耐压140MPa；外径57mm；传输速率上行通道≥1000kbits/s、下行通道不小于50kbits/s，详细技术指标见表4。2024年1月2日，吉林油田川南天然气勘探开发分公司自205H76-4井即将进入压裂投产阶段，FITS完成该井资料采集，实现了在中油测井市场的首次商业应用。

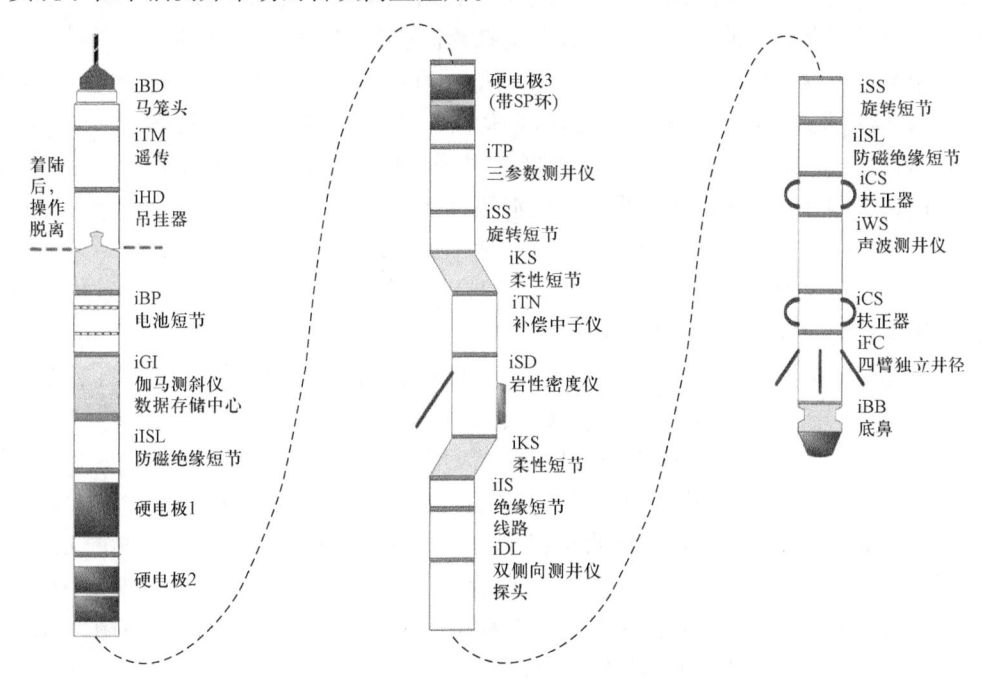

图4 FITS测井系统电缆测井模式作业仪器组成结构图

表4 FITS技术指标

指标项目	岩性密度	补偿中子	自然伽马	阵列感应	双侧向	声波	四臂井径
外径（mm）	57	57	57	57	57	57	57
仪器长度（cm）	395	173	184	510	589	355	357
测井速度（m/h）	550	550	550	1000	1000	600	1000
测量范围	1.2~3.0 g/cm³	0~60p.u.	0~2000 API	0.1~2000 Ω·m	0.2~40000Ω·m	40~160 μs/ft	57.3~368.3mm
测量误差	绝对误差 0.025 g/cm³	绝对误差 ≤±1.0p.u.	相对误差 ≤±7%	相对误差 ±2% 或 ±0.8ms/m（电导率）（以大者为准）	(0.2~1) Ω·m，≤±20%；(1~2000) Ω·m，≤±5%；(2000~5000) Ω·m，≤±10%；(5000~40000) Ω·m，≤±20%	绝对误差 ≤±2μs/ft	相对误差 ≤±3%

该技术在大庆、长庆、新疆、吐哈等油田替代进口，完成测井1100余井次，作业一次成功率达95%，"甜点"识别符合率达90%以上，时效提高53%，成为水平井开发主体测井技术系列，有效支撑长庆陇东、大庆古龙国家页岩油示范区建设。通过详细对比FITS过钻具存储式测井仪器和目前国际先进测井装备在相同或相似项目中获取的测井资料，资料的一致性、相关性、准确性以及标准化水平均较好。FITS-55系列仪器已通过中国航天北京卫星环境工程研究所175℃/20h高温环境检验，获得中国合格评定国家认可委员会（CNAS）认证，标志着国产过钻具测井仪器耐温耐压性能达到了国际水平。这也意味着中油测井的过钻具测井仪器实现了常规仪器的温压性能升级、高温高性能的大容量存储等关键技术的突破，进一步提升装备的稳定性、可靠性和适用性，形成了小直径、全系列、多模式的过钻具测井装备，填补了深层、超深层非常规油气水平井等复杂井过钻具测井系列的空白，将为深地深海及非常规油气勘探开发发挥重要作用。

中国石化研发的SL6000LWF钻杆输送无电缆系统井下仪器由井斜方位+自然伽马测井组合仪、双侧向+数字微侧向测井组合仪、数字声速测井仪、井径测井仪、补偿中子测井仪、岩性密度测井仪等组成（图5）。仪器最高耐温175℃，最高耐压140MPa，最大外径60mm。该技术在塔里木油田共测11口井，有效保证了易喷、易漏储层水平井和大斜度井测井资料取全、取准。中国石化研发的直推存储式测井系统按组合方式不同，井下仪器组合又分常规测井（含双感应—八侧向、双侧向、自然电位、自然伽马、井径、声波、中子、岩性密度和自然伽马能谱等项目）和特殊测井（含核磁共振、偶极声波成像和微电阻率成像等项目）（图6）。仪器最高工作温度200℃，最高工作压力170MPa；套管内测速≤20m/min，套管外下测速≤10m/min，套管外上测速≤6m/min；井下仪器电池连续供电时间≥150h；常规仪器主体外径为 80.0mm，偶极子声波仪最大外径 110.0mm。该技术已在富满、西北等油田超深井、复杂井、漏失井进行广泛应用，与常规 5700 系列、哈里伯顿公司 Excel12000 资料对比，测井曲线接近重合，数值大小基本一致。不足是尚不具备测量电成像等非常规测井资料的功能。其自主研发的耐温 200℃、耐压 206MPa 的 SHMLS-900 型直推存储式测井系统，随着技术突破，成功打造了 MVLog 高温高压测井系统平台，形成了 200℃、230℃、260℃高温系列化测井仪器，以及 172MPa、206MPa 高压系列电缆、过钻头、直推等系列测井技术与工艺，构建了"声波远探测测井+"技术平台，实现了百米范围全方位探测与成像表征，并成功研制出 200℃/172MPa 电缆/直推双模电成像仪器。通过在顺北 84X 井、"深地一号"跃进 3-3 井等超深井中应用，验证了阵列感应标准+偶极阵列声波"一趟快测"技术方案的可行性，同时论证了直推声波时差与偶极阵列声波一趟测量声波信号的互不干扰性，为后期同类型施工作业提供了宝贵经验，成为服务"深地工程"和国内超深井市场的利器。

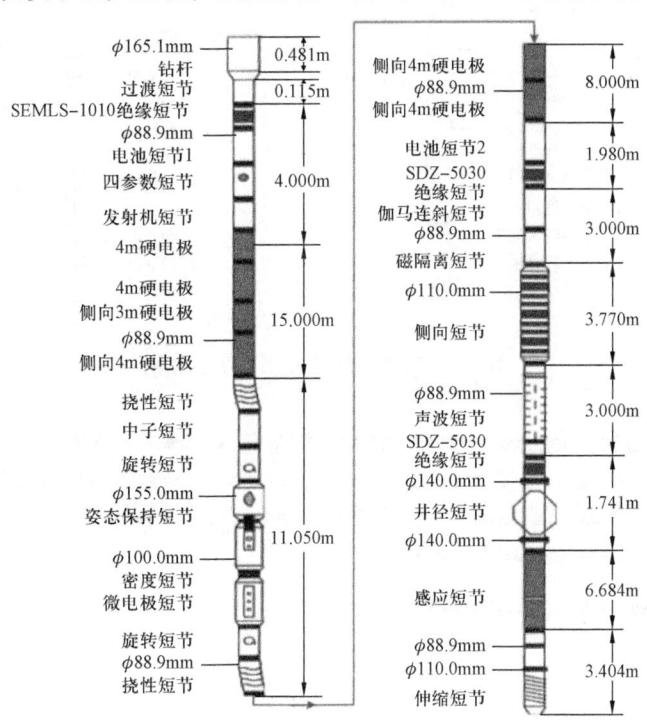

图 5 直推式常规测井工具串示意图

除中国石油、中国石化对存储式测井的研发，民营企业对该项技术也投入较大热情，其中北京环鼎科技有限责任公司，研发了泵出存储式测井仪（图 7），该仪器井下仪器由连斜测井仪、数字四臂独立井径仪、连斜四臂井径组合仪、偏心井径、自然电位短节、数字自然伽马能谱测井仪、温度张力电阻率测井仪、双侧向测井仪、八侧向测井仪、高分辨率阵列侧向测井仪、高分辨率阵列感应测井仪岩性（或补偿）密度测井仪、补偿中子测井仪、声波测井仪、偶极子阵列声波测井仪等组成；仪器最高耐压 100MPa、耐温 150℃，仪器外径为 73mm。该套仪器也可用于电缆测井，经验证测井数据与 86mm 仪器对比一致性好。

北京捷威思特科技有限公司研发的过钻杆测井系列（ThruLog）仪器包括自然伽马仪、

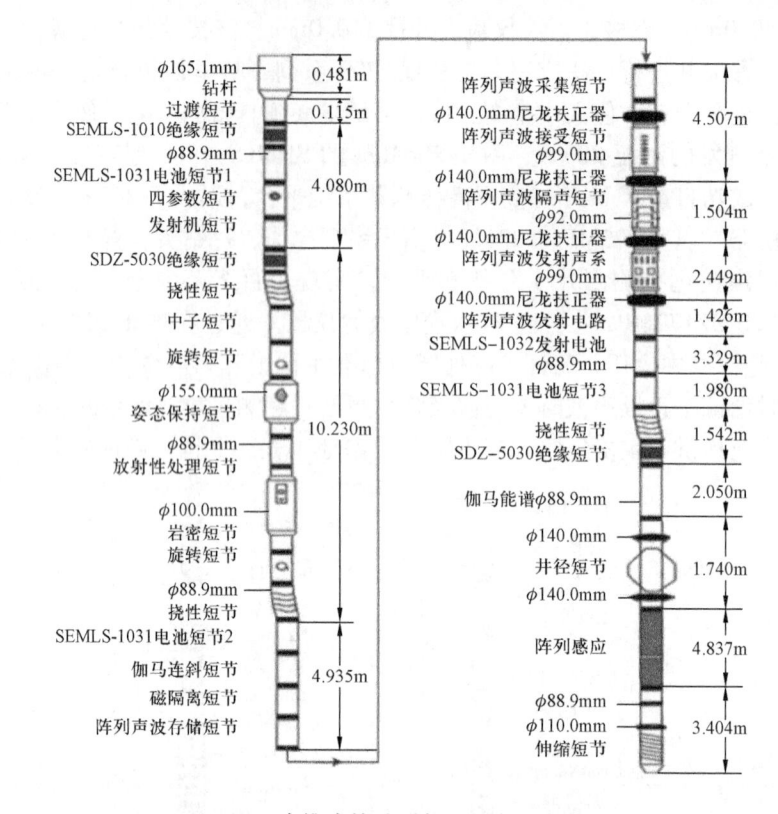

图6 直推式特殊测井工具串示意图

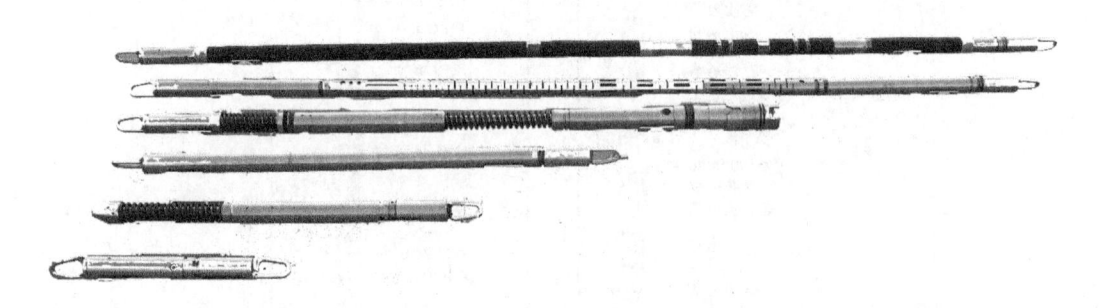

图7 泵出存储式测井仪

过钻杆脉冲补偿中子测井仪、过钻杆补偿中子测井仪、过钻杆岩性密度测井仪、过钻杆电动推靠器、过钻杆数字声波仪、过钻杆双侧向测井仪、过钻杆四臂井径/方位仪等（图8），外径仅2.25in，每种过钻杆系列仪器都兼顾质量和尺寸，具有完整的仪器功能。在常规使用化学源测中子密度的基础上，考虑到安全，也可选用过钻杆脉冲补偿中子测井仪（GCN-T）替代化学中子放射源。声波测井仪包含有六扇区固井质量测井功能。仪器最高耐温175℃，最大耐压137.9MPa，可选配高温高压220℃/172MPa工作8h TH系列。这些仪器具有和常规测井仪器相同精度，支持多种作业传输方式。仪器可通过电缆直接输送/连续油管直接输送或过钻杆电缆输送。

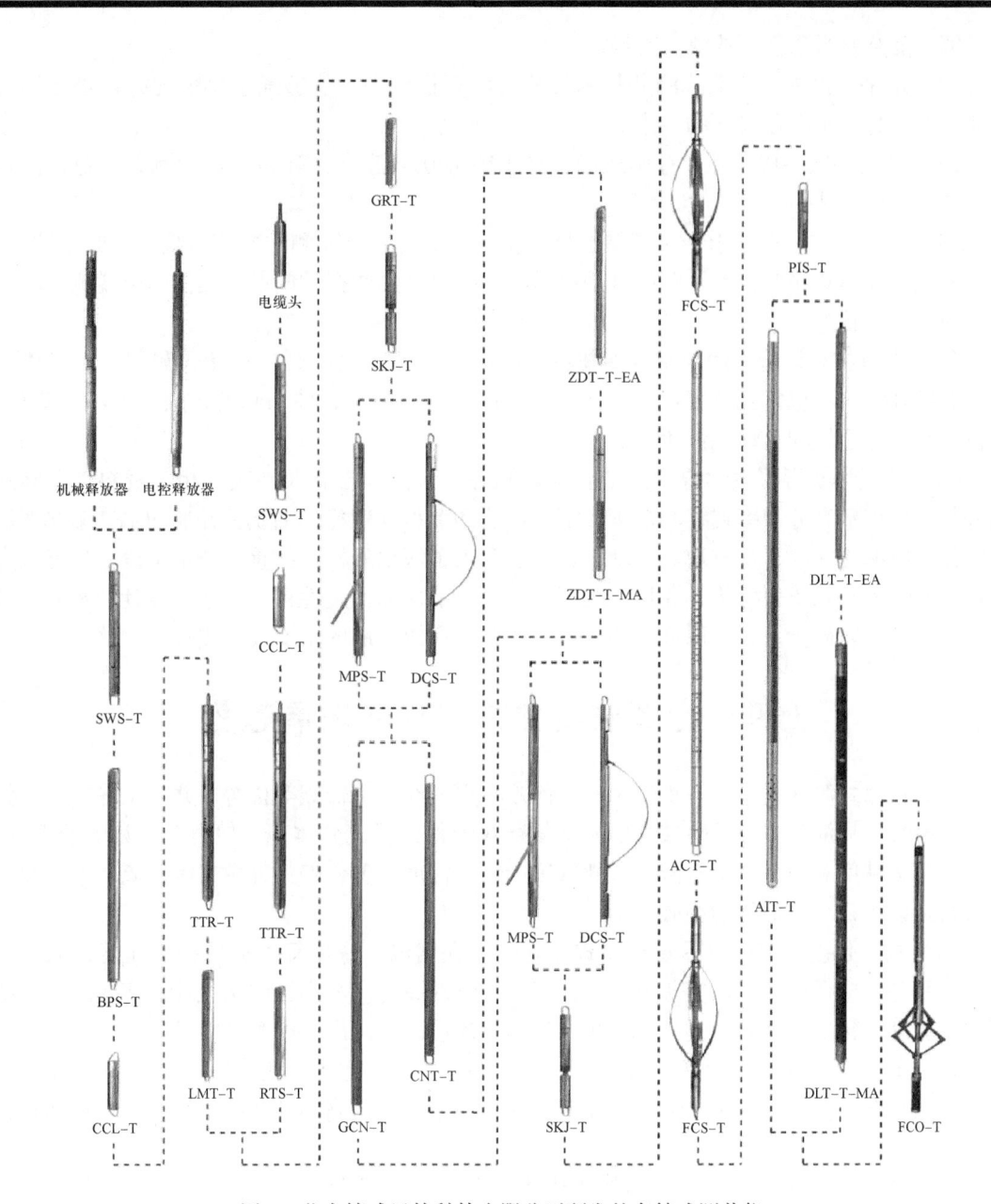

图 8　北京捷威思特科技有限公司研发的存储式测井仪

（三）存储式测井技术应用

存储式测井技术的应用范围非常广泛，涵盖了多种复杂井况和特殊环境下的测井需求。以下是存储式测井技术的一些主要应用领域：

（1）复杂井测井。存储式测井技术在处理复杂井况时具有显著优势，在目的层侧钻、漏失等复杂井测井中，提高了测井资料获取率。此外，在深层、超深、超高温大斜度井中，也可解决复杂井眼条件下的测井难题。

（2）水平井测井。存储式测井技术因其仪器直径较小，能够通过狭窄的井口进行测井作业，尤其是在水平段较长的井中。

（3）高温高压环境测井。存储式测井技术能够在高温高压环境下进行测井作业，其在极端条件下可靠性强。

（4）页岩地层测井。由于页岩储层易卡易漏，电缆及传输测井井控风险大，时效性慢，成功率低，存储式测井技术可解决常规电缆测井难以采集数据的问题，提供与电缆测井相同的裸眼井测井数据。

（5）岩石物理评价。因与常规测井获取资料"三性一化"强，存储式测井技术可以用于岩石物理评价，包括孔隙度评价、饱和度评价、高分辨率岩性和总有机碳（TOC）测量、气体识别、渗透性和流动性评价等。

（6）地质学及岩石力学应用。结合常规测井、录井、岩心及地震等相关资料，存储式测井技术可识别高分辨率裂缝和层理表征、构造和沉积学解释、油基钻井液和水基钻井液地层成像、净毛比求取，是直观、清晰、连续、深入了解地质构造的重要技术手段。进行应力及各向异性和孔隙压力评价、深层三维裂缝表征、油建和稳定性评价、增产设计和水力压裂优化、射孔和防砂指南，是保证油田开发工作合理有效开展的重要技术支撑。

（四）存储式测井技术未来发展趋势

尽管存储式测井技术具有更安全、更高效、更节约、更低碳等优势，并在水平井、大斜度井及易喷、易漏等井控风险较高的井况复杂井中得到了充分体现。但由于设计上的不足，仍存在测量精度和探测范围有限、长裸眼段卡钻、深度过度依赖钻杆数据等现象。未来发展趋势可从以下几个方面继续突破：

（1）技术创新与突破。尽管存储式测井技术在耐温、耐压等方面取得了显著进展，为超深水平井等应用提供了坚实基础，未来仍需继续攻关超高温高压结构设计、高效隔热、超高温高精度采集等一系列关键技术瓶颈，以满足深层、超深层井的测井需求。

（2）智能化与高精度发展。随着 AI 技术、深度学习的发展，存储式测井技术将逐步与智能算法结合，同时融入更多的信息化和智能化技术，以提高测井数据的采集、处理和解释的精度。

（3）多模式与多功能集成。存储式测井技术正向多模式、多功能方向发展。例如，多模式测井系统能够在作业过程中实时监控井下仪器状态，并在测井完成后对仪器状态进行测试，以确保数据的准确性和可靠性。

毋庸置疑，大型油田技术服务公司着力发展的存储式测井技术，安全性高、时效性强、成功率高，已成为复杂井眼条件及特殊情况下的首选测井技术。存储式测井技术在未来的发展中将集中在技术创新、智能融合、多功能化、绿色化等方面，这些趋势将推动该技术在油气勘探与开发中的广泛应用和持续进步。

四、中美页岩油气水平井钻井对标分析认识与启示

美国历经20余年的技术积累,推动了页岩油气革命。我国页岩油气勘探开发由于起步较晚,受地表条件、储层特征和工艺技术水平制约,尽管页岩油气开发不断取得突破,同时也出现了一些无法回避的问题,特别是和美国相比,还存在一些短板和不足。部分关键技术和完成井指标与美国相比仍有差距。

(一) 我国页岩油气水平井钻井与美国存在差距

(1) 我国页岩油气资源禀赋和地面条件与美国迥异,开发难度较大。

① 资源禀赋迥异。美国页岩油气储层属于海相,地质构造简单稳定、面积大、分布广。二叠盆地主力产层多且厚度达400~550m,有利于采用多产层立体开发模式。页岩油、气主产区平均单井产量分别为15.69t/d、$4 \times 10^4 m^3/d$。我国页岩油气储层属陆相与湖相,地质构造复杂,非均质性强,有效页岩厚度薄、储量丰度低,决定了开发难度和钻完井风险大,作业施工成本高。川南深层页岩气多以低陡和低褶构造为主,优质储层厚度为4~6m,易导致钻遇率低。古龙和陇东页岩油平均单井产量为10t/d,川渝页岩气平均单井产量为$2.7 \times 10^4 m^3/d$。

② 地面条件迥异。美国页岩油气产区地处广阔平原,远离居民社区,适合开展大平台工厂化作业,有利于提高作业效率,且水力、电力等资源丰富,地面配套基础设施完善。我国页岩油气区多为山地、黄土塬,大型设备腾挪空间有限,工厂化平台作业难度大,且这些区域水资源缺乏,电网分布覆盖不全,资源供给能力明显受限,建设成本高。

(2) 美国页岩油气地质研究能力和水平远超我国,对页岩油气效益开发贡献较大。

美国在多年研究储备基础上,取得了页岩油气勘探开发理念和工艺技术的巨大突破,将传统的单层单相吸附理论过渡到多层多相竞争吸附理论,使得页岩油气资源量大幅提高,并对减少事故复杂、提高钻井作业效率、开展大平台工厂化作业提供了有力支撑,最终实现页岩油气革命。我国对于页岩油气机理研究不够精细,导致页岩油气资源潜力与经济性评价结果相差较大,套变、压窜等制约页岩油气开发的关键因素尚不能从地质上得到明确解释。

(3) 美国页岩油气钻井作业能力和技术水平领先,我国仍存在一定差距。

① 钻井生产管理模式与美国存在较大差异。美国页岩油气采用甲方主导的日费制绩效和作业方主导的一体化总包模式,甲乙方资源充分共享,钻井作业能力得到最大限度发挥。2017—2021年,二叠、海恩斯维尔(Haynesville)等页岩油气主产区平均钻井周期由30天降至20天以内,降幅达33%。我国受到钻完井一体化总包比例较低、区域性工作量安排不均衡、季节性停工等多重因素影响,作业能力未能得到充分发挥。2017—2022年,自有队伍平均队年进尺为$2.07 \times 10^4 m$,仅达到实际钻井作业能力的60%。

② 钻机电动化率较低,数字化、智能化钻井水平与美国相比还有差距。美国钻机电动

化率从2012年的50%提升到2022年的大约90%，在用陆地钻机几乎全部是电驱动钻机。我国钻机电动化程度仅为40%，钻机新度系数只有0.35，大量钻机服役15年以上，强化钻井参数能力受限，制约了"一趟钻"技术的有效发挥。美国页岩油气钻完井、压裂、测井等作业中，远程决策支持中心发挥着日益重要的作用。我国已建成工程作业智能支持中心（EISC），具备实时监控、风险预警、远程专家支持等功能，但距离实现地质工程一体化智能决策还有一定差距。

③"一趟钻"技术有待提升，部分高端仪器、工具、材料、软件依赖进口，存在"卡脖子"风险。"一趟钻"是美国高效、低成本开发页岩油气的"撒手锏"技术。为了有效降低成本，只有少部分"一趟钻"用到旋转导向钻井系统。中国页岩油气储层埋藏深、厚度薄，大多需要旋转导向完成水平段钻进。我国研发成功了 CG STEER 旋转地质导向钻井系统，"一趟钻"进尺纪录也在不断刷新，但"一趟钻"各关键技术之间的匹配度和"一趟钻"的一致性还有待提升。目前，高造斜率和抗高温旋转导向钻井系统仍依赖进口，先进 PDC 钻头复合片材料、地质工程一体化功能软件、钻井专业工业模拟分析软件等仍存在"卡脖子"风险。

（二）我国页岩油气钻井技术现状分析

我国页岩油气钻井技术升级步伐加快，与美国的差距不断缩小，部分技术和作业指标已比肩美国。

1. 我国钻完井技术加速实现国际"并跑"

核心装备方面，7000m 自动化钻机及配套装备实现核心部件国产化，12000m 超深井钻机打破国外技术垄断；顶驱装备可满足 3000~12000m 全系列钻机定制化需求；精细控压装备打破国外技术垄断，实现规模化应用。尖端工具方面，自动垂直钻井技术实现国际"并跑"，膨胀管工具性能指标与美国亿万奇公司产品相当，同比降本 50% 以上。高端助剂方面，针对非常规油气"盐层、高温、易漏、高压"等复杂工况的水泥浆体系应用 4000 余井次，创造多项工程纪录。设计软件方面，钻完井工程设计与优化决策一体化软件也实现国际"并跑"，国内已部署 120 余台套，测试应用 1000 余井次。

2. 部分区域先进钻井指标接近美国水平

川渝页岩气区块通过集成应用高效 PDC 钻头、大扭矩螺杆钻具、旋转导向工具的"一趟钻"工艺，形成了以"工厂化+一趟钻"为核心的水平井钻井技术体系，作业能力稳步提升。2022 年，长宁页岩气区块最短钻井周期 18.8 天，威远页岩气区块"一趟钻"比例达 42%。新疆吉木萨尔页岩油区块，在平均井深增加 1300m 的情况下，平均钻井周期从 2018 年的 70 天降至 2022 年的 33.9 天。大庆古龙页岩油区块与美国沃夫坎普（Wolfcamp）页岩油情况相似，平均钻井周期由 2020 年的 110 天缩短到 2022 年的 21.3 天，降幅达 80.6%。其中，2 口井实现 19 天内完钻，与沃夫坎普相当。长庆陇东页岩油区块，通过采取"多层系、立体式、大井丛、工厂化"钻井，平均钻井周期由 2019 年的 29.1 天缩短至 2022 年的 17.8 天，降幅达 38.8%。

（三）启示与建议

（1）加大地质研究力度，加强地质工程一体化研究，为提速提效提供前提保障。

我国需要进一步加快提升页岩油气钻井能力，促进页岩油气效益开发。一是加大对页岩油气三维勘探力度，提高储层精细刻画、薄层"甜点"发现能力，实现地质"甜点"、工程"甜点"和经济"甜点"的完美结合，为提高储层钻遇率、减少事故复杂、实施大平台作业提供有利条件。二是瞄准高精度地层参数获取，持续攻关高精度成像测井和高温高压测井装备，完善岩石物理及页岩油气解释评价关键核心技术、套后测井及动态监测技术。

（2）优化生产组织高效协同模式，实现甲乙双方风险共担、互利共赢。

① 借鉴美国页岩油气生产组织模式，甲方负责水电路讯、现场设施等条件准备，更好地让乙方心无旁骛开展钻井施工；在施工服务合同中加入绩效奖惩条款，实现甲乙方风险共担、利益共享。

② 甲乙方共同开展施工方案设计，提前制订钻机运行计划，杜绝钻机等停，保证连续作业工作量，最大限度实现均衡生产。

③ 建立基于甲乙双方联动考核机制，实施内部市场占有率、钻机动用率等指标的联动考核，充分激发甲乙双方提速提效动力和钻井作业潜力。

（3）加大工程技术科技攻关力度，加快升级完善页岩油气钻完井技术系列。

① 加大抗高温高压仪器工具、高性能钻完井液、高效防漏堵漏技术的攻关力度，升级完善深井超深井钻井配套技术，力争 2025 年关键工程技术与重大装备国产化替代率达到 80% 以上。

② 加快套变机理研究，攻关套变高效防治技术。

③ 加快数字化转型、智能化发展，补齐短板，实现整体提速。

（4）持续优化钻机数量构成，加快钻机电气化、自动化改造力度。

① 进一步增加 5000m 以上钻机数量，控制 4000m 及以下钻机数量，着力推进万米智能钻机的攻关应用。

② 加大钻机改造力度，在 3 年内完成 200 部以上机械钻机的电气化改造。

五、地下储氢技术进展与展望

为了减少化石能源的使用与温室气体排放，全球能源结构正在向可再生能源方向调整。国际能源署发布的《2022年世界能源展望》报告称，化石能源在能源结构中的占比将逐年减小，风能、太阳能等可再生能源占比将有所增长。但受环境因素影响，可再生能源生产不稳定，不能直接应用于能源供应。将富余的可再生能源转化为氢能进行储运和利用，能够解决可再生能源供需不协调的问题。在众多氢能储存技术中，地下储氢技术被认为是大规模、长期储氢的最佳选择。地下储氢技术旨在将氢气储存于盐穴、枯竭油气藏、含水层等地质结构中。与地面储罐储存氢气相比，地下储氢具有能够充分利用地下空间、节约土地资源、有效降低氢气的储集成本、提高氢气的经济效益等优点，其中枯竭油气藏地下储氢最具发展前景。

目前，地下储氢技术相关研究经验较少，有许多技术瓶颈问题亟待解决，包括地层构造判断困难、储层物理化学成分复杂、细菌存在下氢气与垫气发生化学反应、完井要求严格、水泥密封性低、产氢纯度低、作业成本高等。本报告主要阐述了地下储氢库的分类特点，地下储氢技术的应用情况，梳理了地下储氢关键技术与难点，最后指出了未来地下储氢技术研究方向，为推动地下储氢工程实践提供参考。

（一）地下储氢库分类

1. 盐穴储氢库

盐穴是向盐岩井中注水而人工形成的地质结构（图1）。在地表打井至目标盐层，注入淡水溶解盐岩造腔，根据盐腔形态选择正循环或反循环造腔方式，然后注入储存介质，利用压差将近饱和卤水排至地表或围岩中，从而在地下盐岩层中形成一定体积的洞穴。盐穴平均高度为300~500m，平均直径为50~100m，单个盐穴储存气量$(10\sim50)\times10^4 m^3$，工作气比例为70%~80%；其运行压力一般随深度增加而增大，通常为上覆岩层压力的30%~80%，最高可达20MPa。盐穴具有较高的注采速率、注采周期短的优点；其高盐环境能够有效抑制地下微生物活动并防止氢污染，形成更稳定安全的储氢环境；其盐层孔隙度、渗透率低且延展性好，能够有效阻止氢气泄漏并阻止裂缝形成；适用于高纯度H_2的中短期储存。但盐穴储气库存在适建库址少、建造成本高、人工设施易腐蚀等缺点。地层中矿物组成及岩石物性均匀的盐丘构造分布极少，多为不同组分及物性的盐岩层组成的层状盐岩体，具有非均质性强且构造浅、层间滑移现象严重、储气能力差的不足。盐穴造腔过程中不可避免地面临巨大的淡水需求和采出水处理问题，导致单位有效容积建造成本高。已建成盐穴储气库建造深度一般不足2000m，否则在腔体内高压气体与外部高温高压的共同作用下，腔体将产生显著塑性变形甚至脆性断裂，因此盐穴的储存容量普遍低于多孔类型的构造。

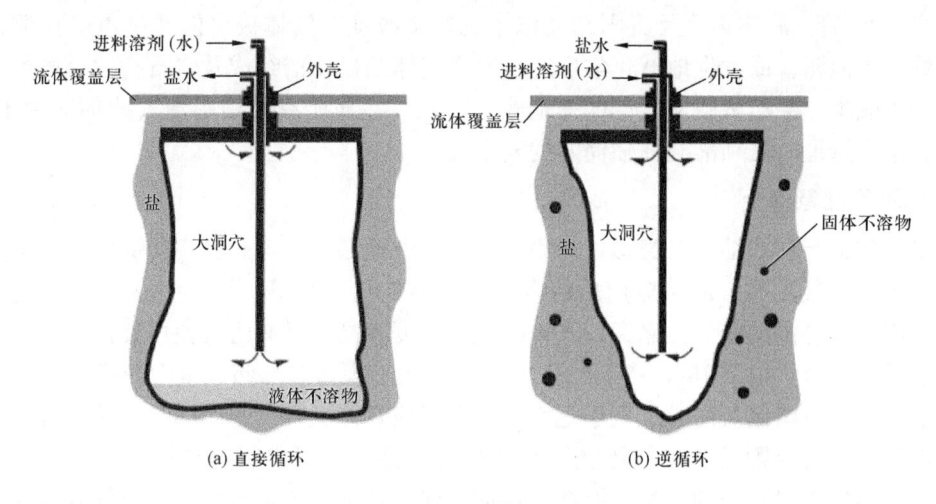

图 1 盐穴储库的可能构型示意图

2. 枯竭油气藏型储氢库

枯竭油气藏具有天然的圈闭构造和储盖组合，底部和边缘由含水层支撑（图 2）。枯竭油气藏的储层通常为砂岩、碳酸盐岩地层或其他孔隙性渗透地层，建库油气藏储层渗透率通常高于 0.1mD，深度超过 1000m；盖层通常为低渗透泥页岩或膏盐岩地层，能承受较大的压力波动。枯竭油气藏储气库建造时，需在圈闭储层内的高点注气加压：首先注入密度较高的垫层气，驱替储层孔隙内的原始流体，形成一定气区并能够维持地层压力，再改注工作气，气量比例为 40%~50%，气体受浮力作用在盖层下部积蓄，形成人造气藏。枯竭油气藏构造分布广、圈闭性好、储气量大，且勘探及建设成本较低。一方面，圈闭经过油气勘探开发，地质认识程度高，且已建成注采及输运设施；另一方面，枯竭油气藏储层内残余气体可作为垫层气维持地层压力。枯竭油气藏储气库注采灵活性较低，注采周期长，适用于季节性调峰及战略储备，具有广阔的应用前景。虽然枯竭油气藏曾在漫长的地质年代中有效储存 CH_4 等烃类物质，但经历油气开发后，其盖层孔隙结构及脆韧性发生了改变，断层失稳风险增加。

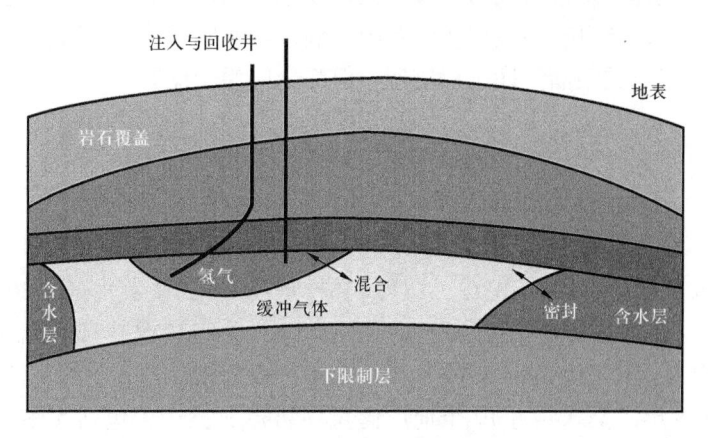

图 2 枯竭油气藏型储氢库示意图

同时，注入 H_2 后，流体物性及流固相互作用也发生改变，气体极可能通过盖层孔隙、裂缝及断层处渗流泄漏，或发生地球化学反应，改变流体与矿物的组成及岩石物性，增加了后续采出气净化成本，甚至威胁储气库的安全性。因此，并非所有的枯竭油气藏都适用于 H_2 地质储存，建库选址时必须准确评估储氢的安全性。

3. 含水层储氢库

含水层构造与枯竭油气藏类似，均为多孔渗透性地层，但其孔隙空间被地下水填充，无烃类聚集区和油气界面。由储氢前后的含水层地质构造（图3）可见，含水层储氢库储量大，通常用于大容量的季节性储存，其采出氢气纯度较高，且有时可使用置换水来代替垫底气。含水层一般位于地下1000~3000m，具有厚度大、展布广、储气量大的优点，可满足天然气季节调峰和战略储备需求。用于建库的含水层应具有良好的圈闭构造，储层具有高孔隙度和高渗透率，盖层则具有极低渗透率和良好力学性质，可进行连续钻井、完井作业。然而，含水层储气库建设周期较长，勘探、评估、建设及运行成本较高，采出气脱水处理工艺复杂。同时，含水层储气库所需垫层气量大，一般占储层总容积的80%，且不可回收。

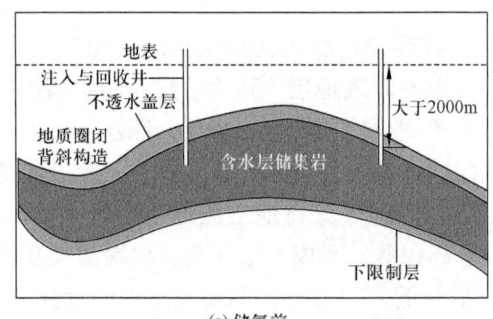

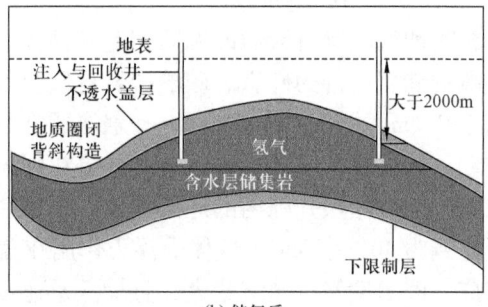

图3 储氢前后含水层的地质构造对比图

由此可见，枯竭油气藏因其分布广泛、储气量大、成本较低，随着新能源技术快速发展，储能需求不断提升，未来将成为季节性大规模地下储氢的首选类型。此外，除上述3种储存气体的地质体外，还可利用废弃矿井及硬岩洞穴等非常规地质类型，作为储气调峰的备选方案，目前已有其他类型储气库工程实例，但尚未应用于储氢。

（二）地下储氢技术的应用

地下储氢的工程实践源于20世纪70年代，将 H_2 与 CH_4 混合的人工煤气（其中 H_2 体积分数为25%~60%，CH_4 为10%~33%，CO 与 CO_2 为12%~20%，N_2 低于30%）注入地下含水层和盐穴储存，满足城市燃气需求。随后，英国、美国相继建成纯氢地下盐穴储氢库（H_2 体积分数为95%，CO_2 为3%~4%），满足化工产业需求。目前，地下储氢工业应用案例仍较少，截至2023年，全球共有10个地质储氢项目建成投产，包括5座盐穴纯氢储库、5座用于储存人造煤气的含水层和枯竭油气藏储氢库（表1）。

表1 全球地下储氢库相关参数

储气库类型	所在地	H$_2$占比（%）	地层温压条件	深度（m）	储气容积（m^3）
盐穴	Teesside（英国）	95	4.5MPa	365	210000
	Clemens（美国）	95	7.0~13.7MPa	1000	580000
	Moss Bluff（美国）	95	5.5~15.2MPa	1200	566000
	Spindletop（美国）	95	6.8~20.2MPa	13403	906000
	Kiel（德国）	60	8.0~10MPa		68000
含水层	Ketzin（德国）	62		200~250	
	Beynes（法国）	50		430	3.3×10^8
	Lobodice（捷克）	50	9.0MPa/34℃	430	
枯竭油气藏	Diadema（阿根廷）	10	1.0MPa/50℃	500	
	Molasse（奥地利）	10	7.8MPa/40℃	1000	

（三）地下储氢关键技术及难点

与其他类型储氢库相比，枯竭油气藏地下储氢库具有显著优势，发展潜力巨大，其气体储存原理与同类型储气库、碳封存相同，但工程实践极少，相关研究及工业应用滞后。这主要是由于H$_2$作为储存介质后，其物化性质的特殊性使得地下流动行为与流固的相互作用更为复杂（图4），与此相关的一系列风险和技术难题尚未解决。大量研究人员分析认为，亟须解决的关键技术及难点主要包括H$_2$注采与储存过程中的不稳定驱替与微泄漏、耗氢地球化学反应与微生物催化作用、圈闭与人工设施完整性失效问题。

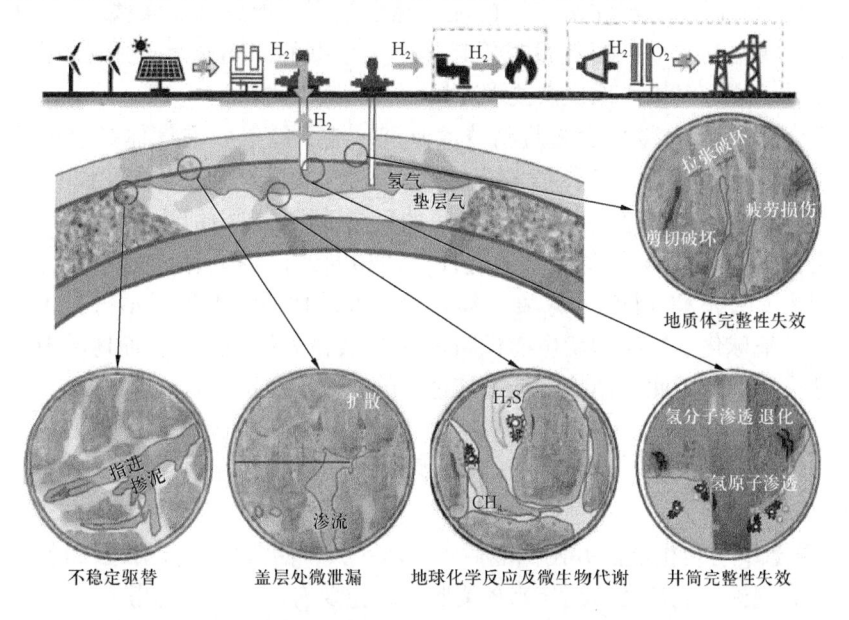

图4 枯竭油气藏地下储氢关键运行风险示意图

（四）地下储氢研究方向

虽然地下储氢研究已取得较大进展，但该技术仍处于发展初期，诸多关键基础理论与核心技术尚待突破，主要攻关方向包括以下3个方面。

（1）多尺度多场耦合 H_2 损耗机制研究。地层中 H_2 损耗主要通过流体多相渗流扩散以及 H_2—地层水—矿物—微生物地球化学反应，其涉及渗流场—应力场—化学场的多场耦合、基岩孔隙—天然裂缝—水力裂缝的多尺度特性。然而，当前研究大多局限于 H_2—地层水—基岩/有机质体系单个物理场和单一尺度的渗流与扩散模拟、地球化学反应釜实验及数值模拟，且所建模型缺乏相对渗透率等关键实验数据，模拟结果准确性有待验证。为了探索地层中 H_2 损耗机制，需将室内实验与分子模拟相结合，开展多相多尺度渗流扩散、H_2—水—岩石—微生物的地球化学反应机理研究，考察 H_2 在含水孔隙和裂缝中的微观运移过程，揭示不同地层深度和气液固组成的多场耦合作用下的渗流机制，完善 H_2 多尺度多相流动传质模型；为地下储氢宏观模拟提供渗透率、突破压力、扩散系数等关键基础数据，基于 H_2 损耗影响因素及规律，为储氢库的选址和运行方案提供有针对性的建议。

（2）地下储氢场地尺度数值模拟研究。场地尺度模拟是制定地下储氢动态高效注采及储存策略的重要手段。当前场地尺度模拟研究主要通过常规的储层场地尺度 CFD 模拟，分析 H_2 在岩石基质中的渗流过程和流体分布，将 H_2 流动普遍假定为满足连续性假设的黏性流动过程，忽略了泥页岩微纳米孔隙中气体分子与固液间相互作用引起的吸附—解吸过程以及 Knudsen 扩散、表面扩散等行为，采用达西定律计算流动速度，且未考虑应力波动对地层变形和断层动态密封性的影响。为保证模拟结果的准确性，需在场地尺度上以圈闭条件、流体物性、多相流动参数及注采方案为背景，基于已探明的 H_2 多尺度流动传质机制，并耦合地质力学模型，模拟不同地层与注采工况的流体运移过程，形成基于实验和数值模拟方法的 H_2 圈闭损耗计算方法，建立以损耗量或损耗速率为依据的圈闭储氢适用性评价标准，为保证安全高效注采、减少气体损耗提供技术支持。

（3）地下储氢气体运移及泄漏监测技术研究。地下储氢面临气体微泄漏损失、圈闭、人工材料完整性失效等风险，需采取有效监测手段，在其全生命周期内实现准确监测，掌握实时运行状态。目前，地下储氢工程中所采用的监测手段主要由地下储气库、碳封存改造而来。然而，由于 H_2 密度小、黏度低且渗透性高，相同条件下更易成为稀薄气体难以监测，原适用于圈闭内 CH_4 和 CO_2 羽流小尺度泄漏路径成像的地震全波形反演等技术对于 H_2 的适用性有待验证。地球化学反应和微生物代谢是 H_2 主要损失途径之一，而地层中的 CH_4、CO_2 基本不涉及这一问题，因此，尚缺乏针对该过程的有效监测手段。

（五）思考和展望

"双碳"愿景下可再生能源并网储能需求不断扩大，储氢作为目前最可行、发展前景最广的长周期、大规模储能途径，近年来备受瞩目，主要有以下几点思考。

（1）地下储氢与其他气体地质储存的差异主要源于储存介质的物化性质，H_2 密度、黏度均极低，扩散性与渗透性强，化学性质活泼，决定了 H_2 在注采和储存过程中将面临更严重的不稳定驱替、微泄漏、耗氢地球化学反应与微生物催化作用，以及人工设施完整性失效风险。

（2）为保证地下储氢的安全性和经济性，应优化注气方案，合理选择垫层气，实现稳定驱替；储氢库选址前需获取不同环境下盖层岩石气体的突破压力和扩散系数，全面评估圈闭动态封闭性，规避易与 H_2 反应的地层环境；人工设施应根据地层环境条件采用防氢脆防腐蚀材料。

（3）现有研究已取得较大进展，但仍需加强多尺度多场耦合 H_2 损耗机制研究、完善场地尺度数值模拟研究，并构建完备的地下储氢气体运移及泄漏监测体系，为推动地下储氢工业应用提供技术支撑。

六、绿氢炼化技术助推"双碳"目标实现的路径与思考

氢能是未来国家能源体系的重要组成部分和用能终端实现绿色低碳转型的重要载体,绿氢则是炼化产业实现碳中和的重要途径。绿氢与绿电协同耦合替代化石能源、重构炼化业务能源供给体系统称为绿氢炼化。要发展绿氢炼化、实现碳中和,必须要加快推进绿氢与绿电耦合发展,大力调整炼化业务用能结构。

(一)炼化产业用氢情况

炼化企业是用氢大户,也是碳排放大户。炼化企业的加氢装置主要包括石脑油(汽油)加氢、航煤加氢、柴油加氢、加氢裂化、蜡油加氢及渣油加氢等,承担着生产清洁油品及化工原料、渣油轻质化等任务。据统计,配置渣油加氢处理装置的千万吨级炼厂平均用氢占原油加工量的1.4%~2.5%,配置渣油加氢裂化装置的炼厂氢气消耗占比超3.0%。

以某原油加工能力$1250×10^4$t/a、乙烯产能$80×10^4$t/a、对二甲苯(PX)产能$80×10^4$t/a的炼化一体化企业为例,该企业耗氢总量为$20.80×10^4$t/a,加氢裂化、产品加氢精制、渣油加氢及芳烃装置是耗氢大户。而企业氢源中,虽然重整和乙烯裂解装置提供了大量副产氢,但供需仍存在较大缺口,需要运行煤制氢、重油及焦炭制氢和天然气制氢装置,并外购少量氢气。大部分炼化企业将催化重整、乙烯裂解等装置的副产氢直接或经提纯后作为加氢原料,副产氢生产过程碳排放低,如燕山石化炼油装置副产氢提纯产品的碳排放低于4.90kg/kg(CO_2/H_2)。但装置副产氢产量一般不能满足炼化企业加氢装置需求,因此炼化企业会配套建设煤制氢或天然气制氢装置,以满足企业氢气平衡。而煤或天然气等化石能源制氢装置碳排放较大,煤制氢装置单位碳排放为20~25kg/kg(CO_2/H_2),天然气制氢装置单位碳排放为10~12kg/kg(CO_2/H_2),炼化企业用氢绿色化成为碳减排的迫切需求和重要路径。

化石能源制氢装置配套CCUS技术生产的蓝氢,虽然既可以减少氢气制备过程中的碳排放,又可以继续使用现有资产,但是会增加整体成本,且目前CCUS对CO_2的捕集率最多只能达到85%~95%,不能满足未来净零排放的要求。因此,未来炼化企业氢气生产,短中期将以灰氢为主、以蓝氢作为过渡,中长期将以绿氢替代灰氢和蓝氢,如果绿氢技术发展较快、经济可行,甚至由绿氢直接替代灰氢,减少自身制氢环节碳排放。

(二)炼化用能结构变革

绿氢炼化已列入《"十四五"全国清洁生产推行方案》中,文件明确提出石化化工行业实施绿氢炼化降碳工程。绿氢炼化将成为石化工业实现碳中和的必由之路。

1. 绿氢炼化将推动石化产业实现深度减碳

在能源转型过程中,氢是最佳的碳中和能源载体,将是打造未来能源体系、实现能源变

革的重要媒介，更是深度减碳的攻坚利器。据中国氢能联盟预测，在2030年碳达峰情景下，我国氢气的年需求量将达到$3715 \times 10^4 t$，在终端能源消费需求量中占比约为5%；在2060年碳中和情景下，我国氢气的年需求量将增至$1.3 \times 10^8 t$左右，在终端能源消费需求量中占比约为20%，其中绿氢规模有望达到$1.0 \times 10^8 t$。

在未来能源体系中，氢能将与电力一起居于核心地位。绿氢来自风能、太阳能、生物质等可再生能源，制备过程无直接碳排放，但成本较高。现有技术条件下，炼化产业应用氢能减碳，短期内可能面临缺乏经济性、储运困难和安全等问题，这是制约绿氢进入石化工业的瓶颈。但是从长远看，在碳中和推进过程中，随着绿氢生产技术不断进步和规模化应用带来的成本下降，未来绿氢将发挥重要作用，构建以绿氢为源头的新型工业系统是炼化产业实现碳中和的关键。同时，电气化替代也是石化工业实现碳中和的重要路径，大规模用绿电替代煤炭、石油和天然气等化石能源，可有效减少对化石能源的依赖，进一步降低碳排放强度，有利于实现碳中和。面向"双碳"目标，利用绿氢和绿电协同重构以化石能源为主的炼化工艺流程，不仅可促进石化工业深度减碳，而且可推动石化工业实现高质量发展。但是，这一过程需要变革性技术作支撑，需要新能源安全可靠作为基础。

绿氢炼化是指在新能源安全可靠的基础上，石化工业在实现节能减排、绿色低碳发展的同时，用氢以绿电电解水制取的绿氢为主，用能以绿电和绿氢为主，改造提升炼化工艺流程和生产装置，重塑炼化产业链、产品链、服务链和价值链，生产更多绿色低碳石化产品，推动石化工业实现净零排放。具体体现在：一是氢气生产暂时以灰氢为主，以蓝氢作为过渡，最终以绿氢替代灰氢、蓝氢，如果绿氢技术发展较快、经济上可行，甚至可能绿氢直接替代灰氢，减少自身制氢环节碳排放；二是利用绿电和绿氢的能源属性，以绿氢和绿电替代炼化工艺用化石燃料，绿氢与绿电协同减少炼化生产用能环节的碳排放，推动石化工业低碳化转型；三是依靠科技进步，对炼化工艺流程进行适应绿电、绿氢再造，实现节能降碳、绿色环保，未来短流程生产特色产品、低碳排放的总流程方案将成为炼化工艺主流；四是利用氢的物质属性，以绿氢为原料生产碳足迹更少的石化产品，特别是加强二氧化碳资源化利用，为石化工业提供碳中和解决方案。

2. 绿氢炼化将推动石化工业转型升级

为有效应对全球气候变化，许多国外大石油石化公司明确提出了净零碳排放目标和低碳发展战略，加快部署"绿电—绿氢—炼化"一体化示范项目，积极推进绿色低碳转型。例如，bp公司与海上风电开发商合作，将在德国Lingen炼厂大规模应用绿氢；2024年建成一座50MW电解水制氢设施，利用海上风电生产绿氢，替代现有20%的天然气制氢产能，项目后期规模将扩大至500MW，完全取代该厂的化石能源制氢装置。壳牌公司现已公布7个碳中和绿氢项目；2021年7月，开始建设欧洲最大的质子交换膜电解槽，可年产1300t绿氢，用于德国莱茵兰炼厂加氢装置；2022年1月28日，壳牌公司与中国企业合资建设的世界最大的$8 \times 10^4 kW$绿氢项目一期（$2 \times 10^4 kW$），在张家口建成投产，全部投产后可年产氢约2800t，液氧$2.28 \times 10^4 t$。2021年3月，巴斯夫公司、沙特基础工业公司和林德公司签署了一项联合协议，开发和验证电加热蒸汽乙烯裂解炉解决方案，打造全球首座电加热裂解炉，可减少碳排放达90%。石化工业作为我国碳排放量较多的产业之一，要在2060年前实现碳中和，亟待探索以绿氢炼化为特征的新发展路径，试点示范并推广应用绿氢＋绿电＋化石能源（紧急保障用）取代化石能源的工艺流程，全面实现低碳化发展和绿色转型升级。

3. 绿氢炼化将带动石化工艺流程变革

我国石化工业现有工艺流程是烃基炼化，主要依赖化石能源。随着绿电和绿氢成本的大幅降低及逐步大规模应用，绿电将替代化石能源发电、中低位热能供热，绿氢将替代化石能源制氢、作燃料用于高位热能供热，工艺流程将变为绿氢炼化，这必将对生产过程产生较大影响，需要对现有工艺流程再造。例如，乙烯装置中，采用绿电和装置自产氢气替代烃类燃料气为裂解炉提供热量，制冷压缩机由汽轮机驱动改为电动机驱动，裂解产生的蒸汽仅用于驱动裂解气压缩机等，都需要对乙烯裂解工艺流程再造。再如，乙苯装置加热炉加热温度不大于400℃，可以用绿电加热导热油或绿氢直接作为燃料，苯乙烯装置加热炉加热温度在800℃以上，可以用绿氢直接作为燃料，取代传统的燃料气加热炉，这可大幅减少碳排放，但需要对乙苯/苯乙烯工艺流程进行再造。我国石化工业要推进现有工艺流程适应绿电、绿氢技术改造，必须要依靠科技进步，加快研究绿氢、绿电应用场景，解决相关技术问题，推进石化生产过程绿色和节能降碳。

（三）推进绿氢炼化的分阶段情景研判

1. 当前阶段：以灰氢为主的炼化流程

当前，由于重（劣）质原油加工量仍然较多，为满足国Ⅵ及后续更为严格的清洁汽柴油、航煤和低硫船用燃料油需求，炼油工艺流程中加氢处理、加氢裂化、加氢精制等临氢产能仍将增加，用氢量不断增多。由于可再生能源发电成本相对较高、水电解制氢能耗和投资较大，绿电、绿氢以试点示范为主，还难以大规模进入炼化产业主流程，炼化产业仍以灰氢、火电为主，基本完全依赖化石原料制氢以及炼厂和乙烯装置副产氢，用能仍然以化石能源为主。

2. 2030年前阶段：由灰氢向蓝氢甚至绿氢过渡的炼化流程

我国石化工业要在2030年前实现碳达峰，需要根据国家非化石能源发展态势，加快调整能源结构，降低碳排放强度，使产业发展逐步与碳脱钩，尽早经济可行地实现碳达峰。预判2030年前我国石化工业可能呈现如下发展情景：一是据中国石化集团经济技术研究院（EDRI）预测，2025年前后交通用油基本饱和、化工用油仍将增长，2030年前石油需求将达峰并进入平台期，原油加工量基本达到峰值；二是炼化产业供氢先由灰氢逐步向蓝氢过渡，然后绿氢逐步替代灰氢或蓝氢，到2030年绿氢广泛应用，有力支撑石化工业碳达峰目标实现；三是用能结构将向低碳化方向调整，逐步"减煤""控油""增气""强新"，推动多种能源优化耦合，节能提高能效，探索工业用能电气化和绿氢作为燃料；四是加快研发适应绿电、绿氢的工艺技术，利用煤+氢+电取代煤炭的工艺完成试点示范，采用绿色先进工艺技术，提高能源利用效率，降低能耗，减少碳排放总量；五是在有碳封存地点或驱油的源汇匹配地区，应用CCUS减少碳排放；六是大力调整产品结构，多产绿色环保石化产品。

3. 2060年前阶段：以绿氢为主的炼化流程

2060年非化石能源占比达80%以上，化石能源回归原料属性，碳中和的能源系统和经济系统完全形成，届时化石能源消费主要起稳定系统的作用，电力供应90%以上是绿电，绿氢已大规模商业化应用，普遍开始征收较高碳税。我国石化工业实现碳达峰后，将要进入深度降碳期和碳中和期。预判2060年前我国石化工业可能呈现如下发展情景：一是由于产业结构调整、能源低碳化转型、淘汰落后产能等需要有一定的时间过程，可能存在3~4年碳达峰平台期，然后在新能源安全可靠的替代基础上，传统化石能源将逐步退出，绿电和绿氢等新能源将大规模进入炼化主流程。二是据EDRI预测，到2060年公路交通用油可能将逐步转为电力和氢能、塑料回收率可能提高到40%、二氧化碳资源化利用可能取得突破进展，因此预计2030—2060年我国石油需求将快速下降，交通用油、化工用油及原油加工量将不断下降。三是据有关研究表明，从碳达峰到碳中和，石化产品产量和原油加工量下降对实现碳中和的贡献率可达40%以上，节能提高能效贡献率可达25%以上，调整燃料原料结构贡献率可达15%以上，CCUS贡献率在10%以上。因此，原油加工量下降和节能提高能效虽然对石化工业碳减排贡献较大，但还不足以推动石化工业实现碳中和，需要全面推进绿氢炼化。四是为实现碳中和目标，2060年前炼化产业需要全面完成低碳化改造，炼厂生产流程将以生产化工原料为主，炼化工艺流程按碳中和标准运行，400℃以下中低位热能用绿电电气化或绿氢替代，400℃以上高位热能用绿氢替代，原料用氢都是绿氢或副产氢，少量未中和的过程排放二氧化碳通过CCUS、林业碳汇解决，最终实现石化工业净零排放。

（四）推进绿氢炼化的思路建议

在"十四五"及更长一段时间，绿氢、绿电将在我国石化工业推进"双碳"目标的进程中发挥重要作用，更是实现碳中和的关键。但是，绿氢、绿电要大规模进入石化工业现有工艺流程，还有许多工作需要提前部署和谋划。

（1）加快研究开发支撑绿氢炼化的前沿核心技术。根据绿电和绿氢将大规模进入炼化产业链的情况，建议加快部署高效电解水制氢、有机液体储氢、超级储能、多种可再生能源耦合、燃煤锅炉电能替代、电加热乙烯裂解炉、电加热再沸器替代、电解水制氢耦合制取化学品、液态阳光甲醇、干热岩开发利用、低碳新反应过程等前沿技术研究开发，加快攻克CCUS等负碳技术关键环节，降低能耗和成本，加快推进工业应用示范工程。

（2）加快研究绿氢持续稳定供应方案。若石化工业原料用氢和部分燃料用氢都是绿氢，绿氢年需求量将非常大。要研究提出石化企业绿氢持续稳定供应方案，使绿氢产业链的"制、储、运、加"各环节顺利打通，确保企业正常生产。

（3）加快研究炼化工艺流程再造方案。针对炼化企业用能结构由煤、石油焦、石油等高碳能源转向天然气、绿电、绿氢等低碳和无碳能源，或多种低碳能源耦合，分别深入研究炼油、乙烯、芳烃等主要工艺总流程如何调整优化，以适应用能方式和能源结构变化，确保炼化主要工艺流程再造成功，实现直接排放近零、过程排放最小。同时，工艺流程再造要注重推动互联网、大数据、5G通信、人工智能、云计算、物联网、区块链等新兴信息技术与绿色低碳石化产业深度融合，加快建成新一代数字化网络化智能化石化工厂，大力提升能效、减少资源能源消耗，推动碳减排迈上新台阶，助力石化工业实现碳中和。

（4）加快研究炼化企业电气化改造方案。针对我国能源结构不断向低碳化绿色化方向发展、将建成以新能源为主体的新型电力系统的情况，在新能源安全可靠的替代基础上，研究提出炼化企业用能如何逐步实现由火电和化石能源转向绿电、实现电气化，分析研究不同工艺单元电气化进程的差异性以及难以电气化应用的场景，制定安全可靠、经济可行的电气化解决方案。

（5）加快研究炼化企业用能低碳化调整方案。随着我国将建成以新能源为主体的新型电力系统，炼化企业用能也将逐步由火电和化石能源转向绿电、绿氢、生物质能、核能（高温气冷堆）等多种低碳能源耦合。根据炼化产业用能变化，分析研究冷、热、电、气（汽）等能源服务的场景和路线图，制定实现碳中和的技术路径。

（6）引入绿氢相关政策和人才保障。政府制定出台支持绿氢炼化的政策和市场机制，如提供税收优惠、资金支持和绿氢配额等，鼓励石化企业投入绿氢技术研发和应用。建立绿氢交易市场，促进绿氢的生产、流通和利用，为石化企业提供经济和市场激励，推动绿氢炼化发展。石化企业在推进绿氢炼化时需具备相关技术和人才，包括绿氢生产、储存、运输、加氢等方面的专业技能和管理能力。因此，加强人才培养和技能提升，培养具有绿氢炼化专业知识和实践经验的人才队伍，是促进绿氢炼化产业可持续发展的重要推动力。

七、废塑料回收利用技术进展与发展建议

塑料因其优异的性能以及使用的便捷性受到各行各业人们的追捧,是生产生活应用最为广泛的化学材料之一。当前处理废旧塑料的方法仍然以焚烧为主,焚烧过程中会产生大量对环境有害的气体。新时期,面对日益严峻的环境问题,针对废塑料回收利用产业提出有效措施,促使塑料能够在高效回收利用的基础上实现资源利用最大化,减轻其对环境的污染是十分有必要的。

(一)全球废塑料回收利用面临的新形势

塑料污染在全球范围内普遍存在,不同发展程度的国家都对治理这一环境污染问题十分重视。措施主要有在法律层面上设立限塑令,以及追究塑料生产者、使用者的责任等。在2022年3月的第五届联合国大会通过《终结塑料污染:制定具有国际法律约束力的文书》,这一举措展现了全球各个国家在治理塑料污染问题上的坚定信念。在废物回收利用的目标制定上,欧盟国家在《欧洲塑料攻略》中提出,要使废塑料整体回收利用率在2030年达到55%。同时,欧盟委员会将投入大量资金在塑料可重复使用以及可回收的技术研发上。美国环境保护部门提出要在2030年将废塑料回收利用率提升至50%,在研发解决一次性塑料包装污染问题的技术方面,投入1450万美元以作资金支持。在全球塑料供应产业链方面,各大型能源化工企业投入大量资金研究塑料的回收利用以及污染治理有效措施。如埃克森美孚、巴斯夫等生产塑料产品的大型企业成立全球终结塑料废弃物联盟(AEPW),旨在研发出具备再生功能的环保塑料产品,推动废弃塑料的可回收利用。2021年底,全球超过500家大型企业做出承诺,提出减少对不可降解的一次性塑料产品的使用需求等愿景。因此,总体而言,欧洲及美国等发达国家或地区在废塑料回收利用的产业链上下游供给方面有着更高的积极性,走在世界前列。

(二)我国废塑料回收利用现状

近年来,我国针对塑料污染防治的规范性文件不断出台,相关行业标准也在有关部门的指导下得以完善,废弃塑料防治法律体系基本建立。但是,实践中仍然面临许多挑战。

(1)相关法律法规及政策密集出台,监督管理不到位。

近年来,我国高度重视塑料污染防治,立法部门也紧跟时代发展步伐,根据人们的实际需求制定了多项用于塑料污染防治的法律法规,并对标国际,提出碳中和碳达峰等目标,各行各业对废弃塑料回收利用的关注度再次提升。在2020年及2021年,《关于进一步加强塑料污染治理的意见》《关于加快建立健全绿色低碳循环发展经济体系的指导意见》和《"十四五"循环经济发展规划》等相继发布。上述规范性文件以及政策性指导文件,再一次对我国废旧物资循环利用以及塑料污染治理进行了详细的规划,实行绿色包装制度以及注重对

塑料污染的全产业链进行治理等也被写进了我国第十四个五年规划的行动计划中。

虽然我国在塑料污染防治体系的构建及推进方面付出了许多努力，但是这一工作的实际运行过程中仍然存在诸多问题，监督管理不到位导致塑料污染防治政策无法落实等情况时有发生。我国再生塑料技术研发方面也较为落后，相关标准体系建设仍需进一步完善，这导致废塑料循环利用工作成效较低，行业发展受到制约。一方面，我国大部分企业所使用的废塑料回收利用技术较为落后，处理废塑料的过程可能会对周边环境造成二次污染。另一方面，安全无污染的高新废塑料处理技术及装备无技术规范可依，无法通过有关部门审批。再者，国家标准以及绿色低碳认证在再生塑料产品领域是缺失的，导致有关企业无法正确判断再生塑料产品是否具有绿色品质，再生塑料产品无法走进高端应用领域，市场竞争力较弱。当前，我国塑料市场中再生塑料产品的市场份额甚至不到一成，市场份额过低也直接导致行业发展受限。

（2）废塑料回收利用率排名前列，塑料污染治理水平较低。

20世纪50年代至今，全球累计生产的塑料产品远超90×10^8t，但得到回收再利用的废旧塑料不及所生产塑料的1/10。数据显示，至2040年，被丢弃到自然环境中的塑料垃圾将超过7×10^8t。数据显示，2020年我国塑料产品生产已经超过7500×10^4t，而经消费后产生的废塑料更是高达6000×10^4t。在处理废旧塑料时，通常采用填埋以及焚烧等方式，回收再利用的比例较低，仅占27%左右。相比于全球其他国家的同类数据，可以得知我国废塑料回收利用率排名前列。但即便如此，实践中仍然有大量的废塑料被焚烧、填埋，对自然环境造成了巨大破坏。据推算，焚烧废塑料过程中会产生超出塑料本身质量5~10倍的二氧化碳排放。近年来，我国塑料回收率长期保持在27%这一稳定的数据，并无明显提升。

我国塑料产品多种多样，来源分散，其性能也良莠不齐。同时，经营管理废塑料回收的企业大多规模较小。这类企业的员工专业素养较低，缺乏能够高效分拣废塑料的设备，以人工分拣为主的工作方式导致实际工作效率较低；并且"小作坊"式的经营模式导致塑料回收的规模较小，实际经济效益不高，不能稳定提供分拣优良且数量庞大的废塑料。总体而言，为了促使环保政策在我国各行各业中得到落实，同时满足我国民众对高品质塑料的现实需求，有关部门及企业仍需在塑料污染的处理及回收再利用方面多下功夫。

（3）高效回收利用技术受到广泛关注，产业化进程较慢。

当前在全球废塑料回收利用行业，物理回收利用仍然是主流形式，我国在这一领域也是如此。经过多年的发展，适用这一方法的技术设备较为成熟，市场也十分广阔。这一塑料回收利用处理模式的优势在于操作简单，但是经由其再生处理后的塑料产品性能不高，且市场接受度较差，应用领域受到严重限制，回收超过两次便丧失应用属性，投入市场的经济效益较低。针对这一现实问题，全球多家知名机构联合研发出了适用于不同品种塑料的萃取剂，其能够高效去除塑料中的颜色、添加剂等，使被处理过的废塑料的品质能够与原生塑料相当。但是，专用萃取剂当前未能投入规模化生产，全球仅有两家公司运营生产，且产量不高。

化学回收利用这一废旧塑料处理模式在处理低残值、混合废塑料方面有着较高的效率和质量，相较于焚烧及掩埋处理来说，对环境的污染较小，受到人们的广泛关注。该方法通过一系列化学手段，如热解、水解、气化等，使处理过的废塑料变为能够再次使用的高附加值产品。近年来，在政府鼓励下，我国多家大型企业以及科研机构对这一化学处理手段进行深度研究，相关技术已经进入中试阶段。欧美国家对这一技术的研发已经成熟，诸如热解技术、气化技术等已经投入工业使用。具体而言，热解装置产品以油品、蜡为主，生产规模不大。在气化技术的研发方面，目前全球仅Enerkem公司实现了这一技术的工业化生产，主要产品为甲醇和乙醇。对于缩聚类塑料废弃物，如对苯二甲酸乙二醇酯（PET），主要通过醇解、胺解、水解等化学手段解聚成对苯二甲酸、对苯二甲酸二甲酯、对苯二甲酸双羟乙酯和乙二醇等单体，但由于PET更多采用物理回收方式进行循环利用，因此解聚技术工业化应用较少。

（三）废塑料回收利用技术现状分析

废塑料化学转化技术较之物理回收技术，不仅可以降低环境污染，而且可实现废塑料高价值利用。下面介绍几种主要的废塑料化学转化技术。

化学转化是利用化学反应将废塑料高分子链打断成低碳混合烃类或单体的过程，是整个化学回收过程中最关键的一环。废塑料涉及的高分子种类多，且性质差异大，因此，针对不同类型聚合物应采用不同转化技术（表1）。对于加聚类塑料［聚乙烯（PE）、聚丙烯（PP）、聚苯乙烯（PS）等］，可采用气化、微波、热裂解等技术，将其转化为小分子量的裂解气、裂解油等；对于缩聚类塑料［PET、聚酰胺（PA）、聚氨酯（PU）等］，可采用水解、醇解、胺解等技术，将其分解为单体。

表1 废塑料化学回收主要技术路线

塑料类型	技术方法	主要产物	下游产品	技术成熟度	经济效益	国内外企业
加聚类塑料（PP、PE、PS等）	气化裂解	煤气、石油气	燃气、化学品	少量工业化	中低	美国Texaco等
	微波裂解	乙烯、丙烯、合成气、甲烷等	塑料、化学品	实验室阶段	中高	日本三井化学、中国石化等
	热裂解	轻油、重油	燃油、塑料	中试、工业化	中高	英国Plastic Energy、美国Agilyx、挪威Quantafuel、中国石化、航天十一院等
	催化裂解	轻油、烯烃、BTX（轻质芳烃）	燃油、塑料	中试、工业化	高	科茂环境、惠城环保等
缩聚类塑料（PET、PA、PU等）	溶剂解（水解、醇解等）	对苯二甲酸二甲酯（DMT）、对苯二甲酸乙二酯（BHET）、己内酰胺（CPL）单体等	塑料、化纤	工业化	中	美国Loop Industries、日本三菱化学、浙江丽人等

1. 热裂解技术

热裂解是目前研究最广泛的废塑料化学回收技术，通常在较高温度（500℃以上）和无氧条件下进行，可分为直接热解、催化热解和加氢热解等。热解产物主要为混合裂解油，相比原油结构更单一，杂质更少。该技术的主要问题是裂解油易结焦、流动性差以及污染物排放高。其中，结焦问题对于热裂解效率的影响较大，一旦物料在热解炉表面结焦并产生积炭，就会在设备表面形成绝热层，降低导热效率，并造成堵塞，导致热解无法正常进行。

根据结焦原因不同，有以下三点防结焦思路：一是原料分选，由于芳香类聚合物易缩合结焦，可通过自动化定向分选，分离不适合热裂解的聚氯乙烯（PVC）、PET 等原料，从源头防结焦；二是改善传热，局部温度过高会导致热解油重组分缩合，可通过反应器特殊设计，动态调整导热面积，改变物料受热环境和运动轨迹，使裂解油受热更均、传热更快；三是强化传质，裂解油流速太慢更容易造成结焦，可通过优化裂解工艺流程，提高流速，降低裂解油停留时间。

2. 催化裂解技术

催化裂解技术是在热裂解的基础上，加入催化剂以降低热解反应温度，并提高废塑料转化率。催化剂主要有分子筛（ZSM-5、MCM-48 等）、金属、无机盐、离子液体等。优点是催化裂解反应温度更低，废塑料裂解程度更深，有利于减少结焦，降低黏度，并提高定向生成低碳烃类、单体的转化率。缺点是反应器设计难度增加，且催化剂易中毒，对废塑料杂质含量要求更严苛，反应后需进一步分离催化剂与热解油。

2023 年 3 月，德国慕尼黑大学和中国华东师范大学合作报道了一种低温下聚烯烃废塑料催化产生轻油的技术，可在低于 10℃ 的温度下将 PE、PP 完全转化为高度支链化的液态异构烷烃（C_6—C_{12}），产物质量收率达到 70%~90%。该技术的催化剂是一种酸性氯铝酸盐基离子液体，已在美国雪佛龙和中国石油的石蜡烷基化工艺中工业应用，可靠性较高。

3. 溶剂解技术

目前，PET 废塑料以物理回收方式为主，再生 PET 按品质分为食品级再生粒子、纤维级再生粒子和片材 3 类。受欧盟法规强制性添加要求和品牌商承诺使用再生包装等因素影响，食品级再生 PET 粒子市场售价高于原生 PET 粒子，存在价格倒挂现象。此外，由于多次物理再生的 PET 性能显著下降，开发 PET 废塑料化学回收技术具有一定的商业价值。

PET 化学回收法主要有醇解、水解、胺解等，其中醇解法较成熟。甲醇醇解在一定压力的气相中发生，产物主要为 DMT 和 EG（乙二醇）。优点是产物提纯方便，易于连续化操作，但 PET 聚合工艺升级为直接酯化路线后，DMT 难以直接并入再生生产线。EG 醇解反应是将 PET 解聚为对苯二甲酸双羟乙酯（BHET），可用于生成纤维级聚酯。优点是条件更温和，操作更安全，缺点是醇解产物中存在较多低聚物，产物提纯难度增加。

（四）国外化工企业废塑料产业链的发展现状

当前全球都致力于塑料循环利用。各国政府更是通过立法手段，强制推进塑料循环体系建设。在法规面前和社会责任压力下，如何生产出更多的再生塑料，成为全球化工企业的一项重要业务。据了解，全球有超过 100 家企业入局废塑料回收利用产业。如何建设起塑料循环型产业链，国外化工企业进行了比较成功的实践。

1. 国外废塑料产业链的特点

国外废塑料产业链的一大鲜明特点,是由传统化工企业牵头,发挥其跨国协调能力或资金实力,联合来自不同国家位于产业链不同环节的企业,实现废塑料资源的跨国甚至跨洲际流动,实现原料回收、成品生产、产品销售各环节的专业化技术分工。2019年1月,美国陶氏、荷兰壳牌等化工巨头联合美国百事可乐、美国宝洁等40多家跨国企业成立了终结塑料废弃物联盟,意欲打造完整的塑料循环产业链。该联盟会员涵盖塑料生产商、加工商、品牌商、应用商和废弃物处理商。

2. 国外废塑料产业链的运行模式

废塑料资源所在国、加工装置所在国、加工技术方所在国、消费后回收再生塑料产品销售国往往不同。这种跨国、跨行业的废塑料产业链运行有两种模式。

一种模式是需求导向—技术推动型。塑料制品终端用户负责开拓废塑料再利用产品的应用场景,传统化工企业充当材料供应商,负责提供废塑料化学回收工艺并生产出产品,或者只生产原料,再交由专门的塑料制品生产企业加工成产品。比较典型的案例是沙特基础工业公司。该企业一系列塑料再生产品的组合覆盖了电子产品、消费品包装、食品包装等诸多领域。严格测试表明,其性能不逊于石油制成的一次性塑料。例如,仅针对海洋废塑料来源,该企业就联合了多个国家的厂商推出了多种终端产品。2021年,该公司与美国微软公司合作,推出了首款以海洋塑料为原料的消费电子产品——微软海洋塑料鼠标。这款鼠标外壳材质为再回收型聚碳酸酯—聚酯复合树脂,达到了微软通用鼠标性能的全部测试要求:按键承受300万次点击,鼠标承受 $-40\sim60$℃温度,接触护手霜、咖啡等不褪色变色。

另一种模式是资金导向—共同孵化型。传统化工企业充当投资商,向处于成长初期阶段的废塑料回收商、回收工艺开发商等注入资金,在帮助其发展壮大的同时,为自己锁定原料资源或生产技术。比较典型的企业是德国巴斯夫。巴斯夫在这一框架中投资了多家公司,完善了从裂解法到解聚法的技术布局,加强了废塑料和热裂解油的原料供应。2019年,巴斯夫投资2000万欧元,帮助挪威一家初创企业建设了一套年产能 1.6×10^4 t 的废塑料热解装置。该装置投产后至少4年内,巴斯夫有权优先收购其热裂解油和轻烃产品,代替石油基原料生产化学回收产品。2020年,巴斯夫向德国一家废轮胎回收公司投资1600万欧元,将废旧轮胎转变为热裂解油。巴斯夫投资这家公司后,其热裂解油供应量每年能增加 10×10^4 t。2023年,巴斯夫再次追加投资,包括两笔2500万欧元的有条件贷款,帮助其再建设至少3家热裂解工厂。

(五)思考与建议

多年以来,我国通过不懈的努力在塑料污染治理方面取得了一定的成绩,但是想要彻底实现塑料污染全链条治理,高效完成废旧塑料的回收再利用目标,仍然任重道远。废塑料的产生分别涉及塑料产品的原产品加工制作、市场流通及废弃塑料的回收再利用等,实现全链条治理需要相关单位及部门持续深入推进,提升废塑料回收利用工作的系统性和全面性。有关部门应当履行好自己的职责,鼓励社会力量加强合作,通过相互协作攻克塑料绿色高效回收利用技术的难关。

1. 强化政策推动再生塑料产业发展

我国针对塑料污染治理及塑料回收利用的政策法规近年来密集出台，这体现了我国在治理塑料污染方面的决心。但是此类政策大部分是意见和方案的形式，与具有强制性执行力的法律法规相比，法律约束力较低，有关单位工作人员在执行过程中缺乏底气。相关意见及方案也较为笼统，对于再生塑料中添加剂的比例、使用比例以及其他具体操作没有详细且系统的规定，导致再生塑料产业发展缺乏动力。因此，建议我国出台更具执行力的政策，明确再生塑料的使用比例，在宏观方面推动再生塑料在我国实现长足发展，培育相关市场。

2. 推进上下游产业链互助协作

塑料污染治理离不开塑料产品制造、使用及回收利用等上下游产业链的共同努力。实践中，可以通过搭建可供全产业链共同使用的信息共享系统，确保上下游产业链能够在最短的时间内知晓相关数据信息。在此基础上，塑料产业链的上下游企业得以时刻保持密切联系，不管是塑料产品的生产销售，或是废塑料的回收利用，都可以顺畅地传递各项信息，搭建科学合理的废塑料全过程管理体系，实现塑料污染全过程治理。

3. 鼓励社会力量攻克绿色高效回收利用技术

我国回收分拣技术目前仍然处于较低水平，建议政府部门发挥自身职责，鼓励社会力量开发能够规模化使用以及成本低廉且质量效率较高的回收分拣技术，使不同品质的废旧塑料能够在短时间内实现梯级回收。同时，我国要注重研发性能优秀的专用萃取技术以及新型化学回收系列技术，建立"废塑料回收—分拣—物理回收"和"废塑料回收—分拣—油化—炼化深加工"深度融合的废塑料回收利用体系，打通塑料循环利用技术闭环。

4. 加快新型化学回收技术的产业化步伐

新形势下，国内外大型能源化工企业均在积极进行废塑料回收利用的研发和产业化布局。我国能源化工企业一方面应加速关键技术攻关，积极与行业领先企业合作，并加紧评估相关技术的规模化、可行性与经济性；另一方面，尽快选取 1~2 家小规模炼厂进行试点改造，形成可复制、可推广模式，同时强化规划布局，在主要城市型炼厂附近通过自建或者合作方式设立回收网点，确保性质和数量相对稳定的废塑料原料供应，建立"原料—产品—回收利用深加工—再生产品"全产业链模式，使其作为物理回收的有效补充以及填埋和焚烧的替代方案，进一步提升我国塑料污染治理水平。

八、长时储能发展现状分析

长时储能目前正处于发展初期，国内外尚未对长时储能持续时间进行统一定义。通常认为持续放电时间不低于4h、寿命不低于20年的储能技术为长时储能（LDES）。2021年，全球长时储能委员会在其首份报告《净零电力——可再生电网长时储能》中对长时储能的概念进行了定义。在该报告中，长时储能系统被定义为任何可以长期进行电能储存的技术，该技术同时能以较低成本扩大规模，并能维持数小时、数天甚至数周的电力供应。2021年，美国桑迪亚国家实验室发布的《长时储能简报》认为，长时储能是持续放电时间不低于4h的储能技术。美国能源部2021年发布的有关长时储能的报告，则将长时储能定义为额定功率下持续放电时间不低于10h的储能技术。

现阶段长时储能技术路线主要分为抽水蓄能、熔盐储热、液流储能、压缩空气储能、氢储能五大类（图1）。目前各路线中，抽水蓄能市场渗透率最高、经济性最强，但受选址条件限制，预计未来成本将会上升；压缩空气储能在一定程度上仍受自然资源限制，经济性与选址灵活性不可兼得；熔盐储热及氢储能初始投资成本较高，系统转化效率较低，度电成本仍处于相对高位；与其他路线相比，钒电池在应用场景、储能时间尺度及经济性等方面综合优势突出。虽然长时储能技术多处于商业化早期阶段，仍未大规模普及应用，但近年在规模上有所突破，应用模式也逐渐增多，技术各有千秋。

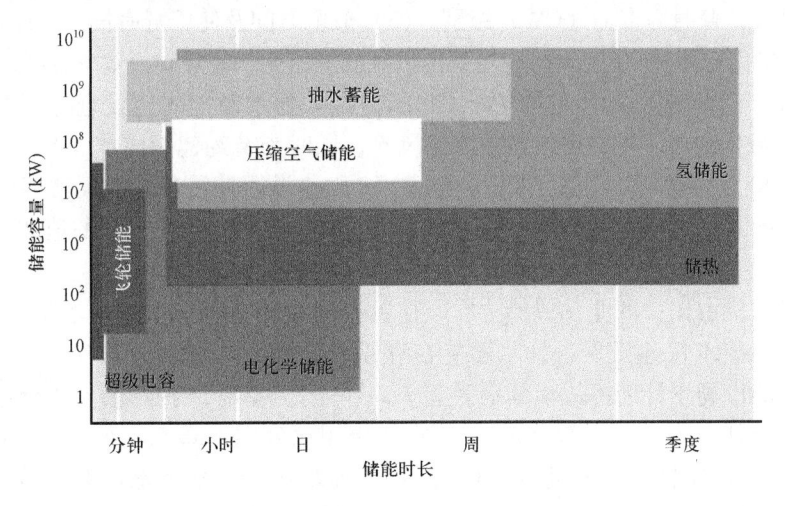

图1　长时储能技术路线图（国家能源局）

（一）长时储能技术分类

长时储能技术可划分为物理储能（抽水蓄能、重力储能、压缩空气储能）和电化学储能（氢储能、液流储能、熔盐储能）。物理储能具备寿命与成本优势，电化学储能具备电能转换效率高和建设周期短的优势。

从技术性来看，统筹考量技术成熟度、能量效率、调节尺度、响应时间和建设条件五个维度，抽水蓄能是目前技术成熟度最高、能量效率最高、调节尺度最长的长时储能，但容易受建设条件的限制；氢储能能量转化效率较低，为50%左右，并且氢储能技术还不成熟；液流储能和压缩空气储能技术相对成熟，基本具备大规模开发的条件。

锂电池混合其他技术路线的项目应用陆续出现，多种新型储能技术互补以适用多元场景诉求。长期来看，随着储能应用场景更加多元和多种新型储能技术更加成熟，在经济性与适用性的综合考量下，混合式储能组合应用将会成为发展方向。

1. 抽水蓄能

抽水蓄能已处大规模商用阶段，技术最为成熟但发展空间有限，优质建站资源趋于饱和，未来或将面临度电成本上升、装机占比降低。

工作原理：电能与重力势能的相互转换。抽水蓄能电站建有上下两个水库，用电低谷时将水从下水库抽送至上水库实现能量储存（电能→重力势能），用电高峰时将上水库的水排放至下水库实现放电（重力势能→电能），抽水蓄能电站容量与水库间落差及水库容积成正比。

应用场景：主要作为供电或调峰电源，受选址限制，与风光等可再生能源发电项目无法完全匹配（如我国西北地区）。

优势：（1）技术成熟度高。世界首座抽水蓄能电站早于1882年即在瑞士建成，技术发展至今已有百余年历史，我国抽水蓄能技术研究始于20世纪60年代，目前已高度成熟。（2）装机容量大，普遍为吉瓦（GW）级别。（3）放电时间及使用寿命长，适宜储能时间为小时级—周级，使用寿命超30年。（4）与其他机械储能相比，能量转换效率较高，约为70%。

劣势：（1）选址受限，优质建站资源趋于饱和。抽水蓄能对建设选址要求极高，建坝应尽量靠近水源及电站、基岩需无集中渗漏风险，同时为节约建设成本，上下水库之间的距高比（水平距离与垂直高度比值）较小为宜；（2）建设周期漫长，或无法匹配风光装机增速。抽水蓄能电站建设期7~10年，无法匹配风光装机快速增长所带来的消纳及调峰调频等需求。

储能市场装机占比：商业化成熟阶段，存量市场占比下降，增量市场略高于新型储能。受制于新型储能技术快速发展，抽水蓄能在存量装机市场中的占比有所下降。2022年底，全球及中国储能市场累计装机规模分别为237.2GW、59.8GW，抽水蓄能在全球及中国市场中的装机占比分别为79.3%、77.1%，与2021年相比分别下降6.8个百分点、8.3个百分点。2022年，中国新增储能装机16.5GW，其中抽水蓄能、新型储能装机分别为9.1GW、7.3GW，占比分别为55.2%、44.2%。由于抽水蓄能技术进步空间相对有限、发展受自然资源约束较强，未来其在储能市场中的渗透率或将进一步下降。

经济性：抽水蓄能电站初始投资较大，全生命周期度电成本随优质选址资源趋于饱和而上升。以1200MW/6000MW·h抽水蓄能电站为例，其初始投资成本为6025~8780元/kW，若使用寿命为50年，不考虑充电成本，其全生命周期度电成本为0.31~0.40元/(kW·h)；未来随着优质建站资源趋于饱和，平准化度电成本（LCOE）将随之上升。此外，抽水蓄能产业链已实现高度国产化，与其他储能路线相比，其在设备端的降本空间相对有限。

2. 熔盐储热

光热发电与火电灵活性改造为主要应用领域,其中光热发电配储一体,可在一定程度上克服传统太阳能发电固有的气候限制,但初始投资成本高、全生命周期度电成本尚未达到规模化水平。

工作原理:"熔盐储热+熔盐放热"构成一次储能循环。熔盐储热时,熔盐储罐(冷盐罐)中的低温熔盐进入熔盐电加热器,利用风电、光伏、夜间低谷电加热,加热后回到熔盐储罐(热盐罐)中储存;熔盐放热时,高温熔盐进入换热系统与水进行换热,用于供暖或生成蒸汽,用作工业蒸汽或用于发电等。熔盐储热主要用于光热发电、火电灵活性改造、清洁供热、工业蒸汽等领域,其中光热发电及火电灵活性改造为主要应用领域。

光热电站工作原理:太阳能→热能→机械能→电能。光热发电原理为通过反射镜将光照会聚到太阳能收集装置中,利用太阳能加热收集装置内的熔盐,最后通过加热后的熔盐传递热量加热蒸汽,推动发电机发电。

应用场景:光热电站定位电源侧配套储能,存量市场以单体光热电站为主,增量市场"光热+光伏/风电"模式占比提升。截至2022年底,国内已投运8个光热项目,其中仅1个为风光热储调荷一体化项目,单体光热电站占据主流;2022年国家发改委、国家能源局印发《"十四五"现代能源体系规划》推动储热型光热发电与光伏、风电等波动性电源配套发展,目前在建项目中"光热+光伏/风电"发电模式已占主流(在建项目共计32个,其中5个为单体光热电站,27个为"光热+"项目)。

优势:(1)装机规模相对较大。普遍为兆瓦级到百兆瓦级。(2)放电时间及使用寿命长,适宜储能时间为6~15h,使用寿命在25年左右。(3)受天气影响相对较小,夜间仍可发电。与光伏发电相比,光热发电可在夜间利用白天富余的热盐发电,受天气影响相对较小。(4)熔盐储存于储盐罐中,整个系统闭环运行,安全性高。(5)响应速度快,升、降负荷平均调节速率分别为1.5%~3% Pe/min、2.5%~5% Pe/min,与常规燃煤机组水平相当。

劣势:(1)能量转换效率较低,低于60%。(2)熔盐具有腐蚀性,对蓄热装置材料要求较高。光热熔盐主要为硝酸钾与硝酸钠的二元混合物,其热导率低,比热容低,具备腐蚀性且相变过程中可能会发生液体泄漏,故对蓄热装置材料的抗腐蚀要求较高。(3)光热电站选址高度依赖太阳能资源,太阳能辐照量与光热发电成本高度相关(直接辐射量越大,单位发电成本越低),我国西北地区光照资源丰富,但冬季气温较低,影响电站启动。(4)占地面积大。光热电站发电量与集热(定日镜等)面积及储盐罐容积成正比,占地面积较大,目前我国在建及投运太阳能热发电项目单兆瓦时占地面积500~1600m^2,远高于电化学储能。(5)建设周期较长,光热电站建设周期为1.5~2.5年,虽短于抽水蓄能电站,但较电化学路线仍较长。

储能市场装机占比:熔盐储热技术尚处于示范阶段,装机占比相对较低。光热发电产业尚处于示范阶段,全球及国内渗透率相对较低,2022年底全球太阳能热发电累计装机容量约7.05GW,同比增长3.7%,其中中国累计装机0.59GW,同比增长9.3%。聚光集热环节成本高、效率低为产业化应用主要难点,我国太阳能关键部件(玻璃镜、吸热管、聚光器等)生产环节技术发展相对缓慢。

经济性：初始投资规模过大，LCOE 相对较高。以 100MW/1200MW·h 塔式光热电站为例，其初始投资成本为 25000~30000 元/kW（其中集热系统成本占比超 50%），若使用寿命为 25 年，不考虑充电成本，其全生命周期度电成本为 0.79~0.94 元/（kW·h）。光热电站增加储能时长需相应扩大聚光场面积，定日镜等聚光设备价格较高（2022 年张家口太阳能塔式聚光系统中定日镜单位成本达 888 元/m²），未来有望通过各细分环节（吸热器、熔盐泵等）国产替代实现降本。

3. 压缩空气储能

压缩空气储能度电成本与抽水蓄能水平相当，选址灵活性与经济性不可兼得。

工作原理：电能与空气内能的相互转化。用电低谷时段使用电能将空气压缩储存于洞穴或容器中实现能量储存（电能→空气内能），用电高峰时段释放高压空气、驱动涡轮机实现放电。

储库形式：主要包括高压气罐、低温储罐、废旧矿洞、新建洞穴、盐穴等。盐穴储气库容量大、单位投资低，但选址局限强（我国主要分布于长江中下游、山东及广东等地，与风光分布的匹配度较低），盐岩具有极强的蠕变特性，盐穴储气库长期运行后体积可能会减小。旧洞改造、新建洞穴选址较盐穴灵活，但单位投资略高于盐穴，且旧洞改造存在受矿井水、有毒有害气体危害的风险。地上储库（高压气罐、低温储罐）可完全突破选址限制，但价格昂贵，一般用于中小型电站，目前多处于试验阶段。

应用场景：主要用于削峰填谷、电源侧可再生能源消纳、电网辅助服务、用户侧（工业园区）服务场景等。

优势：单机容量大、储能时间及使用寿命长。目前压缩空气电站单机容量普遍为 100MW（规划项目单机容量已扩展至 500MW），储能时长可达 4h 以上，使用寿命超 30 年。

劣势：（1）压缩过程放热损失能量，膨胀过程需吸热补充燃料，系统能量转化效率较低，补燃式为 42%~55%，非补燃式提升至 60%~65%，但仍然较低。（2）选址灵活性与建造成本不可兼得。压缩空气储能选址相对受限，若摆脱对地理资源的依赖，将导致建造成本大幅提升。（3）建设周期短于抽水蓄能，但较电化学路线仍较长，为 1.5~2 年。

储能市场装机占比：目前压缩空气储能处于示范应用阶段向商业化阶段过渡期，渗透率相对较低。截至 2022 年底，压缩空气在全球新型储能装机中的占比仅为 0.3%，在中国新型储能装机中的占比为 1.5%。

经济性：转化效率较低，经济性随充电成本上升而下降。压缩空气储能项目单位建造成本因储气方式而异，初始投资为 3000~10000 元/kW。以 60MW/300MW·h 压缩空气储能项目为例，其单位建造成本约 7167 元/kW，假设使用寿命为 30 年、能量转化效率为 60%，则在不考虑充电成本的情况下，其全生命周期度电成本约 0.38 元/（kW·h），与抽水蓄能电站水平相当；当考虑充电成本时，因其系统能量转化率较低，经济性将有所下降。目前设备环节中，300MW 级大规模压缩机生产核心技术仍主要为外国企业掌握，扩大装机规模须通过将现有压缩机串联或并联，成本相应提升。

4. 氢储能

应用场景丰富、响应速度快，可灵活适用于短时调频与长时储能等多领域，但"电—

氢—电"场景下能量转化率低，度电成本处于高位，成本端暂不具备规模化应用条件。

工作原理：电能与氢能之间的相互转化。氢储能利用风光等富余电力通过电解反应将水转化为氢气与氧气，并将氢气储存于储氢罐中，在需要用电时将氢能通过燃料电池转化为电能输出。目前，制氢路线主要包括煤炭制氢（价格低廉，但设备成本高、碳排放量大）、天然气制氢和可再生能源制氢，其中可再生能源制氢为发展重点。

应用场景：灵活适用于"源—网—荷"各侧。氢储能在电源侧可用于消纳并网、提供惯量支撑，在电网侧可用于调峰调频、缓解输电阻塞、平衡季节性电量等，在负荷侧可通过构建氢能建筑/园区参与需求侧响应、用作电力电量支撑等；此外，氢能还可用于热电联供等领域。

优势：（1）长周期、跨季节、远距离储能。氢储能可以通过氢气储输技术实现能量的跨季节、跨区域转移，提升新能源电量外送能力。（2）储能容量大，可达太瓦时级。

劣势：（1）可再生能源耦合制氢存在动态适应性匹配难题。制氢环节在瞬变工况下可能会出现气体渗透现象，降低产气质量。（2）大规模长时储氢技术尚待突破。目前地下储氢（主要为盐穴）建设周期长，选址受限，管段/液态/固态储氢在材料等方面存在技术难点。（3）全周期效率较低，"电—氢—电"全周期转化效率仅30%~40%。

市场发展阶段：仍处于产业化发展初期。目前，全球制氢结构以化石能源为主，电解水制氢占比较低（仅为0.04%），未来绿氢对灰氢存在较大替代空间；从应用领域来看，氢气主要应用于化工行业，在电力能源等领域的应用程度有待提升。

经济性：系统转化效率低，"电—氢—电"场景下度电成本处于高位。以200MW/800MW·h氢储能发电工程项目为例，其初始投资成本约12200元/kW，若使用寿命为15年，不考虑充电成本，其全生命周期度电成本为1.85~1.92元/(kW·h)。氢储能成本与技术路线高度相关，其中制氢系统中碱性制氢装置技术成熟，成本低，若采用PEM电解水制氢装置，则度电成本相应上升约73%；储气系统方面，固态储氢装置成本较高，高压气态储氢成本略低；未来PEM电解槽、PEM燃料电池用质交换膜等关键材料和核心部件的国产替代将成为氢储能重要的降本路径。

5. 钒电池

与其他长时储能路线相比，兼具应用场景、时间尺度及经济性优势，有望在长时储能领域对抽水蓄能形成有力替代。

应用场景优势：选址灵活、占地面积较小、建设周期短，可满足风光装机高增需求，在表后储能市场同样具备应用潜力。（1）国内：新能源强制配储背景下，大储成为储能项目主要应用场景。从与风光等项目的适配度上来看，我国风光发电项目主要集中于新疆、内蒙古、甘肃、青海、宁夏、河北等地，该类地区主要以沙漠、戈壁为主，水资源及盐穴分布较少，故抽水蓄能及压缩空气储能电站在该类地区的适配性较差（否则将提升投资成本、加大输电损耗），光热及全钒液流电池储能电站适配度较高，与光热电站相比，全钒液流电池储能电站占地面积小，配置更加灵活。从建设周期来看，抽水蓄能、压缩空气储能、光热、地下储氢项目建设周期较长，较难追赶风光装机增速，而全钒液流电池储能电站建设周期仅3~6个月，可满足风光装机高增需求。（2）海外：能源危机之下用电成本增加，表后储能快速增长。相较于抽水蓄能、光热、压缩空气等储能路线（多应用于表前市场），全钒液流电池储能在用户侧仍然具备较大应用潜力，2022年12月全球最大全钒液流电池储能用户侧储能电站顺利并网，规模为6MW/36MW·h。

时间尺度优势：兼具短时波动平抑及长时电量平移功能。（1）可再生能源出力受天气影响易出现分钟级波动，需储能通过频繁充放电进行平滑调控，与抽水蓄能、压缩空气储能、熔盐储热、氢储能（响应时间均为分钟级，且氢储能在瞬变工况下制氢系统稳定性将受到影响）相比，钒电池动态响应速度更快（百毫秒级）、效率更高。（2）小时—日度—季度级长时储能需具备大容量、低衰减特性，钒电池扩容灵活且循环过程中容量几乎无衰减，可满足长时间尺度储能需求。

经济性优势：初始投资已处于下降通道，LCOE优势初现。（1）从初始投资来看，全钒液流电池储能电站单位投资成本为14000~16000元/kW，与氢储能相当，优于光热电站，较抽水蓄能及压缩空气储能略高。（2）从全生命周期度电成本来看，钒电池LCOE为0.75~0.86元/(kW·h)，仅次于抽水蓄能及压缩空气储能（以上测算均未考虑充电成本，由于钒电池能量转化效率优于其他各路线，故若考虑充电成本，其经济性较其他路线将进一步提升）。（3）从降本空间来看，全钒液流电池储能电站初始投资已处于下降通道之中，由2012年的90000元/kW（龙源沈阳法库卧牛石风电场调增配套储能钒电站）降至14000~16000元/kW（2023年7月开封时代榆中县300MW/1200MW·h全钒液流独立共享储能电站初始投资成本已低至5333元/kW），未来随着电解液及电堆各环节商业模式创新及国产替代加速，初始投资与LCOE有望进一步下降。

（二）长时储能发展进程

新能源渗透率快速提升，发电随机性、波动性、季节不均衡性等问题带动长时储能需求。长时储能有助于解决新能源间歇性出力，提升新能源消纳能力。

据国家能源局数据，截至2023年12月底，全国可再生能源发电总装机达15.16×10^8kW，占全国发电总装机的51.9%，在全球可再生能源发电总装机中的比例接近40%；2023年全国可再生能源新增装机3.05×10^8kW，占全国新增发电装机的82.7%，占全球新增装机的一半，超过世界其他国家的总和；全国可再生能源发电量近3×10^{12}kW·h，接近全社会用电量的1/3。我国发电情况分析如图2所示。

新能源渗透率的快速提升，叠加其出力的不稳定性，对储能的需求进一步提升。长时储能可以增加电力系统的灵活性，即在电力供应过剩时储存电能，在需要时释放，以此来缓解供需矛盾，调节供需波动。根据研究，在新能源装机占比达到15%~20%时，4h以上的长时储能需求将成为刚需，当风光发电占比达到50%~80%时，储能时长需要达到10h以上。

国内新能源发电比例持续提高，长时储能有望推动风光储一体化储能系统成本不断下降。技术的不断进步和部署经验的日益丰富将进一步提高这些储能技术在长时储能应用中的可行性和性能。政策扶持和新的市场机制对于推动这些新兴技术的早期部署和商业化应用至关重要。

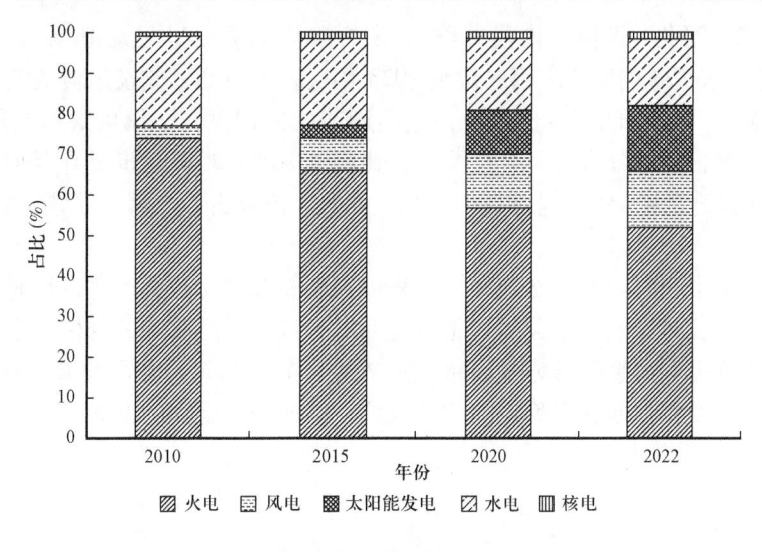

图 2　我国发电情况分析（国家能源局）

（三）长时储能未来发展方向

当前，长时储能政策持续加码，支持大容量、中长尺度储能项目建设，多地配储时长要求提升至4h。

2023年1月，多部委联合印发的《关于推动能源电子产业发展的指导意见》强调要研究突破超长寿命高安全性电池体系、大规模大容量高效储能等关键技术，发展低成本、高能量密度、安全环保的全钒、铬铁、锌溴液流电池。

新能源配储时长国内外仍存较大差距，国内各地区相继出台4h以上配储政策。据机构数据，美国2022年平均配储时长为3h，其中加利福尼亚州大部分地区部署的电池储能系统持续放电时长在4h以上（图3）。而2022年国内新能源项目平均配储时长仅为2.1h，储能建设规模多以中小规模为主，吉瓦时级以上储能项目相对较少。

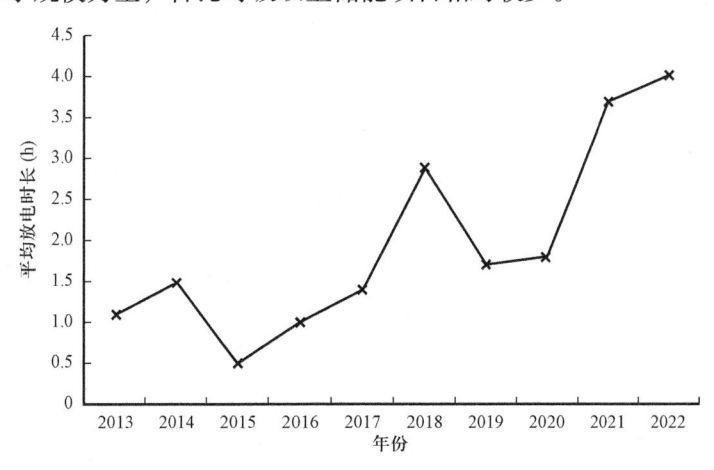

图 3　美国年度新增储能项目平均放电时长

2023年以来,河北、西藏、内蒙古等10多个省份明确提出配置4h以上长时储能,推动4h以上储能技术实现规模化应用。截至2023年底,国内已建成投运新型储能项目平均储能时长2.1h。随着可再生能源占比提升,电网调节压力增大,配储由最初的鼓励引导到成为并网标配,再到目前部分省份不合格受罚,比例从10%~20%逐步上升至15%~30%,配储时长从1~2h提升至4~5h,据统计,河北、西藏、内蒙古、上海、新疆等10多个省份明确提出配置4h以上长时储能。

长时储能是碳中和时代的必然选择,未来可再生能源占比越大,建设长时储能的必要性和急迫性就越大。长时储能技术天生就是带着为电力系统转型服务的目标而来,其市场前景和发展速度也主要受电力系统转型发展路径和节奏影响,建议企业尽早布局相关技术路线,做好一定的技术研发积累或获得稳定的技术支持,以便把握有利的发展时机。

九、国际油服巨头转型发展路径分析

近年来,国际油服公司依靠技术创新,积极进行能源转型,打造形成油气技术发展的三个高端引擎——技术服务、数字化、低碳,成为行业发展的先行军和推动者。中国油服公司根据国家"双碳"战略规划,加大新能源新业务发展力度,以期在历史性转折中创造机遇、迎接挑战,依托一体化优势,发挥好工程技术业务的保障作用,培育新的业务增长点。根据对斯伦贝谢、贝克休斯、哈里伯顿三大国际油服巨头业务发展的长期跟踪研究,对其转型发展的特点与路径进行了分析总结,希望能为国内油服公司谋划工程技术业务发展提供有益的参考。

(一) 重视转型发展顶层设计,积极推进业务结构调整

通过顶层设计,确立数字化、低碳两个转型方向,形成与传统油服业务三轮驱动的新业务结构。通过传统油服业务的收缩式发展、向高利润率业务聚焦,保持了转型的灵活性,为新业务的发展创造了空间。

1. 整合组织机构,突出低碳和数字化地位

为配合转型发展,各公司密集调整组织结构,设立清洁能源板块、数字化业务板块,彰显转型决心,突出新业务的重要地位。例如,斯伦贝谢公司将英文名称改为"SLB",转型为能源科技公司,确定了新型能源、工业脱碳、数字化、石油气技术创新四大发展领域,专门成立斯伦贝谢新能源公司,统筹新能源业务。贝克休斯公司在短短4年内进行了两次业务重组,最终重组为油田技术和能源技术两大板块,两部分业务收入占比为2:1。

2. 实施资产轻量化,以参股或战略合作方式从事重资产类业务

高油价时期,国际油服巨头通过全产业链扩张增强竞争力。在低油价和转型发展过程中,则通过收缩式发展和轻资产化来保持转型的灵活性。近年来,油服公司开始处置钻井、物探、管材等重资产业务,转而以参股和战略合作方式参与部分业务,为转型发展积蓄力量。斯伦贝谢公司先后出售了地震采集、钻井、北美压裂等业务,以参股形式继续从事中东的钻井业务;贝克休斯公司则是以通过战略合作协议、参股和董事会席位稳定在中东的钻井业务。在传统油气领域的剥离式发展为国际油服公司积蓄转型发展动能。

3. 明确差异化领先战略,发展特色高利润油气技术

轻资产发展使国际油服巨头在传统油服业务领域的差异化领先战略更为清晰,各公司锚定传统优势领域,稳固市场占有率:斯伦贝谢公司在测井领域、哈里伯顿公司在压裂业务上继续保持主导地位,贝克休斯公司凭借从通用电气(GE)获得的涡轮机业务开辟管输、发电业务。虽然各家业务重点有所差别,但定向钻井、钻完井液、测井等高技术门槛、高利润率业务仍是国际油服巨头重点发展的领域。特色高利润技术差异化发展策略不仅使国际油服巨头在传统油服业务领域继续占据产业生态链的顶端,也为公司提供重要的经营利润。

（二）依托传统优势技术培育发展新兴低碳业务

在向新兴低碳业务转型的过程中，国际油服巨头不仅基于传统优势领域拓展业务，同时大力投入技术研发与合作，在新兴技术领域形成新优势，走出了一条稳健而快速的发展道路。

1. 基于传统优势技术，拓展新能源业务

油服公司拥有钻井、评价、储层改造、海上平台运行等技术的先发优势，更熟悉地下资源，掌握大量数据，开展新能源业务时，基于现有业务，突出重点领域，区别施策发展。例如，地热开发依靠钻井技术，但常规地热现阶段业务量小、利润率不高，油服公司采取的策略是：先行对接资源，与大型地热发电企业合作，保障需求端市场优势，再通过参与大型地热发电项目获取高额利润。又如，二氧化碳的地质封存依靠工程技术，虽然现阶段业务量小，但未来市场广阔，国际油服巨头借助钻井、储层评估、动态监测等技术优势开始介入CCUS项目。

2. 瞄准战略新兴领域，打造技术新优势

在能源转型中，为了以低体量赢得高利润，更需坚持"技术为王"的发展路径。通过收并购、自主研发、联合研发、风险投资等多种方式，迅速打入新领域并打造新的技术优势。斯伦贝谢公司2021年投入1500余万美元，与NeoLith成立合资公司，共同开发利用油井直接提锂的颠覆性技术。此后，又投资了镍氢电池制造公司EnerVenue、锂电池制造商Gradiant，逐步完善在储能领域的技术布局。哈里伯顿公司成立清洁能源基金，对入选技术进行风险投资，技术成熟后获得部分股权。两轮孵化十余家科技公司，涉及储氢材料、燃料电池制造、固态钠电池、太阳能电池等。贝克休斯公司则除了投资氢能、地热、波浪能等初创公司外，还通过并购获得了碳捕集、碳分离等技术。

3. 通过"表外孵化"方式规避发展风险

目前，国际油服巨头的低碳技术尚处培育期，还是成本中心，未真正实现向利润中心的转化。订单较多的贝克休斯公司在2021年新能源业务订单的总金额也仅为2.5亿美元。现阶段主要服务合同包括基于油服技术的减碳合作、基于数据平台的CCUS技术应用部署、基于涡轮机的发电项目、新钻地热井项目以及将废弃油气井改造地热井的项目等。由于不能很快获得可观收益，一些项目是以合资公司或参股公司的方式先表外孵化，待实现盈利且归还部分负债后，再并入表内。

（三）构建平台生态，实施开放创新，打造数字化盈利增长点

油服公司转型的另一引擎是数字化服务，拥有大量数据是其先天优势。国际油服巨头向数字化转型体现了其一贯坚持的技术领先策略。

1. 以平台生态构建为重点，提供新型数字化服务

在数字化转型中，以工业物联网传感器布设为基础的数据获取、以架构为基础的软件开

发、以流程化重构为基础的服务升级都是重要发展方向。然而，平台生态构建则是国际油服巨头的战略重点，各公司纷纷打造油气行业的通用"系统"，提供基于数据与平台的新型数字化服务。这种服务远不止于过去的工程技术服务，不仅包括勘探开发一体化服务，还包括全过程设备资产管理服务、作业优化平台等，为油公司带来成本节约和效率提升，从而创造新的业务增长点。

2. 实施开放创新，加速数字化发展

国际油服巨头将数字化作为公司战略，大力投入数字化技术研发（斯伦贝谢公司将50%的研发经费用于数字化），扩大开放式创新，打造技术创新生态系统。三大油服巨头不仅与数字化领域的优秀企业开展广泛合作，还积极参与勘探开发生产开放数据平台（OSDU）建设。斯伦贝谢公司依托国际知名大学建立和升级研发技术中心，哈里伯顿公司的合作对象涵盖微软、霍尼韦尔等国际知名公司，贝克休斯公司继承了GE在数字化领域的优势，构建数字化平台、成立人工智能中心。

3. 低碳、数字、智能化融合发展，实现生产效率和碳减排双提升

油服企业将数字化用于碳资产管理、用能管理和设备管理等，实现配置效率和碳追踪能力的双提升。还将数字技术与油气全产业链、环保标准深度结合，改进生产工艺流程，提高设备运转效率，从而实现生产效率和碳减排的双提升。例如，利用物联网、大数据、数字孪生等技术，建立智能钻完井和井下系统，提高工程技术服务效率和质量，缩短工期，并由此产生减排效应。在数字技术的推动下，水平井"一趟钻"常态化作业等效率大幅提升。

4. 打造新型数字化平台，创造油田技术服务新模式

数字化平台服务的发展将过去数字化服务从"产品型"引向"平台型""生态型"的新方向，将数字业务从以往的成本中心变为利润中心，创造新的油田技术服务模式。数字化已为油服巨头贡献了可观的利润。2021年，斯伦贝谢公司数字和一体化服务收入为32.9亿美元，占全年总收入的14%，利润占33%，利润率高达32.4%。贝克休斯公司数字化业务收入在2021年达到21亿美元，占公司总收入的约10%。基于平台数据的服务已经成为油服公司新的业绩增长点。

十、油气领域人工智能专利竞争格局及发展趋势

（一）国际油气领域人工智能专利现状

（1）中、美、韩、法、日是油气领域人工智能专利的主要贡献者。

全球油气领域人工智能专利发展经历了三个阶段：1998年之前，处于萌芽阶段，年均专利申请量为39件，其中第一件专利申请来自1949年法国Electronique & Automatisme Sa公司；1999—2010年进入缓慢增长阶段，专利年均申请量升至200件；2011—2022年处于爆发式增长期，专利申请量从2011年的502件迅速增长至2022年的4429件，年均增速高达31.28%，目前专利申请量仍处于高位（图1）。

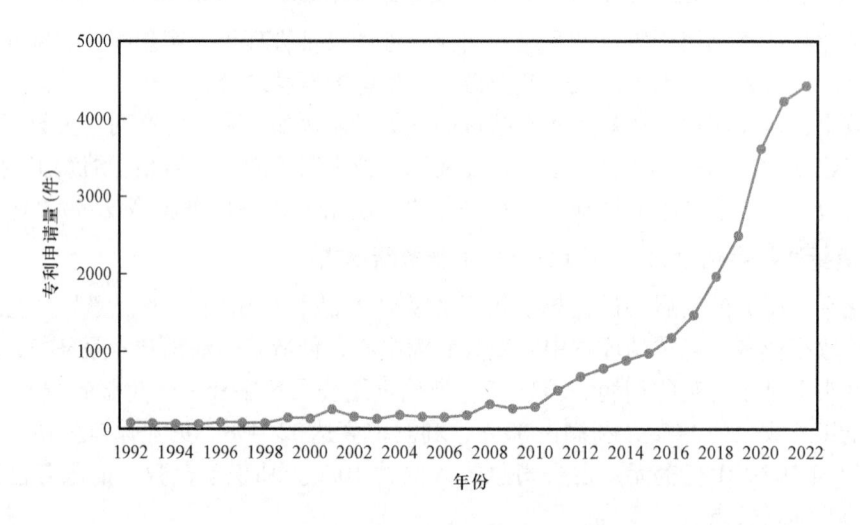

图1 全球油气行业人工智能专利申请趋势

截至2022年底[1]，全球油气领域人工智能专利申请量达到27573件，分布在69个国家和地区。其中，中、美、韩、法、日五国专利申请占比合计达到88.93%。其中，中国申请量位居全球第一，为16411件（占59.52%），美国6081件（占22.05%），韩国688件（占2.5%），法国683件（占2.48%），日本657件（占2.38%）。

（2）美国和法国油气领域人工智能专利全球化布局明显领先。

受政策、知识产权法律环境、研发生态和市场需求等因素影响，美国、法国、日本和韩国的油气领域人工智能专利主要布局在美国和欧洲等发达国家。其中，美国在本土之外的专利申请占比为67.31%，主要布局在欧洲、加拿大、英国和澳大利亚；法国在本土之外的专利申请占比为59.30%，主要布局在欧洲和美国；日本在本土之外的专利申请占比为

---

[1] 考虑到发明专利具有18个月左右的审查期，为保证数据统计的准确性，故将检索范围设置为1949—2022年。

21.92%，主要布局在美国和欧洲；韩国在本土之外的专利申请占比为 10.32%，主要布局在美国。相比之下，中国在国外的专利申请占比偏低，仅为 2.43%，主要布局在美国和欧洲。

（3）中国、美国和加拿大是油气领域人工智能技术应用的主要国家。

全球油气领域人工智能的重点研发机构（11 家石油公司）专利技术应用国家具有显著偏好，主要集中在中国、美国、加拿大和英国。其中，中国的油气领域人工智能专利技术应用数量达到 3076 件，"三桶油"（中国石油、中国石化和中国海油）贡献了近 93%，美国专利技术应用数量为 1659 件，斯伦贝谢公司和哈里伯顿公司分别贡献了 31.5% 和 29.3%；加拿大和英国的专利技术应用数量均超过 560 件，都主要来源于斯伦贝谢公司、哈里伯顿公司和贝克休斯公司（图 2）。

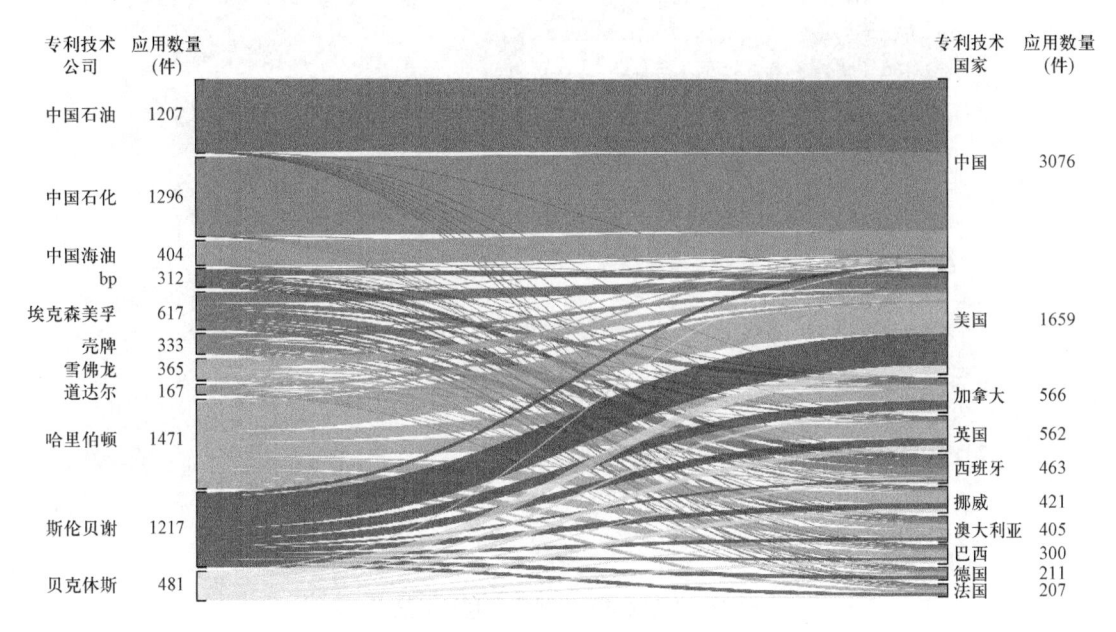

图 2　全球主要石油公司专利技术应用国家分布

（二）油气行业各领域人工智能技术发展方向

（1）油气领域人工智能专利主要集中在钻井、物探和测井领域。

人工智能技术在勘探、物探、测井、钻井、采油采气、储运管道以及炼化等领域均有广泛应用。其中，钻井、物探和测井是人工智能专利最多的领域，三者占比合计超过 55%。具体看，勘探领域专利申请量 2320 件（占 8.41%），物探 6115 件（占 22.18%），测井 2795 件（占 10.14%），钻井 6466 件（占 23.45%），采油采气 1613 件（占 5.85%），储运管道 1084 件（占 3.93%），炼油化工 767 件（占 2.78%）。

（2）地震成像和钻井工具等是现阶段油气领域人工智能技术的研究热点。

地震成像、钻井工具、测井曲线、图形识别和完井管柱等是全球油气领域人工智能技术的研发热点。其中，地震成像（地震数据体、地质三维建模）技术相关专利申请量 1324

件，钻井工具 1088 件，测井工具及测井曲线 1050 件，图像识别（图像缺陷及检测方法）784 件，完井管柱 458 件（图 3）。

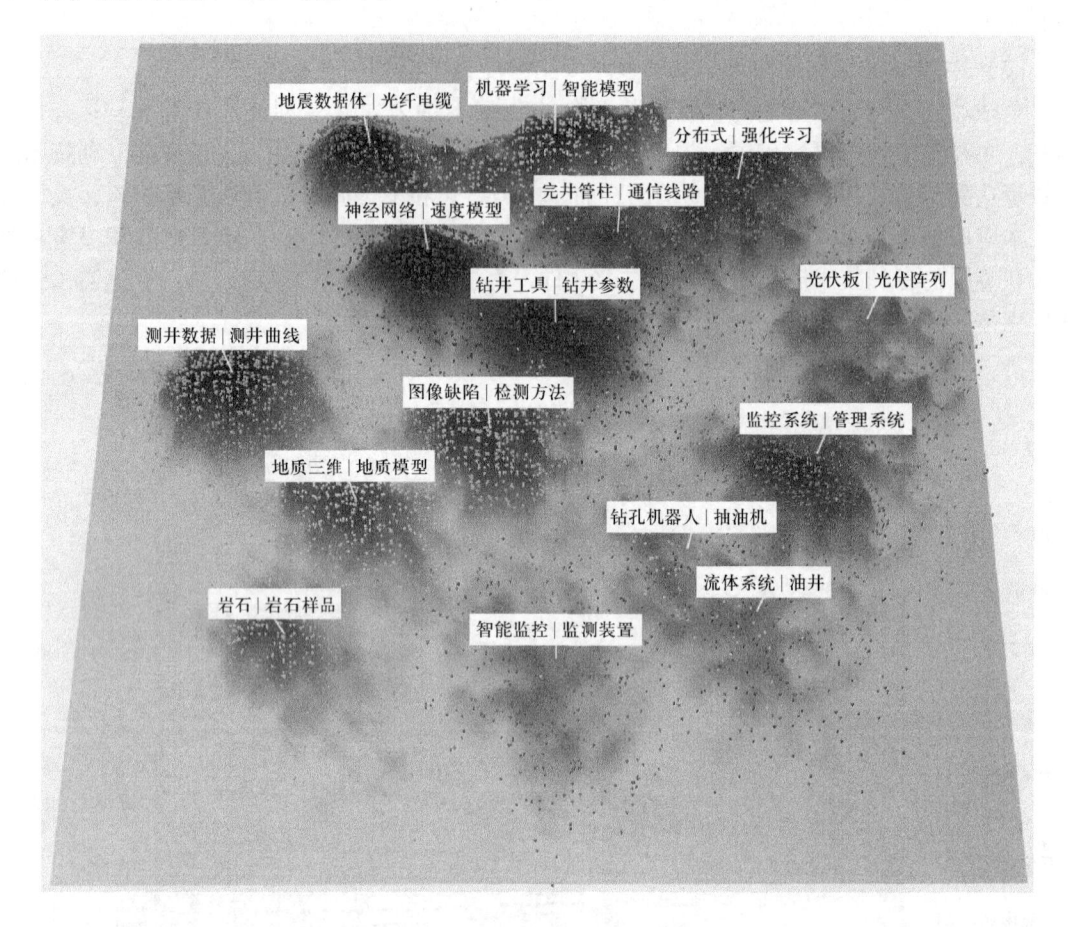

图 3　油气领域人工智能专利布局热点

（三）油气行业人工智能研发力量

（1）哈里伯顿、中国石油和斯伦贝谢是物探、勘探等领域人工智能技术研发的主要力量。

在人工智能物探领域，研发热点为智能物探装备、物探采集和地震数据处理与解释等方向，排名前三的专利权人为哈里伯顿、中国石油和中国石化。在人工智能勘探领域，研发热点为自动化地质解释、勘探预测性分析和油藏地质建模及可视化等方向，排名前三的专利权人为中国石油、哈里伯顿和中国石化。在人工智能测井领域，研发热点为测井数据采集、测井数据处理及解释和自动化测井软件等方向，排名前三的专利权人为哈里伯顿、中国石油和沙特阿美公司。在人工智能钻井领域，研发热点为智能钻井优化、智能钻井装备和地质导向钻井与路径规划等方向，排名前三的专利权人为哈里伯顿、斯伦贝谢和中国石油。在人工智能采油采气领域，研发热点为智能油田管理、智能生产预测及优化、预测性维护与故障诊断等方向，排名前三的专利权人为中国石油、中国石化和中国石油大学（华东）+中国石油大学（北京）。在人工智能储运管道领域，研发热点为智能管道监测及维护、管道网络优化以及自动化控制与调度等方向，排名前三的专利权人为中国石油、哈里伯顿和中国石化。在人工智能炼油化工领域，研发热点为先进控制与系统优化、能效管理与节能减排以及供应链与物流优化等方向，排名前三的专利权人为中国石化、埃克森美孚和浙江大学。

（2）三大油服公司、中国"三桶油"和国际石油公司是全球油气领域人工智能的重点研发机构。

全球参与油气领域人工智能技术研发的机构很多，但专利权人集中度相对较高，全球排名前十的专利权人主要以国际三大油服公司、中国"三桶油"和国际石油公司（IOC）等企业为主，中国石油大学（华东）、中国石油大学（北京）等高校也拥有一定数量的相关专利。其中，排名前三的专利权人分别为哈里伯顿（1703件，占16.31%）、中国石油（1631件，占15.62%）和斯伦贝谢（1538件，占14.73%）（表1）。

表1 全球油气领域人工智能专利申请量排名

申请人	所属国家	类型	申请量（件）
哈里伯顿公司	美国	企业	1703
中国石油	中国	企业	1631
斯伦贝谢公司	美国	企业	1538
中国石化	中国	企业	1332
埃克森美孚公司	美国	企业	700
中国海油	中国	企业	529
贝克休斯公司	美国	企业	468
雪佛龙公司	美国	企业	421
荷兰皇家壳牌公司	荷兰	企业	419
中国石油大学（华东）+中国石油大学（北京）	中国	高校	407

（3）全球主要石油公司在人工智能技术方向的布局显著增长。

全球油气领域人工智能的重点研发机构（11家石油公司）专利发展呈现出阶段性特征。1949—1988年处于萌芽阶段，年均申请量为19件；1989—2010年进入缓慢增长阶段，其中斯伦贝谢、贝克休斯和哈里伯顿是该阶段人工智能领域专利申请的主力军；2011—2022年处于快速增长阶段，除道达尔、壳牌和BP外，其他8家石油公司专利增长迅猛，其中中国石化专利申请量增长尤为凸显，年均申请量达105件，其次是中国石油、哈里伯顿和斯伦贝谢（图4）。

（4）中国"三桶油"和斯伦贝谢是油气领域人工智能专利合作申请的主力军。

全球油气领域人工智能的重点研发机构（11家石油公司）专利合作申请呈现出阶段性演化特征。1949—2010年处于萌芽阶段，中国石油、中国石化和斯伦贝谢是该阶段专利合作的重要组成；2011—2016年处于缓慢增长阶段，主要由中国石化、中国石油、中国海油及斯伦贝谢等母子公司间的专利合作组成；2017—2022年处于快速增长阶段，以中国石化、中国石油和中国海油等为代表的企业，以及以中国石油大学（华东）和中国石油大学（北京）为代表的高校，是该阶段专利合作的主力军（图5）。

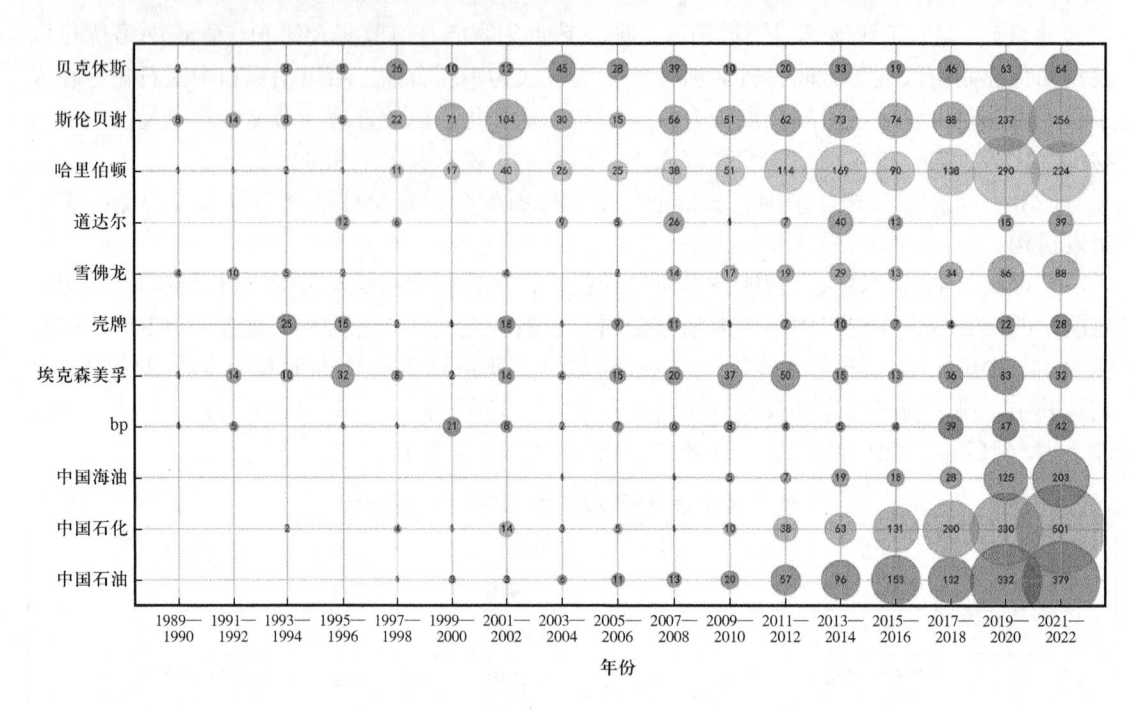

图 4　全球主要石油公司人工智能专利申请趋势

(a) 1949—2010年　　(b) 2011—2016年　　(c) 2017—2022年

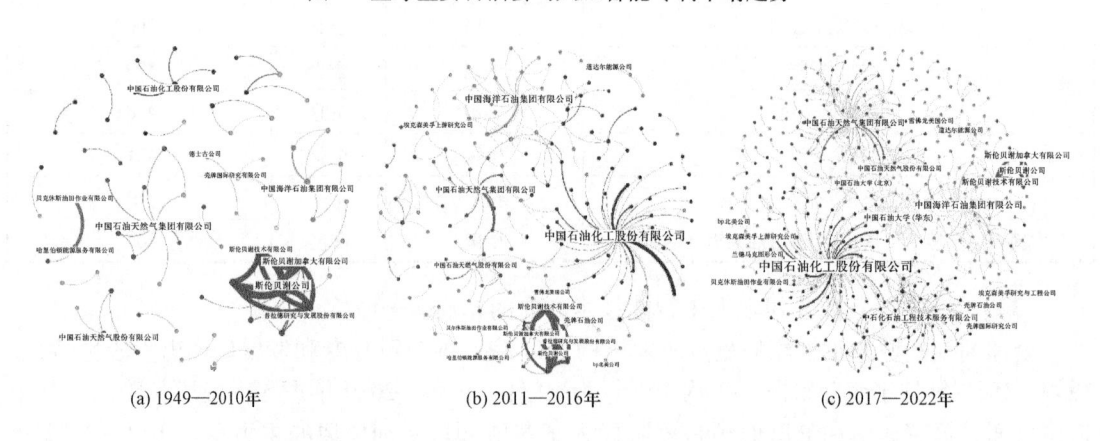

图 5　油气领域人工智能重点研发机构专利合作图谱

（四）认识与启示

从全球专利申请趋势看，自 2017 年以来，油气行业人工智能领域正处于快速发展阶段，专利申请量呈现爆发式增长趋势；中国石化、中国石油、哈里伯顿和斯伦贝谢的专利增长尤为显著。中国油气企业应持续加大对油气行业人工智能领域的研发力度，重视油气行业人工智能领域的高价值专利培育，有效实现专利量质齐升，并加强油气行业人工智能核心技术专利的全球化布局。

从技术领域和专利布局看，油气行业人工智能领域专利主要集中在钻井采矿和地球物探等方向；地震成像、钻井工具和测井曲线等技术是现阶段的研究热点。中国油气企业应强化人工智能与钻井、物探等领域相结合的基础性研究和应用探索，并针对未来的研究热点积极参与海外专利布局；同时，在油气行业人工智能领域软硬件研发、图像识别和地质模型等方面需持续发力，抢占前沿技术高地。

从细分领域、重点研发机构及专利合作趋势看，哈里伯顿、中国石油和斯伦贝谢是各油气细分领域人工智能技术研发的主要力量；中国石化、中国石油和哈里伯顿是近年来该领域技术研发的主力军；油气行业人工智能领域专利合作正处于快速发展阶段。中国油气企业一方面应持续跟踪各油气细分领域主要专利权人的人工智能技术研发动态，及时了解其技术创新方向和研发进展，以便更好地把握行业发展趋势，为企业自身的技术研发和战略决策提供有力参考；另一方面应加大油气领域人工智能产学研深度合作，尤其是增加石油公司之间以及与高校、科研院所之间的合作，更好地促进网络知识流动，加快专利成果的转化。

附 录

附录一　石油科技十大进展

一、2023年中国石油科技十大进展

(一) 高黏土页岩油富集理论与关键技术突破支撑古龙页岩油示范区建设

古龙页岩"黏土含量高、页理发育"特征导致效益开发难。中国石油通过自主攻关，原创高黏土页岩油富集理论和高效勘探开发关键技术，有效支撑页岩油示范区建设。

主要技术进展：(1) 原创高黏土页岩油富集理论，创建了恢复原始轻烃总量后的页岩油演化新模式，发现有机质黏土复合体生烃后体积收缩的成孔新机制，建立了页岩油原位自封闭富集的动力学新模型，突破了经典的油气运移成藏富集理论；(2) 揭示纳米级油藏跨尺度开发机理，构建"压后基质—页理缝—人工缝"三孔三渗流动模型，证实页理缝为主要渗流通道，基质纳米孔可持续供油，颠覆了纳米孔页岩油不可动的传统认识；(3) 首创高黏土页岩油"双甜点"评价技术，建立以游离油含量、核磁大孔与页理缝为核心的地质工程"双甜点"评价标准，明确了效益开发的黄金靶层，纳米孔页岩产油能力较以往提高3倍，实现陆相页岩从"生油"到"产油"的跨越。

该成果授权发明专利13项，发表SCI/EI论文11篇。整装提交石油预测储量12.68×10^8t、探明储量2.04×10^8t，开辟了5个现场试验区，累计产油气当量46.5×10^4t，有效推动了百万吨国家级示范区建设，有望建成我国最大的陆相页岩油生产基地。

(二) 深层煤岩气富集理论与开发关键技术创新推动产业发展

深层煤岩气一直被国内外视为勘探开发禁区。中国石油创新形成深层煤岩气富集理论与开发关键技术，推动鄂尔多斯盆地东缘深层煤岩气勘探开发实现世界级重大突破。中国埋深超1500m的煤岩气资源量达$70 \times 10^{12} m^3$，勘探开发潜力巨大。

主要技术进展：(1) 系统开展鄂尔多斯盆地石炭系—二叠系"八古"基础地质研究，应用等温吸附—核磁共振联测和纳米级CT等前沿分析技术，揭示深层煤岩气具有"高含气、高饱和、富含游离气"的独特赋存特征和产出机理，提出了"广发育、富生烃、自封闭、强保存、微调整"成藏富集模式，奠定了勘探开发理论基础；(2) 创新形成以地应力场、天然裂缝、人工裂缝、井型与方位、井网井距为核心的"五位一体"差异化井网部署技术，建立了以煤体结构、煤岩类型、含气量等为核心的"甜点段"评价标准，支撑了开发先导试验方案；(3) 创新形成精益充分弥合缝网大规模体积压裂技术，构建了基于顶底板遮挡、井眼轨迹、构造曲率等"六要素一体化"选段定簇方法，设计了多尺度裂缝充分支撑工艺，研发了变黏促缝、高效挟砂、减阻降压多功能一体化压裂液体系，缝网弥合度达到94%，形成了全生命周期排采工艺，实现单井产量和采收率大幅提升。

该技术获发明专利8项，发表SCI/EI论文14篇，支撑中国石油在鄂尔多斯盆地东缘探明深层煤岩气地质储量超$2000 \times 10^8 m^3$、建成$15 \times 10^8 m^3$年生产能力，成功获批国家级示范

项目，发挥了示范引领作用，推动了产业跨越式发展。

（三）胺液深度复活技术支撑含硫天然气高效生产

我国天然气约60%含硫，用醇胺溶液（简称胺液）对含硫天然气进行脱硫净化处理是含硫气田生产不可缺少的环节。胺液受污染变质导致天然气净化装置脱硫性能下降、处理量降低、腐蚀穿孔、发泡停产，是制约天然气净化厂稳定生产的"卡脖子"难题。中国石油创新形成胺液深度复活技术，支撑了含硫天然气高效生产。

主要技术进展：（1）发明胺液复杂变质产物分析方法，可检测变质产物种类从国外技术的9种增至78种，打破数十年来胺液复杂变质无法监测、提前预警的局限；（2）创新开发致泡性变质产物特异性吸附工艺，深度脱除胺液中69种致泡性变质产物至10mg/kg以下，在国内外首次攻克胺液发泡难题；（3）首创新型金属有机配位分离材料与选择性脱除工艺，攻克配方型醇胺溶液中的活性剂与腐蚀性变质产物共脱除难题，活性剂损失率从国外技术的98%降至2%以下。

该技术获发明专利4项，发表SCI/EI论文3篇，已在西南油气田、塔里木油田应用，支撑$279\times10^8m^3$含硫天然气安全、高效产出，避免了变质胺液废弃导致的环境污染。该技术脱除变质产物种类数是国外同类技术的8倍，解决了国外技术不能解决的胺液发泡、性能下降难题，引领全球胺液复活技术水平迈上新台阶。

（四）溶液法高性能乙烯—辛烯共聚聚烯烃弹性体成套技术开发与应用

高性能聚烯烃弹性体（POE）是以乙烯为原料、1-辛烯等高碳α-烯烃为共聚单体共聚制得的热塑性弹性材料。聚焦我国高碳α-烯烃单体国产化技术缺失、自主溶液法聚合工艺空白的痛点，中国石油开发出溶液法生产POE和关键单体1-辛烯成套技术，率先打通了从乙烯到POE产品的全链条生产工艺，助力行业转型升级。

主要技术进展：（1）研制出耐高温高活性茂金属POE催化剂，开发出茂化合物串线合成关键技术，突破均相茂金属催化剂稳定批量制备技术瓶颈，实现放大制备；（2）应用杂原子限域技术，强化配合物结构稳定性，研制出新型1-辛烯催化剂；（3）开发出高效传质多区连续聚合反应器、表面更新专用换热器及高效动态脱挥发分等关键设备，解决POE合成和大黏度、多组分、高沸点体系传热与深度脱挥发分难题；（4）揭示出低聚反应副产低聚物的"凝析、团聚"机制，攻克了聚合物黏堵制约工艺连续、高黏体系深度脱挥发分等行业共性工程化难题，实现了乙烯低聚反应的连续化和工程化。

该技术获发明专利10项，发表SCI论文8篇，2023年应用该技术建成了千吨级溶液法高端弹性体POE中试装置，完成了多个牌号POE产品开发和共聚单体1-辛烯工业试验，开发出万吨级工业装置工艺包，形成了乙烯—辛烯—POE技术链，为化工业务向高端化转型提供了技术支撑。

（五）国内首套PETG[①]共聚酯成套技术开发与应用

中国石油自主研发的PETG成套技术在$10\times10^4t/a$生产装置成功应用，打破了美韩两国对全球PETG产业的垄断，成为全球第三家、国内唯一生产全系列PETG共聚酯的企业，推

[①] PETG为聚对苯二甲酸乙二醇酯-1,4-环己烷二甲醇酯。

动聚酯产业高质量发展。

主要技术进展：（1）形成对双金属螯合配位协效催化共缩聚反应机制的新认识，攻克活性助剂高分散防水解技术难题，开发出 3 个系列 10 个型号高功效复合催化剂，在催化剂领域取得重大技术创新；（2）开发出低温缓合型直接酯化连续聚合工艺技术，解决大分子链聚集态结构调控、高洁净 PETG 制备、高耐热 PETG 制备、高黏熔体深度脱挥发分、乙二醇深度处理回用、混醇高值利用等重大工程技术难题；（3）开发出 8 项微量离子精准定性定量技术、2 项浆料和混醇组成定性定量技术，填补了 PETG 分析标准技术空白；（4）开发出注塑、挤出、吹塑、挤吹、双向拉伸、模压 6 类 PETG 加工技术，以及 PETG 与 PC、ABS、PET 三种合金技术，解决 PETG 产品与下游应用无缝衔接的技术难题；（5）形成涵盖 5 个系列 48 项技术、10 个牌号全系列产品的新一代自主成套工艺技术创新的 10×10^4 t/a PETG 工艺包。

该技术获发明专利 9 项，已建成国内首套 PETG 装置，实现全系列产品稳产，产销 3×10^4 t。2022 年入选中央企业科技创新成果产品和中国石油自主创新重要产品，显著提升了我国高端聚酯新材料产业发展动能。

（六）轮胎用关键材料高性能溶聚丁苯橡胶技术开发与应用

溶聚丁苯橡胶（SSBR）是高性能轮胎不可或缺的胶种，其中端基官能化、高苯乙烯、高门尼黏度等高端产品全部依赖进口，导致国产轮胎比国外差 2~3 个等级。中国石油自主研发攻克了高性能溶聚丁苯橡胶的关键生产技术，确保我国轮胎用关键材料实现自主可控。

主要技术进展：（1）发明端基官能化 SSBR 新工艺，揭示端基结构与性能的构效规律，自主设计官能化引发剂原位制备反应器，解决官能化引发剂制备放热强度大、活性低、寿命短的技术难题。单/双端官能化产品与通用产品相比，滚阻下降 11.6%，抗湿滑提升 29.1%，达到国际先进水平。（2）采用自主技术建成 6×10^4 t/a 生产线，攻克高苯乙烯序列结构调控和高门尼黏度核心技术，实现了苯乙烯在分子链中无规化定量分布和高门尼黏度精准控制，开发的高端产品与通用产品相比，抓地力提升 15%，填补了国内空白。（3）研究了 4 个高端产品及白炭黑对滚阻和抗湿滑性能的影响规律，提出配方设计原则，开发原位补强及低温一次法炼胶新工艺，实现了滚阻、抗湿滑和耐磨等轮胎综合性能提升。

该技术获发明专利 21 项，被国资委评为中央企业科技创新成果，产品录入多家知名轮胎企业采购清单，经欧盟权威机构测定达到欧盟标签法 A/B 级，处于国际先进水平，为国产轮胎产品持续升级作出新的贡献。

（七）智能化地震作业系统推动地震采集提质增效

近年来，十万道级以上三维地震勘探项目已成为常态。面对作业环境复杂、管理难度大、作业成本压力激增等难题，中国石油率先研发成功业界首套智能化地震作业系统（GISeis），有力推动了地震采集提质增效和 HSE 管理水平提升，引领地震采集作业进入数智化时代。

主要技术进展：（1）首创可控震源作业智能导航、井震高效智能激发、钻井智能质量控制和无人机自动巡检等智能化高效作业新技术，实现了无桩号采集与自主激发，效率提升 15% 以上；（2）创新数字化主动安全技术，实现基于数字工区信息的安全隐患实时主动预警,大幅减少野外作业安全事故;(3)创新"两级自组网"数据实时交互共享技术,解决网络盲区的实时信息传输与共享难题,实现采集作业由传统的"仪器中心"模式向去中心化的"工序自主"模式的颠覆性转变;(4)首创基于采集作业全要素大数据分析的人工智能管理模式,解决生产决策精准性、生产指挥实时性和生产动态可视化问题,实现地震采集工程数智化管理,管理效率显著提升。

该技术获发明专利5项,发布ISO标准1项,发表SCI论文1篇。近年来,GISeis系统在塔里木、准噶尔、四川等盆地的30多个超大规模三维地震项目中推广应用,整体提速15%以上,野外作业保持零事故;在阿曼项目、阿布扎比海上三维项目中创造了最高日效陆上5.5万炮、海上7.4万炮的世界纪录,有力提升了中国石油物探技术的核心竞争力。

(八)水平井过钻具成像测井装备与处理软件实现国产化替代

水平井成为非常规油气主要开发方式,传统测井仪器入井难、时效低,遇阻卡处置难。水平井过钻具测井是有效解决这一难题的高端技术利器,国内长期依赖进口。中国石油自主研发成功水平井过钻具成像测井装备(FITS)与处理软件(CIFLog-HW),实现了国产化替代。

主要技术进展:(1)突破了狭小空间低功耗集成电路、大容量存储、高强度承压等关键技术,研发了175℃/140MPa/20h/55mm成像测井系列仪器,功耗降低55%,具备一趟下井取全取准非常规和深层油气评价成像资料的能力,填补了国内空白;(2)首创基于无线通信的模块化可视化输送工具,攻克智能可控泵送、仪器可靠回收等关键技术,形成了过钻杆、过钻头、保护套等多模式过钻具测井工艺,提高了测井时效、施工安全和作业成功率;(3)首次提出非均质储层水平井三维相控建模方法,突破了水平井测井响应快速正反演方法,研发了基于最大隶属度原则的储层分级评价技术。

该技术获发明专利2项,发表EI论文1篇。在大庆、长庆、新疆、吐哈等油田替代进口,完成测井1100余井次,作业一次成功率达95%,"甜点"识别符合率达90%以上,时效提高53%,成为水平井开发主体测井技术系列,有效支撑长庆陇东、大庆古龙国家页岩油示范区建设。节约投资超2亿元,外销哈里伯顿公司2套。

(九)无源磁导向钻井技术实现重大突破

无源磁导向钻井技术是一种高精度磁感应轨迹定位与导航技术,能精确测量具有铁磁体的目标井眼相对位置,是应急救援井、储气库"封天窗"等作业的必备技术利器,是我国长期依赖进口的关键核心技术。中国石油通过持续攻关,实现磁导向从有源向无源的跨越,将传统定向轨迹测量累计误差由"米级"缩小到"厘米级"。

主要技术进展:(1)创新构建了目标井井眼轨迹高精度磁定位方法,研发了井下旋转磁场定位、地面双螺线管导航、电磁波反射测距等十大数理模型,突破了井下复杂干扰环境条件的"厘米级"定位技术瓶颈;(2)研发了集磁信号采集、定位计算、轨迹测控于一体的磁导向工程软件,拥有无源磁导向、非开挖定向测控等四大功能模块,实现了救援井、U形井等从"猜着打"到"盯着打"的革命性转变;(3)研制了四大系列磁导向工具,攻克了大功率电磁波矢量激励、全姿态差分测距定位系统、耐175℃微弱磁场大量程采集装置、大斜度井钻具传输下入系统等八大硬件卡点,实现了核心组件的完全自主可控,解决了事故井救援、复杂老井封堵、小井距井簇钻井等领域井眼轨迹测控难题。

该技术获发明专利19项，发表SCI/EI论文2篇。近两年，在吉林油田气藏储气库、冀东油田海上储气库、天津市重大地质塌陷救援、大庆中深层U形地热井、昆仑山输油管道等10余个重大工程建设中应用20余井次，成功率达100%，实现国产化替代。

（十）千立方米级宽负荷低能耗碱性电解水制氢技术装备首次投运

"双碳"目标下，中国石油向"油气热电氢"综合性能源公司转型，面临绿电大规模消纳与炼化企业灰氢替代等问题，亟须开发适应波动电源的高性能、宽负荷、高安全碱性电解水制氢技术与装备。

主要技术进展：（1）首次按石化标准设计，验证了炼化企业绿氢规模化制取与利用的可行性；（2）完成电极材料等核心部件开发，创新采用三维金属骨架多元合金电极，进一步兼顾制氢电极高活性与稳定性，实现制氢系统运行可靠性和20%~120%宽负荷调节；（3）突破碱液流场关键技术，优化电解槽流道结构，提高气液两相流分布均匀性，降低气泡屏蔽效应，实现4.37kW·h/m^{3}低能耗运行；（4）完成智能控制系统开发，通过全流程数字化、云边协同、大数据和人工智能，实现无人值守、制氢工厂动态预警与智能监控。

该技术获发明专利13项，千立方米级宽负荷低能耗碱性电解水制氢技术装备在国内石化园区首次成功投运，现场顺利通过72h性能测试，实现了中国石油在电解水制氢技术和装备领域的突破，并形成完整的自主知识产权工艺包，直流电耗和系统负荷调节能力关键指标达到国际先进水平。

二、2023年国际石油科技十大进展

（一）天然氢认识突破加速多国推行开发利用计划

天然氢又称金氢、白氢、地质氢、天生氢，是地质过程中生成的氢，是真正意义上的零碳、可再生的一次能源，但天然氢具有赋存环境复杂、含量差异显著、分布广泛的特点。当前，全球致力于实现能源脱碳、净零排放，引发对天然氢研究和勘探的广泛关注，多个国家制订了天然氢的开发和利用计划。

主要技术进展：（1）深化对天然氢的主要赋存地质环境的认识，包括蛇绿岩带、裂谷环境、前寒武系富铁地层等，其中蛇绿岩带的天然氢含量较高，裂谷环境多数集中在大洋中脊区域，前寒武系克拉通普遍代表一种缺氧富铁的环境；（2）形成对天然氢形成机理的认识，认为在无机成因中深层岩浆、地幔深部脱气、岩石破裂、蛇纹石化、水的辐解是天然氢在地质形成过程的主要原因；（3）2020年估算，天然氢生成量为$(254\pm91)\times10^8 m^3/a$；（4）建立与油气成藏系统相类似的天然氢勘探方法，明确"生、储、盖、圈、运、保"等成藏要素，认为相比于漫长的生烃过程，天然氢在人类时间尺度内是可再生的。

澳大利亚、美国、法国、西班牙和俄罗斯等国家的油气公司已在天然氢气藏勘探研究上取得进展。马里成功地利用天然氢发电，盈亏平衡成本为0.5~0.7美元/kg，为全球天然氢商业开发提供了参考范例。

（二）3000m深水盐下勘探技术助推纳米比亚深水重大发现

纳米比亚位于非洲大陆最大的传统产油国安哥拉和南非之间，其所处的大西洋两岸被动

陆缘是获得油气新发现的有利区域，但是经过半个多世纪的勘探，未获得大规模油气发现，亟须加强深水区的地震识别技术攻关和成藏规律研究。

主要技术进展：（1）创新被动大陆边缘盆地上组合漂移层系相关油气形成与成藏地质理论，在下白垩统盆底扇砂岩和上白垩统深水浊积扇储层中发现大规模轻质原油，可采储量达数十亿桶；（2）形成深水区 AVO 三维地震的岩性和流体物性识别配套技术系列，实现水深超 3000m 区域的地层、岩性和流体的预测。

基于深水区 AVO 三维地震的岩性和流体物性识别技术，首次在非洲大陆西南部纳米比亚境内的奥兰治次盆地深水—超深水区发现白垩系大规模轻质油资源，可采储量合计 8×10^8 t 油当量，有望在 4 年内开展商业化开采工作。

（三）智能化油藏描述技术提高勘探开发的效率和精度

智能化油藏描述是石油行业数字化转型最重要的组成部分。2023 年，SPE 和 IMAGE 国际峰会分别推出新版智能化 Petrel 和 PaleoScan 软件。国际油公司的智能化油藏描述技术在构造解释、储层预测和油藏表征等方面取得重大突破。

主要技术进展：（1）卷积神经网络（CNN）应用。CNN 等深度学习模型在地震数据断层构造解释、岩心图像和测井曲线等沉积学数据处理中取得显著进展，能够自动学习和提取特征，从而有助于构造和储层描述。（2）多模态数据融合。AI 技术能够整合多种沉积学数据源，如地震、岩心、测井数据和地层描述，提供更全面的沉积相分析，融合多模态数据可增加综合地震地质分析的准确性。（3）智能化油藏属性建模。深度学习可以用于预测油藏属性，例如岩石孔隙度、渗透率、饱和度等。通过分析地质和数据，深度学习模型可以提供更准确的估计属性，帮助决策者更好地理解地下油藏特征。

智能化油藏描述还在探索中，多项工作未形成明确的工作流程。智能化油藏描述技术在石油天然气勘探和生产中具有广泛的应用前景，有望提高勘探开发的效率和精度。

（四）利用微生物发酵制取生物基己二酸技术取得重大进展

以化石燃料为原料制备己二酸工艺存在设备腐蚀、环境污染等问题，国际大石油公司推出的以从农作物秸秆等非食用生物质中提取的糖制取生物基己二酸技术，不但实现了工艺原料绿色化，且无一氧化二氮气体排放，在国际上尚属首创。

主要技术进展：（1）结合微生物发酵技术和利用分离膜的化学纯化技术，通过应用基因工程技术重新"配置"微生物内的代谢途径，提高生产效率。采用生物信息学技术设计用于合成的最佳微生物发酵途径，微生物合成的中间体数量自最初发现以来增加 1000 多倍，合成效率显著提高。（2）采用反渗透分离膜浓缩提纯中间体，分离和去除微生物发酵液中不需要的成分，相比传统蒸发浓缩方法，能耗更低。（3）相比石油基己二酸生产，该过程不排放一氧化二氮。

该技术生产的生物基己二酸已用于尼龙 66 生产测试，计划在 2030 年推动生物基己二酸的商业化应用，有助于实现可持续的循环经济。

（五）基于生物转化利用技术的二氧化碳制乙烯合成新工艺实现生物制造新的跨越

传统乙烯生产工艺是化学工业中二氧化碳排放的最大来源之一，也是最具挑战性的脱碳工艺之一。在减碳压力下，国际大石油公司利用捕集的二氧化碳，采用生物转化技术生产乙烯的新工艺,低碳制备乙烯,实现传统乙烯制备工艺的低碳化改造。

主要技术进展:(1)从乙烯裂解炉的烟气中捕集浓度达95%的二氧化碳并与氢气混合,利用生物回收技术将捕集的废碳转化为乙醇,再由第二代、低成本的工艺将乙醇脱水为乙烯,该过程的乙烯选择性超过99%,完全脱离化石能源,是目前最具挑战性的脱碳工艺之一;(2)该技术中的二氧化碳制乙醇是一种基于微生物的碳回收技术,所用微生物能够在没有昂贵化学品和维生素的供养下吸收二氧化碳,并产生大量乙醇;(3)采用的乙醇脱水直接制取乙烯,与现有技术相比,成本低且工艺简单,催化剂与传统的氧化铝基催化剂相比,可降低反应温度,提高选择性。

该技术不仅没有对粮食和水的供应安全产生威胁,还可直接实现温室气体二氧化碳的消耗,且乙烯选择性超99%,实现生物制造新的跨越。

(六)利用合成生物学技术开发的聚乳酸"负碳"生产工艺取得进展

从源头上生产可降解塑料代替传统塑料,被认为是解决塑料污染问题的终极方案。聚乳酸(PLA)是目前最理想的代替传统塑料的可降解聚合物。PLA"负碳"生产工艺,为可降解塑料生产提供了可持续的发展策略。

主要技术进展:(1)在光驱动蓝细菌平台上使用代谢工程和高密度培养的组合策略,首次建立自养微生物细胞工厂,在国际上首次以二氧化碳为原料,一步实现了PLA的生物合成;(2)与以往PLA的制造思路完全不同,该技术通过系统代谢工程,优化关键酶的表达水平,解决了碳流重定向问题,在二氧化碳进入细胞后,使碳最终流向PLA,同时突破了蓝细菌本身生长密度和速度的局限,自主研发了一种新型光反应器,对光谱做了系列优化,并采用可控的渐变光强方式,使蓝细菌细胞生长得更快、更密,将蓝细菌的细胞密度提升了10倍,其产生的PLA浓度高达108mg/L;(3)该技术下一步的研究重点是提高PLA的细胞干重占比,拟将细胞干重的比例进一步提升到50%以上。

该技术开创了以非粮原料为基础的新一代PLA工业生产的技术思路,不仅可以解决塑料污染、生物制造的非粮原料替代问题,还在合成PLA的过程中直接捕集二氧化碳,助力"双碳"目标实现。

(七)海洋低频大容量气枪震源研究取得突破

随着海洋油气勘探目的层越来越深及全波形反演技术逐渐成熟,对低频信号的需求推动低频气枪震源的发展。同时,随着海洋环保要求提高,低频震源成为减少海上作业对海洋生物影响的有效技术。近年来,海洋低频大容量气枪震源研究取得突破,部分震源已达到商业应用水平。

主要技术进展:(1)利用较长的激发气室,在水中产生更大体积的气泡,增加气枪容量,有效提高震源信号的低频成分。调谐脉冲源(TPS)气枪容量可达$2.65 \times 10^4 in^3$,能够产生小于3Hz的低频信号;(2)采用特殊设计的枪口结构以及内部激发运动结构,降低大容量气体的释放速度,同时在较低的工作压强下激发,进一步减缓初始气泡的扩张速度,增加震源子波达到主脉冲峰值的时间,降低信号的中高频成分,同时降低了声压级。

行业内发展较快的TPS等大容量低频气枪震源进行了多次采集试验,与传统气枪震源相比获得了更丰富的低频信息。在全球海洋物探市场和全波形反演技术逐渐成熟的推动下,海洋低频气枪震源的研发优化,将成为各大公司有力竞争的方向之一,具有较好的应用前景。

(八) 三维随钻测井技术助力提高复杂储层精准识别能力

随钻测井能够及时获得钻遇地层特性。充分利用随钻测井资料,并结合地质、地震等信息进行复杂储层的三维空间定量描述和表征预测,对油气勘探开发具有重要意义。国际油服公司推出的三维随钻测井技术,在复杂储层描述和精准地质导向等方面取得重要进展。

主要技术进展:(1) 通过采集360°电磁张量数据并传送至地面,利用云计算算法等数字化技术对大型数据集进行反演,获取实时的储层三维电阻率剖面信息,并利用该信息校准地震数据助力储层建模;(2) 能够预测在井筒尺度上无法描述的地层形态,提供油藏尺度的流体体积、储层和断层信息,实现储层空间的构造描述,从而更好地认识非均质储层和复杂油藏;(3) 实时、高分辨率的储层表征和预测,提供三维空间下更精准的地质导向决策,优化完井和生产设计,既减少了总的钻探时间,助力提速降本,又降低了碳排放。

三维随钻测井技术在中东、北美、北海等地区的不同地质环境中进行了广泛的现场测试,取得显著应用效果:对砂道体进行实时描述,实现最佳井眼轨迹和最大储层接触;通过描述储层结构和地层特征,提供油藏尺度认识,优化油田开发方案;通过整合多尺度测量数据,优化井位设计,实现更精准的地质导向决策。

(九) 内部定向压差工具开辟旋转导向钻井技术新路线

应用推靠式、指向式、混合式导向原理的旋转导向钻井技术均存在结构复杂、生产及使用成本高等问题。国外公司推出一种全新的内部定向压差导向原理的旋转导向工具。

主要技术进展:(1) 全新的导向原理,导向能力强。利用伯努利原理在钻头工作面产生液压差,直接给钻头施加侧向力,将钻头推向指定方向,实现钻头导向,导向能力强。在旋转钻进模式、滑动钻进模式下,最大造斜能力分别达到15°/30m、30°/30m。(2) 结构简单、紧凑,故障率低。工具长度极短,仅有1.52m、1.83m。它不像推靠式导向原理那样需要使用活塞和推靠块,也就不存在活塞和推靠块容易出现的磨损与失效等问题。因结构简单、紧凑,又没有外部活动部件,可显著降低故障率,耐温能力提升至177℃。

这种利用伯努利原理开发完成的导向工具(SBER)已经完成试验场试验,结果证明,能够产生有效的导向力和高造斜率,为旋转导向钻井系统开辟了一条新的技术路线。该工具因结构简单、可靠耐用、经济有效,有望得到推广应用。

(十) 环焊缝视觉检测监测系统实现管道焊接全过程监控

传统焊接施工中使用焊机机械触角/轮子或非接触式激光三角测量系统定位焊缝,无法实现钨极氩弧焊焊枪尖端与焊缝位置的动态监测,不能实时测量焊缝与焊枪的动态偏移。国外公司2022年研发出焊接音频处理工具监控焊接参数,2023年开发出天然气管道环焊缝视觉检测监测系统,利用摄像头实时监测,有效解决了钨极氩弧焊焊枪尖端与焊缝动态偏移监控问题。

主要技术进展:(1) 天然气管道环焊缝视觉检测监测系统将高动态范围焊缝摄像机与先进的机器视觉测量软件相结合,用以捕获钨极氩弧焊焊枪尖端、焊接电弧和焊缝特征;(2) 在焊接过程中,天然气管道环焊缝视觉检测监测系统可以实时监测焊枪尖端位置,测量焊枪尖端与焊缝之间的相对偏移量，实时测量焊缝尺寸；（3）天然气管道环焊缝视觉检测监测系统可以作为一个独立的视觉解决方案，向操作人员提供实时图像反馈，也可通过连接工厂控制器集成进行闭环反馈控制。

天然气管道环焊缝视觉检测监测系统为管道制造商提供全面的过程监控解决方案，提高其焊接过程的质量和可靠性，已用于欧洲部分管道建设项目，取得良好效果。

三、2013—2022年中国石油与国际石油科技十大进展汇总

（一）2013年中国石油与国际石油科技十大进展

1. 中国石油科技十大进展

（1）深层天然气理论与技术创新支撑克拉苏大气区的高效勘探开发。
（2）被动裂谷等理论技术创新指导乍得、尼日尔等海外风险探区重大发现。
（3）自主研发大规模精细油藏数值模拟技术与软件取得重大突破。
（4）浅层超稠油开发关键技术突破强力支撑风城数亿吨难采储量规模有效开发。
（5）自主知识产权的"两宽一高"地震勘探配套技术投入商业化应用。
（6）工厂化钻井与储层改造技术助推非常规油气规模有效开发。
（7）地层元素测井仪器研制获重大突破。
（8）大型天然气液化工艺技术及装备实现国产化。
（9）催化汽油加氢脱硫生产清洁汽油成套技术全面推广应用支撑公司国Ⅳ汽油质量升级。
（10）中国石油首个高效球形聚丙烯催化剂成功实现工业应用。

2. 国际石油科技十大进展

（1）海域深水沉积体系识别描述及有利储层预测技术有效规避勘探风险。
（2）地震沉积学分析技术大幅提高储层预测精度和探井成功率。
（3）天然气水合物开采试验取得重大进展。
（4）深水油气开采海底工厂系统取得重大进展。
（5）百万道地震数据采集系统样机问世。
（6）钻井远程作业指挥系统开启钻井技术决策支持新模式。
（7）三维流体采样和压力测试技术问世。
（8）大型浮式液化天然气关键技术取得重大进展。
（9）世界首创中低温煤焦油全馏分加氢技术开发成功。
（10）天然气一步法制乙烯新技术取得突破性进展。

（二）2014年中国石油与国际石油科技十大进展

1. 中国石油科技十大进展

（1）古老海相碳酸盐岩天然气成藏地质理论技术创新指导安岳特大气田战略发现和快速探明。
（2）非常规油气地质理论技术创新有效指导致密油勘探效果显著。

（3）三元复合驱大幅度提高采收率技术配套实现工业化应用。

（4）三相相对渗透率实验平台及测试技术取得重大突破。

（5）LFV3 低频可控震源实现规模化应用。

（6）多频核磁共振测井仪器研制成功。

（7）四单根立柱 9000m 钻机现场试验取得重大突破。

（8）油气管道重大装备及监控与数据采集系统软件实现国产化。

（9）超低硫柴油加氢精制系列催化剂和工艺成套技术支撑国 V 车用柴油质量升级。

（10）合成橡胶环保技术工业化取得重大突破。

2. 国际石油科技十大进展

（1）细粒沉积岩形成机理研究有效指导油气勘探。

（2）CO_2 压裂技术取得重大突破。

（3）低矿化度水驱技术取得重大进展。

（4）声波全波形反演技术走向实际应用。

（5）地震导向钻井技术有效降低钻探风险。

（6）岩性扫描成像测井仪器提高复杂岩性储层评价精度。

（7）多项钻头技术创新大幅度提升破岩效率。

（8）干线管道监测系统成功应用于东西伯利亚—太平洋输油管道。

（9）炼厂进入分子管理技术时代。

（10）甲烷无氧一步法生产乙烯、芳烃和氢气的新技术取得重大突破。

（三）2015 年中国石油与国际石油科技十大进展

1. 中国石油科技十大进展

（1）致密油地质理论及配套技术创新支撑鄂尔多斯盆地致密油取得重大突破。

（2）含油气盆地成盆—成烃—成藏全过程物理模拟再现技术有效指导油气勘探。

（3）大型碳酸盐岩油藏高效开发关键技术取得重大突破，支撑海外碳酸盐岩油藏高效开发。

（4）直井火驱提高稠油采收率技术成为稠油开发新一代战略接替技术。

（5）开发地震技术创新为中国石油精细调整挖潜提供有效技术支撑。

（6）随钻电阻率成像测井仪器研制成功。

（7）高性能水基钻井液技术取得重大进展，成为页岩气开发油基钻井液的有效替代技术。

（8）X80 钢级 1422mm 大口径管道建设技术为中俄东线管道建设提供了强有力技术保障。

（9）千万吨级大型炼厂成套技术开发应用取得重大突破。

（10）稀土顺丁橡胶工业化成套技术开发试验成功。

2. 国际石油科技十大进展

（1）多场耦合模拟技术大幅提升地层环境模拟真实性。

（2）重复压裂和无限级压裂技术大幅改善非常规油气开发经济效益。

(3) 全电动智能井系统取得重大进展。
(4) 低频可控震源推动"两宽一高"地震采集快速发展。
(5) 高分辨率油基钻井液微电阻率成像测井仪器提高成像质量。
(6) 钻井井下工具耐高温水平突破200℃大关。
(7) 经济高效的玻璃纤维管生产技术将推动管道行业发生革命性变化。
(8) 全球首套煤油共炼工业化技术取得重大进展。
(9) 加热炉减排新技术大幅降低氮氧化物排放。
(10) 人工光合制氢技术取得进展。

（四）2016年中国石油与国际石油科技十大进展

1. 中国石油科技十大进展
(1) 古老油气系统源灶多途径成烃理论突破有效指导深层勘探。
(2) 深层碳酸盐岩气藏开发技术突破有力支撑安岳大气田规模开发。
(3) 全可溶桥塞水平井分段压裂技术工业试验取得重大突破。
(4) PHR系列渣油加氢催化剂工业应用试验获得成功。
(5) 满足国V标准汽油生产系列成套技术有效支撑汽油质量升级。
(6) 医用聚烯烃树脂产业化技术开发及安全性评价取得重大突破。
(7) 微地震监测技术规模化应用取得重大进展。
(8) 三品质测井评价技术突破有力支撑非常规油气勘探开发。
(9) 膨胀管裸眼封堵技术治理恶性井漏取得重大进展。
(10) 天然气管道全尺寸爆破试验技术取得重大突破。

2. 国际石油科技十大进展
(1) "源—渠—汇"系统研究有效指导多类沉积盆地油气勘探。
(2) 非常规"甜点"预测技术有望大幅提高勘探效率。
(3) 内源微生物采油技术研发与试验取得突破。
(4) 太阳能稠油热采技术实现商业化规模应用。
(5) 新型烷基化技术取得重要进展。
(6) 低成本天然气制氢新工艺取得突破。
(7) 逆时偏移成像技术研发与应用取得新进展。
(8) 随钻前探电阻率测井技术取得突破。
(9) "一趟钻"技术助低油价下页岩油气效益开发。
(10) 天然气水合物储气技术取得突破。

（五）2017年中国石油与国际石油科技十大进展

1. 中国石油科技十大进展
(1) 砾岩油区成藏理论和勘探技术创新助推玛湖凹陷大油气区发现。
(2) 特低渗透—致密砂岩气藏开发动态物理模拟系统研发取得重大进展。
(3) 中国石油创新勘探开发工程技术实现页岩气规模有效开发。
(4) 国Ⅵ标准汽油生产技术工业化试验取得成功。

（5）丁苯橡胶无磷（环保）聚合技术成功实现工业应用。
（6）基于起伏地表的速度建模软件成功研发并实现商业化应用。
（7）方位远探测声波反射波成像测井系统提高井旁储层判识能力。
（8）固井密封性控制技术强力支撑深层及非常规天然气资源安全高效勘探开发。
（9）我国第三代大输量天然气管道工程关键技术取得重大突破。
（10）工程技术突破助力南海水合物试采创造世界指标。

2. 国际石油科技十大进展

（1）地质云数据助推地质综合研究提高勘探成功率。
（2）大型复杂油气藏数值模拟技术取得新进展。
（3）大数据分析技术指导油气田开发成效显著。
（4）STRONG 沸腾床渣油加氢技术工业试验取得成功。
（5）二氧化碳加氢制低碳烯烃取得突破。
（6）压缩感知地震勘探技术降本增效成果显著。
（7）多功能脉冲中子测井仪实现高质量套管井储层监测。
（8）钻井参数优化助力实现油气井整体价值最大化。
（9）示踪剂及监测系统有效提高储运设备泄漏防治水平。
（10）工业互联网环境平台创造油气行业新纪元。

（六）2018 年中国石油与国际石油科技十大进展

1. 中国石油科技十大进展

（1）陆相页岩油勘探关键技术研究取得重要进展。
（2）注天然气重力混相驱提高采收率技术获得突破。
（3）无碱二元复合驱技术工业化应用取得重大进展。
（4）可控震源超高效混叠地震勘探技术国际领先。
（5）地层元素全谱测井处理技术实现规模应用。
（6）抗高温高盐油基钻井液等助力 8000m 钻井降本增效。
（7）应变设计和大应变管线钢管关键技术取得重大进展。
（8）化工原料型加氢裂化催化剂工业应用试验取得成功。
（9）超高分子量聚乙烯生产技术开发及工业应用取得成功。
（10）中国合成橡胶产业首个国际标准发布实施。

2. 国际石油科技十大进展

（1）深海油气沉积体系和盐下碳酸盐岩勘探技术取得新进展。
（2）"长水平井 + 超级压裂"技术助推非常规油气增产增效。
（3）海底节点地震勘探技术取得新进展。
（4）基于深度学习的地震解释技术成为研究热点。
（5）新一代多功能测井地面系统大幅度提高数据采集速度。
（6）先进的井下测控微机电系统传感器技术快速发展。
（7）负压脉冲钻井技术提升连续管定向钻深能力。

（8）数字孪生技术助力管道智能化建设。
（9）渣油悬浮床加氢裂化技术应用取得新进展。
（10）原油直接裂解制烯烃技术工业应用取得重大进展。

（七）2019年中国石油与国际石油科技十大进展

1. 中国石油科技十大进展

（1）油气成因识别与储层表征创新技术助推深层勘探重大进展。
（2）柴达木咸化湖盆油气勘探理论技术创新获柴西探区重大突破。
（3）减氧空气驱提高采收率技术取得重大突破。
（4）准噶尔盆地非常规油藏长水平井小井距立体开发取得重大进展。
（5）uDAS井中地球物理光纤采集系统研发成功。
（6）陆相页岩油测井评价关键技术获得重大突破。
（7）一体化精细控压钻完井技术助力复杂地层安全优质钻完井。
（8）复杂地质条件气藏型储气库关键技术及产业化获重大突破。
（9）柴油加氢精制—裂化组合催化剂成功实现工业应用。
（10）茂金属聚丙烯催化剂及高端聚丙烯产品开发成功。

2. 国际石油科技十大进展

（1）机器学习大幅优化河流沉积模式综合解释。
（2）火箭推进剂无水压裂技术实现航天和油气行业跨界融合。
（3）基于物联网和云计算的油气生产平台实现数字化转型。
（4）海洋可控震源样机研制成功。
（5）智能电缆地层测试技术大幅提高测试效率与效益。
（6）自主学习的智能定向钻井系统有效提速降本。
（7）全球最大浮式液化天然气装置投产。
（8）复合离子液体碳四烷基化工艺技术成功实现工业应用。
（9）离子液体催化乙烯合成气制甲基丙烯酸甲酯技术取得突破。
（10）区块链成为油气行业发展的创新增长点。

（八）2020年中国石油与国际石油科技十大进展

1. 中国石油科技十大进展

（1）风险勘探评价技术创新引领油气发现实现战略性突破。
（2）大面积、高丰度页岩气富集理论指导川南形成万亿立方米大气区。
（3）纳米驱油技术助力低渗透/超低渗透老油田挖潜降本稳产。
（4）eSeis陆上节点地震仪器达到国际领先水平并实现产业化。
（5）三维感应成像测井仪研发成功实现各向异性储层评价突破。
（6）自动化固井技术装备提升固井质量与作业效率。
（7）立体式大平台水平井钻井技术助推页岩油规模开发。
（8）自动化施工和数字化管道技术支撑中俄东线项目建设。
（9）航空生物燃料生产成套技术研发及工业应用。

（10）全球首套柴油吸附分离工艺及装备成功实现工业应用。

2. 国际石油科技十大进展

（1）表征页岩含烃有效孔隙度技术助力页岩油勘探开发。
（2）地下原位裂解降黏开采技术提高稠油开发效率。
（3）高效精细油藏数值模拟技术取得重大进展。
（4）分布式光纤声波传感监测技术应用快速发展。
（5）随钻声电成像测井仪提升地质导向与地层评价精度。
（6）钻头导向技术实现水平井导向钻井的新突破。
（7）长寿命导向螺杆钻具提速降本成效显著。
（8）LNG薄膜型储罐技术引领储罐大型化发展趋势。
（9）塑料废弃物转化为柴油的新型催化剂成功实现工业试验。
（10）将PET聚酯酶降解为单体的新技术取得成功。

（九）2021年中国石油与国际石油科技十大进展

1. 中国石油科技十大进展

（1）复杂碳酸盐岩油气藏地质认识和技术创新助推超深层油气重大发现。
（2）多功能一体化油藏数值模拟软件实现国产化替代。
（3）超大型地震处理解释一体化系统GeoEast实现升级换代。
（4）iPreSeis复杂构造成像与定量储层预测技术取得重大突破。
（5）低饱和度油气层测井评价技术创新突破增储上产效果显著。
（6）CG STEER旋转地质导向钻井系统推动非常规油气开发关键技术自主可控。
（7）"一键式"人机交互7000m自动化钻机显著提升钻井自动化水平。
（8）天然气集输管网腐蚀及风险防控技术体系研究与应用取得突破性进展。
（9）全球首套超重力硫酸烷基化新技术工业试验成功。
（10）百万吨级乙烷裂解制乙烯成套技术工业应用成功。

2. 国际石油科技十大进展

（1）磁性增强识别技术有效划分油气藏烃流体界面。
（2）纳米颗粒循环注气技术提高页岩油采收率。
（3）同步压裂技术进一步提升非常规油气作业效率。
（4）海底自动化节点地震勘探取得新进展。
（5）高精度随钻核磁共振测井提升复杂储层评价能力。
（6）有缆供电钻杆的成功研制推动钻井向井下电动化迈进。
（7）大型低温液化氢运输船引领大容量液化氢运输趋势。
（8）高收率烯烃催化裂解技术取得新进展。
（9）中国首次在实验室实现人工合成淀粉。
（10）一项具有革命性的塑料回收工艺成功实现商业化。

（十）2022 年中国石油与国际石油科技十大进展

1. 中国石油科技十大进展

（1）被动陆缘盆地深水油气勘探理论技术创新支撑古拉绍重大发现。
（2）超深层地质力学技术支撑塔里木油气勘探开发向深地挺进。
（3）低渗透油藏离子匹配纳米分散体系提高采收率技术取得重要突破。
（4）智能化分层注水技术促进水驱开发形成精细化高效开发新模式。
（5）恶性井漏防治关键技术助力钻完井工程安全、提质增效。
（6）OBN 地震勘探技术与装备创新引领海洋业务实现跨越式发展。
（7）新一代桥射联作技术取得突破并规模应用。
（8）单点系泊与海洋管道施工关键技术实现重大突破。
（9）1,4-环己烷二甲醇国产化技术攻关取得重大进展。
（10）茂金属聚乙烯生产技术助力高端聚烯烃产业发展。

2. 国际石油科技十大进展

（1）沉浸式扩展现实油藏模拟可视化技术取得重大进展。
（2）智能微芯片技术在非常规油气田开发中取得突破性进展。
（3）天然气直驱涡轮机水力压裂技术助力绿色转型。
（4）定向钻井技术实现由自动定向向自主定向的跨越。
（5）世界首台全自动陆上钻机显著提升钻井智能化水平。
（6）新型压缩机助力低碳天然气管道输送。
（7）将废塑料转化为工业用二氧化碳吸附剂的新技术取得进展。
（8）硅异质结太阳能电池转化效率打破世界纪录。
（9）全球首款智能自动化压裂系统应用效果显著。
（10）新兴机器人技术加速油气行业数字化转型。

附录二　国外石油科技主要奖项

一、2023年石油工程技术创新特别贡献奖

由石油公司和油服公司提交，经石油公司、咨询公司的工程师和科学家组成的评委会评审，美国Hart能源评选出2023年17项石油工程技术创新特别贡献奖，获奖石油上游工业的新产品、新技术包括理念、设计和应用方面的创新，有效解决了油气生产中的难题。

（一）人工举升奖——Ambyint公司和CNX资源公司在AWS云的InfinityPL技术方案

InfinityPL技术方案在亚马逊网络服务（AWS）云上运行，有助于提高油井产量。这是一种数据驱动、基于云的解决方案，它将先进的物理和专业知识与人工智能相结合，实现了操作和生产优化工作流程的自动化。该平台可应用于所有类型的人工举升，包括电潜泵、柱塞举升、杆举升和气举等，能够帮助操作员找到提高生产率的设定点，并避免不必要的停机时间。

（二）碳管理奖——Nabors工业公司的Canrig纳米氧化物燃料添加剂

Nabors子公司Canrig公司生产的Canrig纳米氧化物燃料添加剂加到内燃机中，可增加燃烧催化剂成分，有助于改善燃烧，同时减少排放。纳米二氧化物燃料添加剂已在陆上和海上钻井平台以及使用不同等级柴油的完井作业中使用，燃料效率最多可提高8%。在得克萨斯州东部的一个钻井平台上测试结果表明，燃料效率提高了5%，73天节省了柴油5425gal，相当于减少了55.6t二氧化碳当量排放。

（三）数字油田奖——斯伦贝谢公司的Neuro自动化方案

斯伦贝谢公司的Neuro神经自主解决方案系统在地面与井下间建立连续反馈回路。Neuro系统在钻井中运用先进的基于云的软件和智能系统，利用人工智能确定导向顺序，实现地面与井下自动化。中东一作业公司使用该解决方案进行自主钻井，采用旋转可控系统进行地面和井下自主性转向。与手动模式钻探的偏移井相比，钻井时间减少36%，渗透率提高13%。该系统可提高作业效率，减少人为干预，降低风险，提高作业精度，减少钻井排放。

（四）钻头奖——斯伦贝谢公司的PDC钻头三维打印保护壳

斯伦贝谢公司的PDC钻头三维打印保护壳呈条带状，用于保护钢体PDC钻头刀翼表面，可取代传统的表面硬化处理工艺，保护钢体PDC钻头表面免受钻头喷嘴喷出的钻井液射流的冲蚀。该保护壳的耐冲蚀能力比传统的表面硬化处理层高400%，比胎体材料强40%，有助于延长钢体PDC钻头使用寿命，降低钻井成本。

（五）钻井液/增产作业奖——Johnson特种工具公司的AquaShear钻井液混配器

AquaShear钻井液混配器已应用于美国二叠盆地，可将每口井的钻井液添加剂用量减少

20%，并混配钻井液和维修混配器所需的钻井时间缩短 50%。AquaShear 钻井液混配器可实现近乎瞬时的水化、分散、混合、搅拌、剪切，从而减少钻井液添加剂的用量，稳定钻井液性能。它还能消除钻井液罐底部的污泥，从而降低钻井液清洗时间和清洗成本。

（六）钻井系统奖——斯伦贝谢公司的 GeoSphere 360 随钻成像服务

GeoSphere 360 三维油藏随钻测绘能够获取 360°井筒数据，通过钻井液脉冲遥测和有线钻杆实时上传至井口，基于二维方位像素的算法使用实时云计算对大数据集进行反演，对流体和断层进行测绘，最终绘制储层边界和特征。该服务不仅限于三维结构描绘，还包括四维流体运动评估。GeoSphere 360 使得井眼轨迹可偏离原定计划轨迹以朝向最佳位置，最终交付更加优质高产的生产井。

（七）勘探/地球科学奖——沙特阿美公司的 BlendSeis 地震数据采集技术

BlendSeis 技术使用混合震源采集方法，进行地震数据连续记录。在时间上对地震数据进行压缩感知，在空间上对震源和（或）接收器位置进行非均匀采样，或同时在这两个域进行压缩感知。同时，开发了通过稀疏性反演算法的波场分离和重建，从而获得高分辨率地下信息。

（八）浮式系统与钻机奖——Oil States 工业公司的适合控压钻井的隔水管

Oil States 工业公司的适合控压钻井的隔水管系统配备控制管线、脐带缆和上部设备，自带自动化功能。在控压钻井模式下进行控压井过程中，钻井液不太可能漏失到地层中，地层流体也不太可能流入隔水管。MPD 系统具有一个通径为 $18\frac{3}{4}$ in 的控压钻井短节和多个专用的快速关闭型环空封隔器，不再依赖防喷器的环空，有助于降低成本和安全风险，减少非生产时间。控压钻井短节通过钻台上的转盘到防喷器组，在此期间，它锁定在流出管线连接器中。

（九）地层评价奖——哈里伯顿公司的 StrataStar 深方位电阻率服务

StrataStar 深方位电阻率服务将部署在单个钻杆上的最大电磁信号与复杂的处理算法相结合，在钻井过程中揭示距井眼 30ft 的层间岩石和流体层的位置、厚度和电阻率，实时提供地层和流体的详细图像，并对储量进行精确岩石物理评估。在实时可视化地质和流体情况的帮助下，作业者得以在与无生产价值的注水区或页岩区保持所需距离的同时，精确控制钻井方向以实现钻井设计。

（十）HSE 奖——Shepherd 安全系统公司的数字气体监测生态系统

Shepherd 安全系统公司的数字气体监测生态系统是一种数字有毒气体检测解决方案，它集成了多种气体传感器、可穿戴式个人监测器以及现场通信和指挥平台，能够精确监测任何地点排放情况，确保工作人员安全。该系统可检测 CH_4、H_2S、CO、SO_2 等多种气体，还可将 ClO_2、HCl、NO_2、O_3 和 PH_3 等传感器包集成到生态系统中。

（十一）水力压裂/压裂泵奖——EV 公司的 ClearVision 综合超声成像工具

该工具结合了 360°视频和相控阵超声扫描技术，可对井筒进行四维评估。它能让操作员看到并测量 100% 的孔眼，提供有关孔眼侵蚀和支撑剂放置的明确信息，从而获得更好的井性能并提高油气产量。在二叠盆地的一口井中，使用 ClearVision 工具后，全部孔眼都得到测量，为所有阶段提供了有效数据，确保了准确分析。

（十二）IOR/EOR/修井奖——Welltec 公司的 Welltec 射孔器 218

Welltec 射孔器 218 提供了一种电子线输送的非爆炸性方法来平衡管柱之间的压力，其外径为 2.125in。这款纤薄的非爆炸性射孔器能够在单次运行中创建多个穿孔，采用快速钻孔技术，可生产出精确、均匀的孔。打孔机可以在井内任何深度运行，也可在精确深度配备射孔器，可独立部署或与其他工具一起使用，还能与井车结合在大斜度井或水平井中打孔。

（十三）机器学习与 AI 奖——哈里伯顿公司的 LOGIX 自主钻井平台的自主导向模块

哈里伯顿公司的 LOGIX 自主钻井平台集成了三维建模、机器学习和数字孪生技术，由多个模块组成，包括自主导向模块。自主导向模块使用机器学习技术生成实时调整指令，根据钻井方案进行自主导向，同时根据实时地层评估和储层测绘地质导向数据自动适应储层目标变化。迄今为止，LOGIX 平台在 2500 多次定向钻井作业中自主钻进了 180 多万米，将交井时间缩短了 25%，所需作业人员数量减少了 60%。

（十四）非压裂完井奖——哈里伯顿公司的 Fuzion-EH 井下电液湿配连接器

Fuzion-EH 井下电液湿配连接器可以断开和重新连接上部完井设备，并保持对间隔控制阀的完全控制，以及与生产封隔器下方电子仪表的通信。Fuzion-EH 井下湿配连接器与生产封隔器上方的完井一起运行，配备七条独立的液压控制线和一条电线。一旦封隔器安装完毕，该工具的上部（外螺纹）可以多次从下部（内螺纹）拆卸下来，并将油管与环空和每个单独的控制线完全隔离。

（十五）陆上钻机奖——Helmerich & Payne 公司的 FlexRig Flex3 型步进式钻机

Helmerich & Payne（H&P）公司的 FlexRig Flex3 步进式钻机是为中东地区非常规油气工厂化钻井而定制的，可实现井架在井间和平台间快速移动，减少移动井架所需的时间。井架可直线移动 152.4m，也可以在 61m×15m 的格子里进行多排步进，在井架移动期间不用断电。从井架开始移动到开钻，曾经需要 3~5h，现在只需 1.5h。加高的井架底座使其能够接纳中东地区所需的更大防喷器组，并符合井控标准。

（十六）海底系统奖——贝克休斯公司的 REACH 钢丝绳可回收安全阀

REACH 钢丝绳可回收安全阀能使超深井更快、更安全、更经济地重新上线。该安全阀需要一艘无立管光井介入（RLWI）船来执行工作，避免了修井的高昂成本，且 RLWI 通常可更快部署，从而加快了进度。基于现有设计原则，在 300℉下的额定压力为 12500psi，超过了 API 14A 的要求。据估计，使用 REACH 钢丝绳可回收安全阀每口井可节省 5000 万美元的成本。

（十七）水管理奖——沙特阿美公司的零液体排放（ZLD）采出水管理方案

沙特阿美公司的零液体排放（ZLD）采出水管理解决方案通过改变油田采出水的离子特性来淡化采出水，采用预处理系统去除残余碳氢化合物和 H_2S，并采用动态蒸汽压缩（DyVaR）装置去除超高盐油田采出水中的盐分，从 ZLD 技术中获得的浓盐经进一步处理后可回收纯化盐，可用于配制钻井液，实现零废物排放。ZLD 试验装置的处理能力为 225bbl/d，水回收率高达 80%~90%。

二、2023 年 OTC 聚焦新技术奖

国际海洋技术会议（OTC）组委会于 2023 年 5 月 1 日宣布了本年度聚焦新技术奖的获得者，表彰推动海上能源领域的创新技术，全球 15 家公司（包括 7 家小型企业）获奖，表彰他们在硬件、软件和技术方面取得的突破。2023 年的获奖技术代表了行业最具创新性的先进技术，产品的独特性、独创性、商业可行性以及在整个海洋行业产生重大影响的能力。

（一）贝克休斯公司的 REACH 电缆可回收安全阀

REACH 电缆可回收安全阀提供了业界首个独有的解决方案，使超深水井故障油管可回收安全阀门的修井更快、更安全、更经济地恢复工作。

（二）Framo AS 公司的 Framo 水下涡轮机

Framo 水下涡轮机能够利用倾倒在船外的废水进行发电，提高了运行效率，可以在冷却系统上节省高达 30% 的电力，减少了碳足迹。水下涡轮机安装在新设施上，也可以在现有设施上进行改造。

（三）Hägglunds Atom——最强大的无齿轮驱动器

博世力士乐公司推出功能强大的紧凑型无齿轮驱动器 Hägglunds Atom，可用于将电能或柴油动力转换为旋转运动。由于其紧凑的尺寸、效率、安全性和可靠性，Hägglunds Atom 已达到 6 级技术成熟度水平（TRL6），完成现场测试应用。

（四）OSIRenewables 公司的 FTLP 浮式风电平台

Oil States 工业公司子公司 OSIRenewables 开发的 FTLP 浮式风电平台，为浮式风电平台市场提供了高度稳定的固定平台结构，与传统的浮式风电平台相比，精简安装过程，成本大幅降低。

（五）OSIRenewables 公司的主动阀座闸阀

Oil States 工业公司子公司 OSIRenewables 开发的主动阀座闸阀在现场应用中提高了密封性能，大大减少了操作过程中每口井所需的数百磅重油脂量，从而减少了完井后的油脂处理，并同时减少了井口的人员，提高了安全性和效率。

（六）Saipem 公司的 FlatFish 水下无人机打捞技术

Saipem 公司是 FlatFish 技术的生产商，这项技术由壳牌巴西公司与 Senai Cimatec 合作开发，是最先进的水下无人机技术，提供从浅水到深水的先进检查和监视服务。该项目由 Saipem 公司的海底技术卓越中心 Sonsub 在意大利和巴西之间进行设计，完成了一个深水试点项目，展示了其主要能力和性能，目前已准备好商业化。

（七）斯伦贝谢公司和 Equinor 公司的双管柱阻隔层评估技术

Epilogue™ 双管柱阻隔层评估技术可以在不拉动内管的情况下评估多个套管后的阻隔完整性，彻底改变了油井退役方式。这项业界领先的技术提高了运营效率，最大限度地降低了成本，并优化 CCS 项目，减少了排放。

（八）Teledyne Marine 公司的三通道垂直光纤馈通系统

Teledyne Marine 公司的三通道垂直光纤馈通系统设计用于 10000psi 的最大工作压力和 250°F 的温度。连接器组可以高达 0.5m/s 的速度配合，并设计为连续运行 25 年。

（九）CARBO 公司的 CARBOTRACE 技术

CARBOTRACE 技术通过为多级压裂完井提供经济高效的生产监控解决方案，克服了现有技术的局限性。该技术配备了各种支撑剂，可对每个压裂阶段的油、水和气相的贡献百分比进行定量分析，还能够根据可靠的生产数据快速做出决策。

（十）GOWell 公司的变形和偏心工具（DEC）

GOWell 独特的 DEC 工具可测量油管后面的套管变形。DEC 产生磁场并测量方位角的磁通密度分布，从而提供套管椭圆度和套管中油管偏心率的可靠输出。该技术可与其他 GOWell 服务相结合，为运营商提供经济高效的监控解决方案。

（十一）Oliden Technology 公司的 TerraFusion 方位伽马射线、环空压力和超声波成像随钻测井仪

TerraFusion 是最新一代随钻测井全泥成像工具，它提供了 16 个扇区的伽马射线、钻井时的环空压力（APWD）、128 个扇区的高分辨率超声波井距和地层成像能力，集成在一个短轴环中。TerraFusion 提供了对钻孔地质、地质力学和完井的全面见解，并在实时应用中提高了钻井效率和井位精度。

（十二）Opla Energy 公司 OplaSmart 软件

OplaSmart 是一款基于云的先进软件，旨在通过机器学习、数字孪生和物联网等手段改进钻井管理。软件从多个位置收集数据，并使用它来训练压力剖面的人工神经网络，凭借其强大的功能，OplaSmart 软件成为现代钻井作业的重要工具。

（十三）Opla Energy 公司的 PMD 压力管理装置

PMD 是一种创新的钻机集成 MPD 技术，利用机器学习、人工智能和物联网等手段，优化和提高钻井性能，减少工时、设备占地面积、运输成本和排放。PMD 由 PMD Smart 软件提供动力，并进行远程控制，是业内首个物联网 MPD 系统。

（十四）Valvetight EMT 公司的用于 LNG 的 DBB – SAVER 技术

DBB – SAVER 技术旨在创建、维护、监测和控制两个阀门之间（或单个阀门内的两个阀座之间）的真空情况，从而防止液体或气体泄漏到安全工作区域，使有计划的维护、检查或应急工作比以往任何时候都更安全。

三、2022 年 IPTC 最佳项目执行奖

为充分展示全球勘探开发项目运营管理最佳实践与技术创新能力，国际石油技术会议（IPTC）设置了最佳项目执行奖。IPTC 最佳项目执行奖授予为行业增加价值的项目，项目充分体现强大的团队合作精神、扎实的地球科学知识、杰出的工程建设实践，并注重可持续发

展和 HSE 文化，对国家、地区和世界产生积极影响。2023 年 IPTC 最佳项目执行奖由道达尔能源公司的尼日利亚海上 Egina 开发项目获得；两个入围项目分别是沙特阿美公司的 FGP 项目以及雪佛龙公司的 Liza 一期和二期开发项目。

（一）最佳项目执行奖——道达尔能源公司的尼日利亚海上 Egina 开发项目

Egina 项目是 2010 年《尼日利亚石油和天然气行业发展内容法案》颁布后尼日利亚的第一个深水项目，也是目前道达尔能源公司 SE FPSO 船队中最大的，FPSO 在尼日利亚的工作时间超过 4800 万人工时，组装设备超过 6×10^4 t，实施的储油层和钻井技术推动了钻井技术的发展，提高了 1400~1700m 超深水区的石油产量，并将在今后推动海上油气钻井的开发。该项目有意识地采购当地商品，雇用尼日利亚公民，发展当地基础设施，对尼日利亚经济产生了积极影响，并培训了 200 名尼日利亚学生，为他们创造良好的职业机会。

（二）最佳项目执行奖入围项目——沙特阿美公司的 FGP 项目

Fadhili 综合天然气处理厂（FGP）位于阿拉伯湾 Jubail 海港以西 60km 处的陆上，是沙特阿美公司三个先进的天然气处理设施中最新的一个。该项目 2016 年开发，2020 年投产，5 年内创下了零工伤的纪录，实现了技术的安全利用、资产的有效货币化，以及通过出色的资本管理计划保障项目高效实施。FGP 通过复杂的海底集气网络处理酸气总量可高达 $25 \times 10^8 \text{ft}^3/\text{d}$，经过处理的低热值天然气向国家电网提供 1.5GW 电量。

（三）最佳项目执行奖入围项目——埃克森美孚公司的 Liza 一期和二期开发项目

2015 年 5 月，圭亚那海上 Stabroek 区块 Liza-1 探井获得发现，在不到 5 年的时间里开始投产。Liza 一期项目于 2019 年 12 月在 Liza Destiny FPSO 开始生产，成为业内从发现到投产最快的项目之一。Liza 一期投产后 2 年，Liza 二期于 2022 年 2 月在 Liza Unity FPSO 开始生产。Liza 项目投产期间面临着全球新冠疫情大流行及蔓延带来的巨大挑战，项目开发部署了新技术和新的管理执行方法来应对这些挑战。跨项目集成是该项目取得成功的关键，团队的团结协作理念发挥了重要作用。